TU ALMA GEMELA ERES TÚ

SHELEANA AIYANA

TU ALMA GEMELA ERES TÚ

Sana tu pasado, transforma tus patrones de relación y vuelve a ser tú

DIANA

Obra editada en colaboración con Editorial Planeta – España

Título original: *Becoming the One*

Bajo el sello editorial DIANA M.R.
Avenida Presidente Masarik núm. 111,
Piso 2, Polanco V Sección, Miguel Hidalgo
C.P. 11560, Ciudad de México
www.planetadelibros.com.mx

Primera edición impresa en España: enero de 2023
ISBN: 978-84-1119-052-7

Primera edición en formato epub en México: mayo de 2023
ISBN: 978-607-39-0010-2

Primera edición impresa en México: mayo de 2023
Primera reimpresión en México: marzo de 2024
ISBN: 978-607-07-9994-5

Nota: Este libro debe interpretarse como un volumen de referencia. La información que contiene está pensada para ayudarte a tomar decisiones adecuadas respecto a tu salud y bienestar. Ahora bien, si sospechas que tienes algún problema médico o de otra índole, la autora y la editorial te recomiendan que consultes a un profesional.

Impreso en los talleres de Impregráfica Digital, S.A. de C.V.
Av. Coyoacán 100-D, Valle Norte, Benito Juárez
Ciudad de México, C.P. 03103
Impreso en México –*Printed in Mexico*

Mamá, nuestras almas decidieron unirse para sanarse en profundidad. Gracias por haberme regalado esta vida y las experiencias que necesitaba para poder ayudar a los demás. Por enseñarme la generosidad y el juego, y por celebrar mi camino a la sanación. Te quiero.

ÍNDICE

INTRODUCCIÓN

Una de las preguntas que más me hacen es «¿qué le aconsejarías a alguien que busca a su alma gemela?». Sin embargo, son muchas las personas que quedan decepcionadas cuando les explico que no suscribo el concepto convencional de «alma gemela». Y no lo hago porque, aunque creo firmemente en la posibilidad de encontrar una pareja que conecte con nosotros a nivel espiritual, la idea de buscar esa «alma gemela» lleva implícito un mensaje muy limitante. El mensaje de que sin ella somos seres incompletos.

Somos seres sociales. Los seres humanos estamos diseñados para relacionarnos. Sin embargo, y a pesar de que, en lo más profundo de nuestro corazón, todo el mundo quiere vivir la experiencia del amor verdadero, las relaciones románticas no son lo que nos define ni lo que nos hace seres completos. Por eso, mi respuesta a todas las personas que me preguntan cómo encontrar el amor verdadero es que miren primero en su interior. Que recuerden que no necesitan la validación de nadie para saber que son seres completos.

Cuando actuamos desde las heridas del pasado o buscamos la validación externa, es fácil que abordemos las citas y las relaciones como si de una obra de teatro se tratara y, por ejemplo, nos vistamos con lo que sea que creamos que impresionará o mantendrá el interés de la otra persona. Sin embargo, es imposible ganar el amor de esa otra persona si fingimos ser alguien que no somos en realidad.

Tampoco deberíamos aspirar a eso. Por el contrario, si nos presentamos desde el plano de la valía y la plenitud, nos convertimos en nuestra propia «alma gemela».

Miles de valientes y extraordinarias mujeres han completado mi programa Becoming the One («Tu alma gemela eres tú») a lo largo de los años. Tanto si son solteras como si tienen una relación complicada, o se están recuperando de una ruptura, y se encuentren donde se encuentren en su camino vital, muchas se preguntan: «¿Qué hago mal? ¿Por qué terminan todas mis relaciones?».

Has de saber algo: que no tengas pareja o tengas la sensación de que no hay manera de «acertar» en el amor no significa que estés haciendo nada mal. No tienes nada de malo solo porque no te hayan «elegido».

Muchas de nosotras crecimos rodeadas de romances de cuentos de hadas. Estaban en los libros que leíamos, en las películas que veíamos, en la publicidad que salía en televisión... Estaban, y están, allá donde miremos. Nos han enseñado que debemos lograr una «perfección» imposible de alcanzar para merecer que nos elijan, que en algún sitio, ahí fuera, hay una persona mágica que en cualquier momento nos robará el corazón y nos rescatará. Y, mientras tanto, nos enseñan estrategias para escribir mensajes y jueguitos con los que abordar las citas y que nos dicen cómo debemos actuar y qué debemos hacer para resultar más atractivas.

De algún modo, acabamos asumiendo que, para que nos quieran, tenemos que renunciar a ser nosotras mismas, desoír nuestras necesidades y amoldarnos a lo que sea que los demás esperen de nosotras. Nos bombardean con mensajes que nos dicen que no somos suficiente o que, por el contrario, quizás seamos demasiado. Todo ello nos va dirigiendo a una cultura de autoabandono que nos lleva a olvidarnos de nosotras mismas para encontrar y conservar el amor.

Sin embargo, el amor saludable no te exige que te abandones ni que renuncies a ser quien eres. No te exige que cambies de personalidad ni que ocultes tus carencias. Por el contrario, sí que te exige que te conozcas en profundidad, porque lo cierto es que la relación consciente no comienza cuando conoces a la otra persona. Comienza en el momento en que decides dar prioridad a la relación que mantienes con tu persona.

El argumento de base de este libro es que te elijas a ti. Te recuerda que has de recuperar tu poder y aceptar que el amor puede adoptar múltiples formas. De todos modos, en última instancia, mantener una relación sana contigo es lo que alimenta el resto de los amores que esperas tener en la vida, ya sean amistades profundas, vínculos familiares sólidos, la pasión por el trabajo o el amor romántico.

Hay muy pocas cosas en la vida que podamos controlar más allá de nuestro ser. No podemos controlar el momento en que nuestra pareja hará su aparición ni cuánto tiempo durará la relación. Lo importante es sentirnos en casa con nosotras mismas, sea lo que sea que la vida nos traiga, y reclamar el derecho a ser felices y sentirnos poderosas tanto si tenemos pareja como si no.

Tu alma gemela eres tú te invita a recuperar partes de ti que quizás hayas perdido o de las que puedes haber desconectado. Es un trabajo interior que te permitirá sanar el corazón y forjar un vínculo más profundo con él. Descubrirás qué es lo más importante para ti (tus valores, qué quieres de las relaciones, tus sueños, etc.) y así podrás elegir el amor desde el plano de la autoconciencia y la seguridad en ti misma.

Todos tenemos una historia

Mi primer condicionamiento acerca del amor giró en torno a la traición, el abandono y el maltrato. Durante la mayor parte de mi infancia me asustaban los hombres, nunca conocí a mi padre y tuve una madre ausente emocionalmente y, en ocasiones, también físicamente. Más adelante me atraían las personas que no eran seguras para mí. Sin embargo, aunque las sirenas de alarma sonaban sin parar, estaba tan condicionada a vivir en el caos que era incapaz de permitirme elegir otra cosa.

Cuando cumplí los veinte, ya llevaba varios años anestesiándome del dolor con drogas duras y alcohol; había presenciado múltiples intentos de suicidio por parte de mi madre; el suicidio y el homicidio me habían arrebatado a muchos seres queridos; había sufrido violencia sexual, adicción y violencia de género, y sabía qué significa no tener un techo bajo el que dormir. Mi historia forma parte de quien soy. Me ha puesto en este camino, y también sé que la mía no es más que una diminuta gota en el océano de las historias de todas las personas que han sufrido y siguen sufriendo, pero que jamás dispondrán de las mismas oportunidades que yo para sanar y recuperarse.

Quiero dejar claro que sanar es un regalo y un privilegio que no está al alcance de todo el mundo, y espero que todas las personas que lo consigan encuentren el modo de devolvérselo a la sociedad poniéndose al servicio de los demás. Cuando sanamos, contribuimos a impulsar un cambio profundo en el mundo.

Mi viaje de sanación no comenzó realmente hasta los veintiséis años, impulsado por un divorcio y por el derrumbe de todos los muros y las defensas que con tanto esmero había levantado. Fue entonces cuando conocí a un maestro junto al que me introduje en el tantra, la alquimia, el trabajo con la sombra junguiana, y las relaciones conscientes, y de quien más adelante fui aprendiz. Experimenté con distintas plantas y sustancias medicinales amazónicas, como el rapé, el kambó o la sananga, y con alucinógenos como el DMT y la psilocibina, y acabé dando con la ayahuasca. Oré, escribí poesía y me dediqué a sanarme. Me centré a conciencia en la relación que mantenía conmigo misma y descarté muchas invitaciones de pretendientes aparentemente atractivos para evitar distraerme de mi trabajo interior.

Desde entonces, he dedicado miles de horas a la reflexión y a la formación en relaciones conscientes, facilitación de parejas, trabajo familiar sistémico, trauma familiar heredado y terapia somática. Mi experiencia personal de tocar fondo y de sanar mis propios patrones de relación me llevó a fundar Rising Woman, una comunidad virtual en la que mi equipo y yo ofrecemos formación en relaciones conscientes y en autosanación a millones de personas cada mes.

Tras todos estos años al frente de Rising Woman, así como guiando a personas en mis programas de relaciones, he llegado a la conclusión de que mucha gente está atrapada en un dilema clásico: la lógica nos dice que alguien no es la persona adecuada para nosotros, pero por algún motivo nos empecinamos en mantener una relación con ella y con el mismo tipo de persona una y otra vez.

Si creciste en una familia que cultivó un amor y una comunicación sanos, eres la excepción, no la regla. La mayoría de las personas aprendemos sobre la marcha y estamos a merced de nuestro condicionamiento, por lo que repetimos patrones que nos acaban dejando agotadas, amargadas, frustradas o temerosas de que, quizás, el amor no es para nosotras.

Nuestra cultura se basa en la idea de que hay que romper o dejar atrás esos patrones, mientras que yo estoy convencida de que el verdadero cambio comienza cuando integramos y aceptamos aquellas partes de nosotros que hemos ocultado, negado o rechazado. Cuando tomamos conciencia de nuestros patrones y entendemos en qué punto de nuestra historia personal están anclados, nos podemos centrar en transformarlos de forma consciente.

Para crear el amor que queremos, tenemos que abrir un espacio nuevo donde pueda surgir una historia distinta. También tenemos que creer que merecemos más. Y, además, nuestro cuerpo ha de interiorizar la verdad de que somos capaces de crear relaciones sanas independientemente de lo que hayamos experimentado o presenciado en nuestra vida.

Cuando funcionamos con nuestros condicionamientos del pasado, es posible que no veamos los patrones con claridad. Tal vez estamos dando vueltas en una rueda de hámster, persiguiendo un amor no disponible, cuidando a los demás e intentando salvarlos de sí mismos. Quizás solo llevamos unos meses de relación cuando nuestra pareja parece aburrida, desaparece o encuentra a otra persona que le gusta más. Quizás nos quedamos más tiempo del que deberíamos y aguantamos demasiado. Quizás damos en exceso o nos cuesta mostrarnos con autenticidad cuando alguien nos empieza a gustar, mientras, al mismo tiempo, abandonamos a la persona que más nos necesita: nuestro propio ser.

Si te topas con el mismo muro una y otra vez en las relaciones de pareja y sentimentales, no es señal de que haya algo estropeado en tu interior. **Es señal de que, en algún momento, aprendiste a sacrificarte en aras del amor.**

A pesar de tratarse de un patrón doloroso y con frecuencia frustrante en el que vivir, también es señal de que no has renunciado al amor y de que, en el fondo, hay una parte de ti que sabe que puedes conseguir lo que quieres.

Muchas de nosotras no nos damos cuenta de que cuando nos sacrificamos o cambiamos quienes somos para ser amadas, renunciamos a nuestro poder en la relación. Olvidamos que tenemos el poder de elegir en lugar de luchar para ser elegidas. En este libro aprenderás a hacer las paces con tu pasado y a curar tu patrón de relación de modo que puedas expresarte con plenitud y comprometerte con las decisiones que tomes respecto a las relaciones, a ti y a los demás.

Una llamada al cambio

El trabajo de sanación comienza en el mismo instante en que decidimos que no queremos volver a cómo eran las cosas antes. Para algunas personas, este momento llega cuando tocamos fondo y no tenemos nada a lo que aferrarnos. Para otras, llega cuando nos damos cuenta de que ya no podemos vivir para la otra persona, porque ello nos hace perder la conexión vital con quienes somos y con lo que nuestra alma anhela. Por dolorosos que sean, estos momentos tan difíciles pueden catalizar un cambio real.

Las experiencias de transición pueden ser muy terapéuticas espiritualmente hablando. Antes de poder cerrar un capítulo pasado de nuestras vidas, tenemos que dejar espacio a una muerte metafórica. Esto significa ahondar en lo que sea que nos quede por sentir, aceptar lo que quiera surgir y abrirnos a la transformación verdadera. **Estar en un lugar de dolor emocional, de desengaño o de derrota puede ser un regalo, porque es en esos momentos cuando podemos abrirnos más al cambio.**

Es una oportunidad para cambiar de rumbo, reconocer lo que no funciona y cambiar de dirección.

No podemos hacer que las agujas del reloj retrocedan y cambiar lo que sucedió en el pasado o evitarnos las experiencias dolorosas del pasado. La buena noticia es que tu sanación solo depende de ti, de nadie más. Tu pasado no determina tu futuro. Puedes elegir un camino distinto para seguir adelante.

Conviértete en tu alma gemela

En este libro tendrás la oportunidad de explorar lo que te condiciona, de cuestionar tus creencias acerca del amor y de esclarecer tus deseos. Todo ello para que puedas elegir de un modo consciente qué quieres de la vida y del amor.

Aprenderás a sanar a tu niña interior para cultivar la autoestima y la conciencia interna. Definirás tus límites y tus valores, y descubrirás que mantenerte firme, hablar y mostrar tu yo auténtico te ayudará a que la gente te quiera mejor. También desarrollarás las herramientas necesarias para reconectar con tu cuerpo y con tu intuición, al tiempo que fomentas una relación con la naturaleza y con tu alma. Te ofreceré meditaciones y ejercicios somáticos, sencillos pero potentes, que podrás usar para serenarte y aumentar tu capacidad para sortear altibajos emocionales sin tener que recurrir al exterior ni perderte a ti misma por el camino.

Juntas aprenderemos a encarnar las cualidades y el amor que buscamos en los demás (o en la pareja perfecta) y nos convertiremos en nuestra propia alma gemela. Este es el primer gran paso para establecer o atraer una relación consciente y sana.

Es imposible forjar un vínculo profundo con nuestra pareja si no podemos forjar una relación profunda con nosotras mismas. No podemos sostener a otra persona si no sabemos cómo gestionar nuestras emociones más intensas. Si estamos condicionadas a sentir atracción por las señales de alerta, o si no sabemos cómo recibir amor a menos que nos esforcemos mucho o nos abandonemos a nosotras mismas a cambio, no podemos atraer una relación verdaderamente consciente. Para prepararnos para una relación consciente, antes tenemos que purificar el corazón y la mente de todo lo que pueda sabotear nuestras posibilidades de cocrear un amor sano.

Las relaciones han de ser un espacio en el que podamos crecer, curarnos y jugar, pero no pueden convertirse en un todo para nosotras. Nuestro «estatus de relación» no nos define, como tampoco lo hace el fracaso de nuestras relaciones pasadas. Todas las parejas que hayas tenido en el pasado te pueden enseñar algo. Sin embargo, para poder captar el mensaje, antes te has de liberar de la culpa y de la vergüenza y aceptar las cosas tal y como son.

Mereces ser libre y estar cómoda contigo misma, saber lo que vales y pedir lo que quieres en una relación. No basta con entender los «conceptos» de la relación consciente desde la lógica; debes encarnarlos. **Tu relación contigo misma es la base segura y afectuosa desde la que puedes dar y recibir amor.**

No lo hagas por nadie más. Hazlo por ti. Así, incluso si tu vida anterior muere, si una relación termina, si todo se derrumba, podrás confiar en que estás segura, sostenida y conectada con el amor divino que reside en el interior de todas las personas.

A lo largo del libro compartiré contigo varias historias personales relativas a las relaciones que mantuve durante la infancia y ya de adulta. Mi viaje ha estado lleno de dolor y de pérdida, pero esas experiencias me han permitido encontrar el camino hacia un amor por mí misma que ha sido liberador, hacia la paz y hacia un amor inmenso y vulnerable con mi compañero de vida. Antes de estar preparada para el matrimonio que tengo ahora con Ben, mi marido, tuve que dejar ir el lastre de mi pasado. En este libro compartiré contigo el proceso terapéutico y las herramientas que aprendí por el camino y que inspiraron los programas que constituyen la base de Rising Woman.

También incluiré historias de clientas que demuestran cómo nos afecta el pasado y todas las puertas que se abren cuando encontramos el camino a la sanación. Cambié los nombres y detalles sutiles de las historias para proteger la intimidad y la confidencialidad de las protagonistas. Vernos reflejadas en las historias de otras personas ejerce un efecto profundamente terapéutico, porque nos recuerda que nunca estamos solas en lo que sea que estemos viviendo ahora.

Aunque tiendo a trabajar con mujeres, y de ahí mi uso del femenino en el libro, mi trabajo no es específico para ningún género y es aplicable a cualquier persona que mantenga una relación con otro ser humano, independientemente de la orientación sexual o de la identidad de género. Estés en el punto que estés en tu vida, y tanto si estás soltera, en una relación, recuperándote de una ruptura o en un ciclo doloroso con las citas, lo que aprenderás aquí te servirá mucho más allá de una pareja concreta o de un estatus de relación determinado.

Si tienes pareja, los ejercicios te resultarán igual de beneficiosos y esclarecedores, y podrás usar las enseñanzas del libro para determinar qué quieres y cómo mostrarte de un modo más potente en la relación. Si estás en una relación que no sabes si te conviene, el libro te ayudará a encontrar un modo de avanzar que está enraizado en la devoción hacia ti misma.

Quiero que sepas que puedes conseguir aquello que desees con el alma y el corazón. Nunca es demasiado tarde. Mi deseo para ti es que retomes esa sagrada conexión contigo misma y reconectes con la naturaleza y con la sabiduría de tu propio corazón. Cuando llegues allí, recordarás con todas las células de tu ser que eres, y siempre has sido, capaz y merecedora de crear un amor anclado en la reverencia y en la verdad.

PRIMERA PARTE

RECUPERA LA RELACIÓN CONTIGO MISMA

El hogar no es otra persona ni otro lugar fuera de ti. El hogar es el amor que habita en tu interior. Es saber que ya eres un ser completo. Sí, incluso con tus heridas. Incluso con las cicatrices que te ha dejado el pasado. No hace falta que persigas el amor. Lo que hace falta es que recuerdes el amor que tú ya eres.

CAPÍTULO 1

El camino a la sanación

Cuando tenía tres años, mi madre solo tenía veinticinco, y vivíamos en un primer piso en una calle sin salida en el límite de un barrio pobre. Tenía dos recámaras, un baño, paredes blancas y crema, y una cocina con suelo de vinil café, como tantas viviendas de las décadas de 1980 y 1990. Mi madre coleccionaba angelitos de cristal, cuadros de unicornios y plantas, que cubrían toda la superficie de casa del suelo al techo (estoy orgullosa de haber heredado su habilidad como jardinera). Había sobrevivido a un terrible maltrato durante su infancia, y su historia estaba teñida de maltrato físico y de abusos sexuales, traiciones, abandono y desatención. Por todo ello sufría depresión y TEPT-C (trastorno de estrés postraumático complejo) sin diagnosticar, lo que le causaba grandes dificultades. Acostumbraba a dormir de día y, por la noche, salía a beber, por lo que yo me quedaba en casa, a solas con mi imaginación. Cuando volvía, estaba borracha y estaba mal, así que se colocaba en posición fetal sobre el suelo del baño y yo la tapaba con una cobija. A veces, le llevaba en una charola para hornear una pasta de dientes, un cepillo de dientes y una toalla para la cara, en un intento por cuidar de ella durante sus resacas. Había veces en que llegaba a casa enfurecida. Gritaba y daba puñetazos a las paredes y todas las fotos caían al suelo. Recuerdo estar sentada en el pasillo, llorando y rodeada de caos y de cristales rotos, con un marco en el regazo.

También compartí muchos momentos bellísimos con ella. Emocionalmente era muy infantil, así que sabía cómo jugar y divertirse. Hacíamos concursos de globos de chicle, nos disfrazábamos y hacíamos picnics en el patio. A pesar del caos y de la falta de apoyo emocional, mi madre lo era todo para mí y la quería muchísimo. Nunca conocí a mi padre, por lo que creamos una pequeña burbuja para dos, un mundo propio. Por la noche, muchas veces me levantaba y me metía en su cama y la abrazaba con fuerza con los brazos y las piernas.

Nunca olvidaré una noche en particular, una noche que puso patas arriba toda mi vida y que cambió para siempre el significado que la seguridad y el amor tenían para mí. Mi madre me abrigó y me sentó en el asiento delantero de su automóvil. Viajamos durante lo que me pareció una eternidad hasta que llegamos a una gran casa blanca y nos estacionamos en la entrada. Mi madre dejó el motor encendido mientras me llevaba a la puerta, que abrieron un hombre y una mujer a los que no había visto jamás. Mi madre me entregó a aquellos desconocidos, se dio media vuelta y volvió al coche. Empecé a patalear y a gritar «¡mamá!» hasta que desapareció entre la neblina frente a los faros encendidos, dio marcha atrás en su destartalado Chevrolet gris y manejó hacia la oscuridad de la noche. Destrozada, sola y asustada, aún tengo ese momento grabado en mi psique. Ese momento fue el origen de mi herida de abandono. Ese momento cambió todo mi mundo.

Ese momento me llevó a que llegara a mis relaciones adultas programada para pasar por alto las señales de alerta. Me encontré en una sucesión de relaciones insanas que reflejaban el caos que había caracterizado mi infancia. Perseguía amores inaccesibles y me sentía atraída por personas a las que, por un motivo u otro, no era seguro amar.

La historia se repite

Tenía veintiséis años y llevaba un año infelizmente casada con una persona que era un reflejo de mi herida interior. Nos casamos porque éramos de países distintos (yo soy canadiense y él era de Estados Unidos) y las fronteras amenazaban con ponernos en la lista negra si no dejábamos de cruzarlas constantemente para vernos. Tomamos la decisión a pesar de estar inmersos en un mar de dudas. Nada había de romántico en todo esto. Visto en perspectiva, se me hace evidente que no estábamos enamorados, sino que éramos dos jóvenes que se aferraban a la relación porque, aunque esta tenía problemas, nos daba miedo dejarla ir. Ahora es fácil ver que a ambos nos habían infligido heridas profundas durante la infancia y que a ambos nos había afectado muchísimo la relación con nuestras respectivas madres. Ese era nuestro punto de unión.

Se trataba de una relación completamente disfuncional. Nos peleábamos constantemente, la química y la atracción sexual brillaban por su ausencia e interpretábamos papeles que nos mantenían atrapados. Él era el menos funcional de los dos, sufría depresiones frecuentes y era muy inseguro, mientras que yo era la salvadora hiperfuncional que «tenía todas las soluciones» y se podía ocupar de todo sola.

A medida que pasaba el tiempo me sentía cada vez más atrapada y no me podía quitar de encima la sensación de estar viviendo una vida equivocada. Muchas veces pensaba en poner fin a la relación, pero mi arrogancia y la prepotencia me mantenían allí. Creía firmemente que me necesitaba, porque la ansiedad lo bloqueaba con frecuencia y estaba convencida de que me correspondía a mí solucionarlo. Lo descubrí robando y mintiendo, pero desoí una y otra vez la voz de mi intuición y permití que el malestar se acumulara en mi interior. Pusimos un negocio juntos, pero él dormía hasta muy entrada la tarde, si es que no se pasaba el día sentado frente a la computadora en el sótano. Se quejaba de que quería más aventura en su vida y de que no nos lo podíamos permitir, y yo me sentía presionada para ganar más dinero y darle lo que quería. Asumí la carga de ser la única fuente de ingresos y cedí demasiado a su convicción de que tenía derecho a todo eso y más. Nos retroalimentábamos mutuamente y permanecimos en un patrón que nos resultaba familiar y que, al final, acabó con nosotros.

Tras varios años de intentar generar química entre nosotros, y al darnos cuenta de que las cosas tenían que cambiar, decidimos abrir la relación en un intento desesperado de ver si, quizás, solo quizás, podíamos conseguir que las cosas funcionaran y encontrar la pasión y el amor que ambos anhelábamos. Así que le compré un boleto de avión para que fuera a Estados Unidos a ver a sus amigos y, mientras estuvo fuera, acabó conociendo a alguien con quien salió durante un tiempo. Sorprendentemente (o quizás no, dado lo desconectada que me sentía tanto de él como de la relación), apenas sentí celos. Lo que sí que sentí fue alivio. Sentí que la presión disminuía y empecé a respirar mejor. Podía estar conmigo misma, y me sentí liberada de la responsabilidad de garantizar su bienestar.

Una noche estaba acostada en la cama y, mientras la luz de la luna se filtraba por la persiana, me quedé mirando el techo y deseé que se enamorara de otra persona, porque eso me ahorraría la sensación de culpa por hacerle daño. Tendría a otra persona que lo cuidara y yo quedaría libre. La idea de estar sola me resultó liberadora y emocionante. No quería seguir viviendo así, sofocada a cada paso que daba.

Mi deseo se hizo realidad. Unos meses después se metió en una rápida y apasionada relación con una mujer a la que ambos conocíamos y lo nuestro terminó. Se fue. Se pasaban el día pegados. Venía a casa para buscar algo, pero se volvía a ir inmediatamente. Y aunque eso era precisamente lo que había pedido, mi niña interior se empezó a sentir abandonada, celosa y aterrorizada. De repente, ya no me parecía bien. Todas esas noches deseando que se fuera y sintiéndome atrapada se esfumaron de mi memoria y fueron sustituidas por el pánico y la urgencia por recuperarlo. Me abandoné y me perdí, en un intento desesperado de recuperarlo y escalando el conflicto hasta un punto de no retorno.

Tras varios meses de caos y discusiones explosivas, un cálido día de verano vino a casa para llevarse sus últimas cosas mientras su novia lo esperaba fuera, en su vehículo todoterreno rojo. Lo perseguí por toda la casa, gritándole mientras él se afanaba a meter sus pertenencias en bolsas, hasta que salió corriendo por la puerta. Lo seguí a la calle, descalza y vociferando que no volviera nunca más mientras él subía al asiento del copiloto. El coche desapareció a toda velocidad. Me quedé sola en nuestra calle arbolada y sentí que me inundaban la emoción y el miedo. Me había abandonado, había abandonado nuestra vida juntos y, de repente, me asaltó el recuerdo de mi madre dejándome en brazos de unos desconocidos mientras yo gritaba y pataleaba, llorando para que por favor me llevara con ella hasta que se metió en el coche y desapareció. Ya no era mi yo adulta. Volvía a tener tres años. Me sentía abandonada, sola y aterrada.

Entonces fue como si la coronilla se me abriera y oí una voz que me susurraba desde lo más hondo de mí: «Esto no tiene que ver con él. Tiene que ver contigo». Sentí una oleada de alivio. Alivio al comprender que él no tenía que ver ni nada que hacer para que yo volviera a estar bien. El dolor que sentía hundía sus raíces en heridas del pasado a las que llevaba demasiado tiempo sin prestar atención. Heridas que, en secreto, albergaban creencias como «no eres suficiente. Eres una muñeca rota. ¿Quién te va a querer a ti?». Sin embargo, en ese momento, supe que en mi interior albergaba también la capacidad de sacarme a mí misma de ese doloroso estado.

Nuestra separación y el divorcio que siguió fueron un proceso largo, complicado y doloroso. Lo perdí todo. Los coyotes se llevaron a mi gatita del alma, Maya, a la que había adoptado cuando vivíamos en California. Mi ex me traicionó de múltiples maneras, se llevó todo el dinero y me dejó con todas las deudas. Después de años de perseguirlo, fui a juicio para conseguir un divorcio sin su firma. Al final, asumí que no volvería a ver ese dinero nunca más, lo di por perdido y acepté que había llegado el momento de reconstruirme en lugar de esperar a que él cambiara de conducta.

Los patrones de relación funcionan así. ¿Ves las similitudes entre la historia de mi primera infancia y mi primer matrimonio?

Es muy habitual que nos encontremos una y otra vez ante situaciones emocionales que nos resultan conocidas, pero que al mismo tiempo seamos incapaces de reconocer que estamos siguiendo un patrón. Casi nunca nos enseñan que trasladamos a las relaciones adultas las heridas que nos infligen en la infancia o que, con mucha frecuencia, las dificultades a las que nos enfrentamos en las relaciones se originan en un intento inconsciente de curar heridas del pasado. Muchas veces, cuando empiezo a trabajar con alguien y con sus patrones de relación, me dice cosas como estas: «Pues yo no veo ningún patrón. ¡Si todos son superdiferentes!». Aunque el contenido de cada relación puede ser muy diferente, lo importante es que prestemos atención a los temas emocionales centrales que nos llevamos a cada relación. Los temas emocionales centrales son las creencias o historias negativas que nos siguen allí adonde vayamos. Por ejemplo, el final de mi primer matrimonio fue un eco de algo que me resultaba muy conocido desde la infancia. Mis temas emocionales centrales eran el abandono y la traición, acompañados del argumento de que lo tenía que hacer todo sola, ser la cuidadora y cargar a mis espaldas con toda la responsabilidad.

A lo largo del libro aprenderás a sacar a la luz y a transformar progresivamente tus propios patrones de relación. Cuando conectes con esos recuerdos, sintoniza con tu cuerpo y aborda con curiosidad y compasión lo que sea que surja en cada momento. Este proceso no es ni fácil ni cómodo, pero sí que es el camino que te llevará a encarnar tu verdad y a liberarte. Me alegro mucho de que emprendas este viaje hacia el corazón de tus patrones de relación, para desentrañarlos y reclamar por fin la vida que se supone que debes vivir.

La relación con uno mismo

Permíteme que te hable con claridad: mi misión al escribir este libro no es ayudarte a encontrar el amor, sino recordarte que tú ya eres amor. Con esto no quiero decir que no crea en la belleza de una relación consciente. ¡Creo muchísimo! Ese es el camino espiritual que he emprendido yo misma. Sin embargo, con demasiada frecuencia quedamos atrapados en la creencia de que una vida feliz es de una determinada manera: encontrar pareja, casarse, tener hijos y vivir felices para siempre. Tendemos a poner tanto énfasis en las relaciones y en atraer a una pareja que nos transformamos en quienquiera que creamos que debemos ser para que nos quieran.

En lugar de intentar manifestar a tu pareja perfecta, quiero animarte a que empieces por mirar hacia dentro. Ha llegado el momento de que te plantees enamorarte de ti misma y de que confíes en que tu vida tiene un sentido único para ti, mucho más allá de los símbolos relativos al estatus social. Tanto si centramos toda la energía en el exterior como si dedicamos todo el trabajo terapéutico a encontrar una relación romántica, nos alejamos de lo que importa de verdad.

La relación más importante que cultivarás nunca es la que mantienes contigo misma. Por mucho que hagamos todo lo posible para forjar una relación afectuosa, incluso las relaciones que creemos que durarán para siempre pueden terminar. No dejes que esto te asuste. Te prometo que no estoy siendo cínica. Lo que sucede es que no sabemos cuándo se nos acabará el tiempo y, en definitiva, la única relación que podemos garantizar que mantendremos desde que nacemos hasta que morimos es la que mantenemos con nosotras mismas. En lugar de centrarnos en lo externo, tenemos que dedicar tiempo a desarrollar la relación que mantenemos con nuestro interior y darnos cuenta de que el amor que buscamos no solo existe fuera de nosotras.

Conectar con tu destino personal te permitirá sentar las bases que necesitas para crear la vida y las relaciones que quieres y, así, experimentar la calidad de conexión que anhelas en lo más hondo de tu ser.

Lo primero que debemos hacer para curar los patrones que nos mantienen en un ciclo de infelicidad y sufrimiento es reforzar la relación que mantenemos con nosotras mismas. Este es el primer paso del viaje de sanación que emprenderemos juntas.

¿Qué significa emprender un «viaje de sanación»?

Sanar es como despertar de un sueño. Una ruptura, un divorcio o una crisis de otro tipo pueden abrir la puerta a la transformación. No he conocido a casi nadie que haya sentido la llamada a emprender su viaje de sanación en la mejor etapa de su vida. Con frecuencia, es una decisión que llega con el agotamiento derivado de un patrón, en un intento de encontrar una salida. Sanar no significa olvidar ni borrar el pasado, sino «integrarlo» en el presente.

Los traumas y los recuerdos dolorosos son más que meros productos de la mente. El cuerpo los acumula, los almacena a nivel celular y, con frecuencia, son una herencia de generaciones anteriores. Ahora que estamos a punto de emprender este viaje de sanación, es vital que tomemos conciencia de que no se trata de algo tan sencillo como cambiar de manera de pensar y decidir ser diferentes. Los patrones se repiten porque están profundamente arraigados en el cuerpo y, por lo tanto, el camino que debemos emprender y el trabajo terapéutico que llevaremos a cabo en estas páginas entretejen el cuerpo, la mente y el espíritu.

¿Qué es el viaje de sanación?

- Superar el duelo por el pasado y por lo que se ha perdido.
- Dejar ir las relaciones estancadas.
- Dejar espacio a la incertidumbre durante el proceso de transición.
- Aceptar que no podemos cambiar el pasado.
- Perdonarnos y perdonar a los demás.
- Experimentar las emociones intensas que podemos haber reprimido.
- Sacar del cuerpo el dolor, los recuerdos y el trauma.
- Reconocer nuestra sensibilidad profunda.
- Aprender a confiar de nuevo en el amor.
- Dejar de asociar nuestra valía a cuánto damos o hacemos.
- Observar nuestros pensamientos y dar a la mente menos poder para controlar nuestra conducta.
- Recordar que ya somos seres completos.

El viaje de sanación acostumbra a darse cuando perdemos todo lo demás. Cuando hemos perdido el amor, cuando las promesas se han roto y cuando todo lo que pensábamos que sabíamos ha quedado reducido a cenizas. *Los momentos de desesperación profunda nos preparan para una existencia más consciente.*

Tu camino de curación es único

Tenía una amiga que era una «soltera crónica». Hiciera lo que hiciera, no conseguía superar los tres meses de relación con nadie, aunque anhelaba desesperadamente construir una relación estable. Por otro lado, yo estaba comprometida para casarme por segunda vez y libraba mi propia lucha: seguir conectada ahora que estaba en una relación.

Cuando me siento presionada, tiendo por defecto a huir o, al menos, a fantasear con la huida. Mi mente se hace una gloriosa película en la que desaparezco en las montañas, vivo como una ermitaña en una cabaña del bosque y escondida del mundo, en paz por siempre jamás, serena y sola, absolutamente sola.

Por el contrario, mi amiga llevaba más de cinco años sufriendo en profunda soledad. Se veía inferior por el hecho de estar soltera y me repetía con frecuencia que no sabía lo afortunada que yo era por tener una relación y que yo no tenía ni idea de lo horrible que era estar sola. Y es cierto: considero que es toda una bendición tener una pareja tan increíble como la que tengo ahora. *Pero la verdad es que para mí en aquel momento, estar en una relación me resultaba mucho más difícil, porque iba en contra de mi instinto de protegerme y de mantener distancia con los demás.* En algún punto, las dos vivíamos una realidad que nos exigía el máximo esfuerzo: ella tenía que aprender a ser una persona completa a solas y yo tenía que aprender a relajarme en la intimidad en lugar de evitarla.

Resulta que lo que debía trabajar en profundidad era la forma en que concebía las relaciones. Y cuando por fin dejé de correr y de ceder al instinto de huir, lo que encontré en lugar de mi fantasía de aislamiento fue un matrimonio afectuoso y una comunidad íntima.

Con frecuencia nos resistimos a nuestra realidad porque quedamos atrapadas en la comparación o en el anhelo de algo distinto. Queremos lo contrario de lo que tenemos en el presente. Queremos lo que tienen los demás o lo que creemos que deberíamos tener. Sin embargo, tu vida es tu propia guía y, sea cual sea tu tipo de relación, sean cuales sean tus circunstancias, hay margen para la sanación aquí y ahora.

Te invito a que dejes a un lado la idea de que la vida comienza cuando se tiene pareja, que las relaciones dan demasiado miedo, que no eres suficiente o que las cosas no son como deberían ser. Con esto no quiero decir que la aceptación sea fácil ni que te puedas autogestionar y resignarte sin más. Tampoco quiero dar a entender que tus circunstancias actuales no sean complicadas o que debas renunciar a lo que anhelas o deseas. Lo que te pido es que empieces a tomar conciencia de cuándo tienes esas sensaciones y que, en lugar de aferrarte a la creencia de que te has alejado de tu camino, valores la posibilidad de que, en estos instantes, estás justo donde debes estar.

Si te soy sincera, muchas veces me da repulsión cuando oigo esto fuera de contexto, y sobre todo cuando lo estamos pasando mal o acabamos de sufrir una pérdida importante. Las tragedias suceden y pueden ser absolutamente devastadoras. En estos momentos, no nos parece que sea «justo» ni que esté sucediendo por algo y no nos parece que tengamos motivo alguno para adoptar esa filosofía. Sin embargo, cuando estamos sumidos en la pérdida, el dolor o el sufrimiento, es ahí donde estamos. Solo hay un lugar al que ir: nuestro interior. Es entonces cuando nos enfrentamos a una decisión: nadar o ahogarnos, abrir el corazón o cerrarlo, amargarnos o crecer. A medida que nos adentramos en el dolor con la mente abierta y la voluntad de aprender, podemos acabar descubriendo en nuestras experiencias un sentido que jamás hubiéramos esperado encontrar.

Con frecuencia, el cambio provoca cambio; es un efecto dominó. Es normal que, por el camino, nos cuestionemos partes de nosotros mismos a medida que dejamos ir historias y creencias antiguas. Es normal que algunas amistades terminen. Es normal descubrir que necesitamos más tiempo a solas. El cambio suele venir acompañado de dolor y de duelo, porque es posible que en nuestra vida deba morir algo viejo para que pueda surgir algo nuevo. Los periodos de transformación nos exigen que seamos muy cuidadosos con nuestra energía. Confía en ti y en las decisiones que tomes durante periodos así. No tiene que ser lógico para nadie más que para ti.

Si conectas con partes nuevas de ti, crea espacio para que se dé la evolución. Todas tenemos lecciones que aprender. Algunas de nosotras estamos en el camino de aprender a abrir el corazón y derribar los muros en nuestras relaciones. Otras pueden estar aprendiendo a quererse completa y plenamente. Es posible que nuestro camino sea estar en una relación o estar solas. No para siempre, quizás, pero sí durante un tiempo. Y ambas cosas son maravillosas.

Sanar los patrones de relación es un proceso que ocurre por capas. Tu viaje es único, basado en tu historia y en las lecciones que tu alma ha venido a aprender. Date permiso para ir poco a poco. Créeme, no hay prisa. Paso a paso. Respiración a respiración. Sanarás.

Qué significa convertirte en tu alma gemela

La industria del crecimiento personal mueve miles de millones de dólares y nos ha vendido la idea de que tenemos que cambiar quienes somos para conseguir lo que queremos. Nos ha enseñado que para atraer a una pareja hay que participar en jueguecitos engañosos y que tenemos que eliminar las cualidades «no deseables» de nuestra personalidad si queremos atraer a los demás. En consecuencia, es posible que estés ante la disyuntiva de ser quien eres o de ser quien el mundo exterior te ha dicho que debes ser.

Tu alma gemela eres tú es, al igual que todo mi trabajo, mi respuesta a la idea de que tienes que cambiar o arreglar quien eres para que te quieran. Este libro va de autoaceptación, porque incluso las partes de ti que crees que son difíciles de amar merecen el lugar que ocupan. Es una oportunidad para que dejes todo lo demás fuera: la presión, el esfuerzo constante, el perfeccionismo y la lucha por ser una persona distinta a la que eres.

A lo largo del libro encontrarás rituales y enseñanzas que te conectarán con la naturaleza y que reavivarán el conocimiento de que eres una con el resto de los seres vivos. Albergas en tu interior a las plantas, los animales, los bosques, los ríos, los océanos y toda la creación. Reconectar con la naturaleza es la puerta de entrada a recordar el amor divino e incondicional que debes darte a ti misma.

Tu alma gemela eres tú se inspira en mi programa virtual insignia. Más de 30 000 personas de 146 países han completado el viaje con éxito, y miles más lo emprenden cada mes. He concebido el libro con tres intenciones terapéuticas en mente:

1. Que encuentres tu plenitud y consolides una relación más segura y afectuosa contigo misma.
2. Que hagas las paces con tu pasado y cures tus heridas.
3. Ofrecerte una reeducación holística y espiritual respecto a las relaciones, para crear una base más afectuosa desde la cual avanzar.

TU ALMA GEMELA ERES TÚ NO PRETENDE...

- Darte trucos para las relaciones.
- Arreglarte (no estás dañada).
- Enseñarte a fingir seguridad en ti misma para atraer a una pareja.
- Manifestar tu alma gemela mediante la intención y el pensamiento positivos.
- Darte trucos para manipular a otra persona para que quiera estar contigo.
- Averiguar cómo cambiar a tu pareja (pasada o presente).

TU ALMA GEMELA ERES TÚ SÍ PRETENDE...

- Profundizar en la relación que mantienes contigo.
- Integrar tu pasado haciendo un trabajo interior.
- Entender y sanar tus patrones de relación.
- Aprender a estar presente y con autenticidad en las relaciones.
- Ayudarte a esclarecer tus deseos, tus valores clave y tus límites.
- Hacer el trabajo de base para prepararte para una relación consciente.

- Recordarte que eres una con todos los seres vivos en este gran universo.
- Llegar a un lugar de autoaceptación y de compasión respecto a todas tus facetas pasadas.

Algunas cosas que conviene recordar a lo largo del proceso

Sé amable con tu corazón

Es posible que, a medida que avances en este camino, descubras partes de ti que llevan mucho tiempo ocultas. Es posible que encuentres también emociones incómodas, como la vergüenza, la culpa o la tristeza. A veces, justo cuando estamos a punto de experimentar un momento terapéutico, nos topamos con un muro y nos rendimos. Dejamos el libro en el librero y volvemos a lo que fuera que hiciéramos antes de que surgieran esas emociones. Debes saber que es normal que durante el camino haya momentos de incomodidad. Eso solo significa que te importa lo que sucede, así que descansa un poco y reanuda el viaje.

Valora la posibilidad de interrumpir el consumo de alcohol y sustancias

Sería conveniente que, mientras exploras el pasado y te enfrentas a tus patrones de relación, seas más consciente de tu bienestar global. Elimina cualquier cosa que pueda mermar tu energía o bajar tu estado de ánimo. Valora la posibilidad de abandonar temporalmente el alcohol y otras sustancias (si forman parte de tu vida) y sustitúyelos por agua, infusiones, alimentos integrales y más tiempo de conexión con los elementos. El mar, los ríos, los bosques, las montañas y los jardines pueden ser santuarios terapéuticos.

Sé tu prioridad

Es importante que durante todo este proceso pases tiempo a solas contigo, te cuides y seas tu prioridad. Si tiendes a dar en exceso o siempre acabas cuidando a la familia, a los amigos, a tu pareja... te recuerdo que tú eres la primera persona a la que debes dar. Para aprender a sentirte segura en tu cuerpo y segura de tu valía, debes conectar con tus necesidades y dar prioridad a tu bienestar.

Escribe un diario

El propósito de los ejercicios y las indicaciones para escribir que encontrarás a lo largo del libro es ayudarte a encontrar el camino a tu verdad. Te sugiero que comiences a escribir un diario que acompañe a la lectura, para que puedas seguir las indicaciones que irás encontrando y explorar o repasar lo que vaya surgiendo a medida que avances por los capítulos.

Encuentra un compañero de lectura o funda un club de lectura de *Tu alma gemela eres tú*

Es posible que tengas una o más amigas (o amigos) junto a las que te gustaría emprender este viaje. Instaurar citas semanales para tomar un café o un té y hablar de lo que aprendieron, u organizar un club de lectura pueden ser maneras fantásticas de avanzar en el programa.

Tómatelo con calma

No hay ninguna prisa por descubrirlo todo o por sanar todas las heridas a la perfección. Aborda este trabajo interior con reverencia y asume la sanación como una práctica que durará toda la vida. Siempre hay algo que aprender. No te presiones ni creas que debes conseguir nada con rapidez; deja que sea un proceso lento, suave y afectuoso.

Deja espacio para la alegría

No permitas que la idea de la sanación se convierta en una obsesión. Aunque es fantástico que tantas personas estemos inmersas en el trabajo interior de superar los traumas del pasado y eliminar los lastres que cargamos en la espalda desde hace generaciones, también tenemos que ser conscientes y no centrarnos tanto en la sanación que perdamos de vista el propósito final: ¡experimentar más alegría y conexión! Deja espacio para el juego y la risa, y alégrate por cada paso que des en el camino.

Explora tu espiritualidad

Ahora tienes la oportunidad de rememorar tu conexión con el Espíritu. En estas páginas uso el término «Espíritu» para referirme a la fuente del vasto amor incondicional que existe en nuestro interior y que nos rodea a cada uno de todos nosotros. Podemos sentir esta conexión cuando soñamos, cuando meditamos y cuando nos sumergimos en la naturaleza. Hay quien se siente más cómodo hablando de Dios, Energía Original o Madre Naturaleza. Quiero recalcar que no hablo en el contexto de ninguna religión y que eres libre de explorar cómo es la relación que mantienes con el Espíritu.

Es normal temer el cambio,
pero no permitas que el miedo te convierta en su rehén.
Recógelo y llévalo contigo si es necesario.
Mira fijamente a tu propia oscuridad
o camina hasta que veas la luz.

CAPÍTULO 2

Todo comienza por ti

Aunque la mayoría de nosotras no conocemos bien su historia, las solteronas son auténticos iconos culturales. En inglés las llaman *spinsters* («hilanderas»), un término que se remonta al año 1300 y que alude a mujeres solteras que se ganaban la vida hilando lana. En el siglo XIX, el término era una fuente secreta de orgullo: permanecer soltera era un privilegio en una época en que la mayoría de las mujeres dependían económicamente de su marido.

Con el tiempo, y en una demostración de patriarcado puro, la palabra se distorsionó y adquirió connotaciones negativas. Sin embargo, esas mujeres que llevaban vidas autónomas e independientes eran poderosas. Eran ellas quienes, por suerte o por fortuna, elegían su propio destino y decidían permanecer solteras en lugar de casarse por necesidad, y si decidían casarse, no se conformaban con nada que no fuera una relación auténtica y gratificante.

En la actualidad, muchas mujeres siguen cargando con esta programación patriarcal y creen que el tipo de relación que tengan, o no, determina su valía. No es cierto. Lo que nos aleja de lograr la intimidad profunda que anhelamos con toda el alma es, precisamente, esa asociación entre nuestra identidad y la ausencia o presencia de una relación romántica.

Como tenemos miedo a estar solteras porque creemos que denota algo acerca de nuestra valía, estamos más dispuestas a conformarnos con migajas, a autosabotearnos, a abandonarnos o a aferrarnos a una relación que nos impide alcanzar todo nuestro potencial. En mis programas insisto en la importancia de elegir el trabajo interior con la intención correcta. No podemos centrar el trabajo interior en un objetivo externo, como cambiar a otra persona, convencer a nuestra pareja para que se comprometa más o atraer a alguien. Se ha de enraizar fundamentalmente y sobre todo en el amor por nosotras mismas.

Las relaciones conscientes tienen tanto que ver con la relación que mantenemos con nosotras como con las relaciones que forjamos con los demás y con el mundo que nos rodea. No es algo a lo que se llega, sino que es una forma de vida.

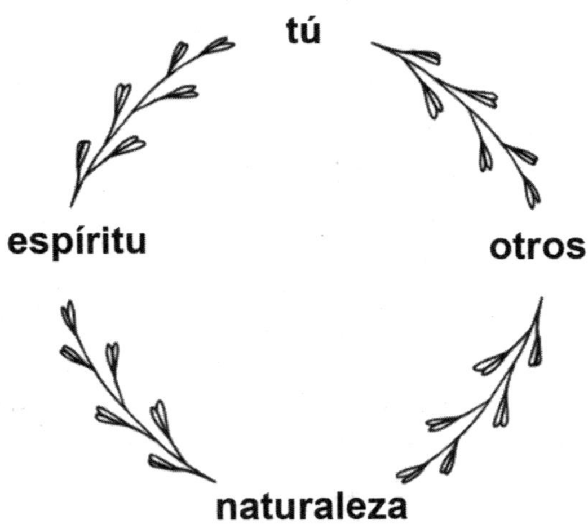

No pasa nada si también quieres atraer a una pareja o sanar una relación con alguien importante para ti, pero no puedes esperar ni lo uno ni lo otro si nadas en un océano de heridas pasadas, resentimiento, patrones ansiosos o miedo a la intimidad. Por mucho que nos gusten los atajos, no existen en lo que a curar nuestros patrones se refiere. La única manera de alcanzar el amor verdadero y auténtico es hacer el camino de vuelta a nosotras mismas, recuperar las partes que hemos descuidado o enterrado y, finalmente, honrar lo que somos en su totalidad. Tenemos que asumir una responsabilidad radical sobre nuestra mente, nuestras emociones y nuestra realidad.

Con los pies firmemente plantados en quiénes somos y en qué queremos, podremos entonces dar voz a nuestros deseos y, si así lo decidimos, invitar a otras personas a que se unan a nosotras en una relación que refleje el vínculo rico y en sintonía que hemos construido con nuestro corazón.

FORJAR UNA BUENA RELACIÓN CON NOSOTRAS MISMAS

La energía que llevamos es importante. Cuando alguien se rechaza a sí mismo, lo percibimos. Cuando alguien se siente seguro y está cómodo con quién es, no podemos evitar sentirnos atraídos por esa persona. Y aunque al principio no parezca evidente, en el fondo sabemos cuando alguien, o nosotras mismas, vive resistiéndose a la realidad.

Aunque los síntomas son distintos para cada persona, algunos de los principales indicadores de que no estamos alineadas con nuestra verdadera naturaleza son los patrones de autosabotaje, el dejar que otros dicten nuestros límites, evitar dar nuestra opinión, sentir que hemos perdido el control, la rumiación, la independencia excesiva, la codependencia o la desregulación emocional. Para empoderarnos al máximo, antes tenemos que aprender a confiar en nosotras mismas y desarrollar una base espiritual que nos guíe hacia las personas y hacia los entornos adecuados para nosotras.

Muchos de los obstáculos a los que nos enfrentamos cuando empezamos a salir con alguien o cuando ya hemos iniciado una relación, como los patrones de estancamiento en los que las relaciones nunca pasan de un punto concreto, se deben a que estamos reprimiendo alguna parte de nosotras mismas. Cuando mantenemos una relación consciente con nuestra esencia, nos damos la oportunidad de estar más accesibles y vivas y de expresarnos de un modo más genuino en todas nuestras conexiones.

Construir esa relación es un proceso lento y gradual durante el que aprendes a observar tus pensamientos y reconectas con tu cuerpo y con tus emociones. Tomas conciencia de tus necesidades, tus emociones, tus sueños, las partes de ti que ocultas o rechazas, tu luz y tu oscuridad (todo lo que forma parte de ti), para poder transformar la energía desde la autorrepresión a la autoaceptación. Al hacerlo, aumentan las probabilidades de que muestres tu auténtico yo ante los demás, lo que permite que te vean y te amen tal como eres en realidad.

UNA RELACIÓN INTERIOR SALUDABLE COMIENZA POR...

Desarrollar confianza y seguridad en una misma. Conocerte a fondo.

Dedicarte tiempo. Estar en la naturaleza, practicar la respiración consciente y sintonizar con el cuerpo.

Ahondar en la autocompasión. Abordar los muros y las defensas desde el amor y la empatía.

Dar voz a las emociones. Sintonizar con la emoción que subyace a otra emoción.

Entender tu capacidad. Saber cuándo es el momento de descansar.

Perdonarte. Demostrar compasión por los errores cometidos y honrar tu trayectoria vital.

Ser fiel a tus valores. Guiar tu vida desde tu auténtico yo.

Expresarte. Mantener conversaciones abiertas y vulnerables con las personas que te importan.

Pedir ayuda. Apoyarte en un amigo o hablar con un guía cuando necesites ayuda.

Siete citas para empezar a construir una identidad más segura

Cuanto más nos conocemos a nosotras mismas, más seguras nos sentimos en nuestra piel. Por eso, te animo a que tengas citas contigo misma y empieces a crear una sensación de seguridad y de confianza interior. Quizás ya disfrutes mucho del tiempo a solas contigo. De ser así, tu misión es ser más consciente de cómo pasas ese tiempo. Si estar sola te resulta difícil, convertir las citas contigo misma en un ejercicio habitual te ayudará a reforzar tu autoestima y a reconectar contigo de nuevas maneras.

Tanto si es un día entero como una tarde o media hora, ese tiempo te ayudará a crear el hábito de cuidar la relación que mantienes contigo misma. A medida que avances en el libro, ten una cita contigo al menos una vez a la semana. A continuación tienes algunas sugerencias, pero eres libre de poner en práctica tus propias ideas:

Meditar, hacer visualizaciones o practicar
la respiración consciente.
Bailar de un modo sensual y divertido al son
de tu música preferida.
Prepararte un baño perfumado con hierbas aromáticas.
Luego, aplicarte aceite corporal y darte un masaje.
Dedicar una noche al arte y practicar la pintura
o el dibujo intuitivos.
Inscribirte a alguna actividad en grupo y relacionarte
con otras personas.
Prepararte algo delicioso para cenar o salir a cenar sola.
Preparar tu autocita ideal.

Aprender a observar la mente

Ahora que vamos avanzando en el libro, me gustaría invitarte a que observes tu mente y seas testigo de tus pensamientos, en lugar de dejarte llevar por ellos. Observar la mente es el puente que lleva al desarrollo de la autoconciencia.

La mente produce millones de pensamientos e historias sin parar. Da sentido a todas las experiencias que vivimos y crea un marco automático acerca de lo que podemos esperar en el futuro. Aunque es su manera de intentar crear seguridad, se trata de una falsa seguridad, porque como dejamos que el pasado informe nuestro presente, seguimos un guion predefinido en lugar de dejar que la vida discurra con naturalidad.

Por eso no podemos creer a ciegas todos los pensamientos que nos surgen. En lugar de actuar inmediatamente basándonos en un pensamiento, tenemos la posibilidad de dar un paso atrás, respirar y preguntarnos si ese pensamiento parece cierto, si se basa en una experiencia pasada o si no tiene sentido alguno. Entonces, podemos decidir si queremos responder o dejarlo ir. La autoobservación es un aspecto vital del trabajo interior y de la conexión con nosotras mismas. No surge del juicio, la crítica o la culpa, sino de la curiosidad y la compasión.

A medida que avances en el libro y aprendas a observar la mente, te darás cuenta de que el propósito de algunos de los pensamientos que aparecen es protegerte. Ahí es donde entra en juego el ego. El ego es un mecanismo de defensa que mantiene tu autoimagen y tu identidad, y te protege del dolor. Sin embargo, algunos de los pensamientos que te quieren proteger o defender te alejan del amor e impiden que te expreses plenamente. A veces, los pensamientos te dirán que no es seguro dejar entrar al amor. O que no es seguro ser quien eres, o que tienes que esconder tu verdad para ganarte el afecto y la aprobación de los demás. Quiero que practiques avanzar hacia un espacio de autenticidad y vulnerabilidad. Durante el programa, asumiremos algunos riesgos y es importante que seas honesta y pongas todas las cartas sobre la mesa para que los demás te puedan ver como eres de verdad.

Hay veces en que nos sentimos atrapadas en un patrón y dejamos que la mente construya una historia que luego intentamos validar inconscientemente, actuando y aislándonos del amor. Lo que sucede es que la mente intenta crear una sensación de seguridad mediante el control. Para liberarnos de este patrón, tenemos que practicar lo que se conoce como «conciencia testigo» (ser testigo de nuestros patrones) y abrirnos a lo desconocido. Podemos observar nuestros patrones de pensamiento y nuestros hábitos desde el amor a medida que surgen y, entonces, distanciarnos de las reacciones negativas que se nos ha condicionado a repetir. La única diferencia entre una persona que es consciente de sí misma y otra que aún no lo es reside en la capacidad de cuestionar la mente y diferenciar entre los pensamientos y la verdad.

La próxima vez que surja un pensamiento negativo, una crítica o un juicio, respira hondo y pregúntate:

¿Qué parte de mí se está protegiendo con este juicio?
¿Qué parte de mí intenta controlar las cosas con este pensamiento?
¿Este pensamiento surge del amor o del miedo?

Si no aprendemos a observar la mente, acabamos creyéndonos todos los miedos, todas las críticas, todos los juicios. Magnificamos los problemas que crea la mente hasta que empiezan a determinar cómo experimentamos el mundo, lo que, en algunos casos, puede ser incapacitante o perjudicial para nuestro modo de vida. Los traumas y los miedos se introducen y se instalan en la mente y, si no tenemos cuidado, empezamos a vivir desde esos lugares. Si la dejamos, la mente nos cuenta todo tipo de mentiras acerca de nuestra valía y del amor que merecemos. Aprender a no creer en la oscuridad requiere tiempo. El trabajo de sanación consiste en aprender a observar nuestras historias sin apegarnos a ellas.

La relación que mantienes contigo es la base del resto de tus relaciones

Las heridas del pasado y las respuestas de miedo condicionadas asoman la cabeza en nuestras relaciones y nos alertan acerca de lo que aún necesita de nuestro amor y atención para sanar. Si solo conocemos el caos, mantendremos relaciones caóticas. Si solo hemos tenido modelos de engaño, traición e incongruencia, eso es lo que reflejarán nuestras relaciones. Todas nosotras llevamos en nuestro interior un patrón de relación sobre la base del cual actuaremos una y otra vez en todas las interacciones que mantengamos hasta que hagamos un trabajo terapéutico de sanación. Cuanto más centradas y ancladas en el momento estemos, más cerca estaremos de mantener relaciones que reflejen el hogar que hemos creado en nuestro interior.

Nuestra valía y autoestima determinan cómo nos presentamos en *todas* nuestras relaciones.

El propósito de forjar la autoestima y entablar una relación con las partes de ti misma que has rechazado hasta ahora es que llegues a la integración. Cuando estamos integradas, somos la encarnación de nuestro yo completo y centrado en el corazón. Y lo cultivamos cuando reclamamos el derecho a ser vulnerables y sensibles y a estar en sintonía con nuestras emociones.

La mayoría de las dificultades con que nos encontramos en las relaciones tienen que ver con la inseguridad, con el miedo a usar la voz y con el temor a que nos abandonen, a que no nos quieran o a quedarnos solas. Sin embargo, imagina todo lo que sería posible en tus relaciones si ya no necesitaras que otra persona llenara un vacío o acallara la inseguridad y, por el contrario, buscaras una relación con el único propósito de encontrar a alguien con quien compartir el amor de una manera recíproca. Cuando las relaciones se usan como fuente de aprobación, es muy fácil perderse en el otro. Cuando usamos las relaciones para que nos proporcionen las emociones que anhelamos, dependemos tanto de lo externo que perdemos todo el control sobre nuestro mundo interior. Si dependemos de una relación como nuestra principal fuente de energía en términos de validación o de seguridad, la relación se convierte en una transacción. Entonces, es muy probable que no veamos las señales de alerta, que no instauremos límites o que no hagamos cambios positivos reales. Por eso, el amor consciente y sano comienza por ti.

Aunque es cierto que no podemos elegir quién nos atrae, también lo es que el trabajo terapéutico puede ejercer un impacto muy profundo en quién y qué nos atrae más. En gran medida, el trabajo consiste en sentirnos seguras de nosotras mismas, de modo que podamos elegir personas, lugares y entornos que resuenen con nuestro yo superior en lugar de caer una y otra vez en las mismas situaciones.

Sanar las atracciones

Una vez, una mujer me dijo:

—Tengo el selector averiado.

—¿El selector? ¿Qué es eso? —le pregunté.

—Un selector averiado es cuando tienes muy mala puntería con las parejas románticas y eliges una y otra vez a los que no te convienen —me respondió.

Desde entonces, he observado que miles de mujeres dicen más o menos lo mismo. Aunque anhelan una relación sana y consciente, siguen sintiéndose atraídas por personas que o bien no están disponibles emocionalmente o bien son completamente evitativas y no están en absoluto dispuestas a crecer. Por otro lado, cuando conocen a alguien seguro, se aburren. Es un ciclo frustrante que, con frecuencia, nos lleva a creer que no podemos confiar en nuestro propio criterio en lo que se refiere al amor. Sin embargo, muchas veces elegimos lo que nos resulta conocido, incluso aunque eso signifique anclarnos en la insatisfacción.

Es posible que te preocupe pensar que nunca te sentirás atraída por alguien con quien tener una relación sana. Te entiendo, pero sé que puedes conseguirlo. Entre los veinte y los treinta años de edad, solo me gustaban personas que eran, por decirlo con claridad, peligrosas, pero que me atraían sexualmente. La estabilidad y la seguridad me aburrían y creía que las relaciones estables y saludables exigían sacrificar el sexo y la pasión. Mi patrón era ir a por un «chico malo», llevar la relación hasta el fin y, entonces, recuperarme con un «chico bueno». Hasta que conocí a Ben ya cumplidos los treinta y hasta que trabajé a fondo mis heridas de la infancia, no vi con claridad mis creencias limitantes acerca de lo que podía conseguir en el amor y no me di cuenta de que no eran más que eso: creencias limitantes, no la verdad. He trabajado con muchísimas mujeres que dicen los mismo. Lo quieren todo: buen sexo, pasión, química, comunicación y compromiso. ¡Te prometo que es posible!

Es importante recordar que el mero hecho de sentir atracción por alguien no significa que debas hacer nada al respecto. Que alguien te excite no significa que debas hacer nada al respecto. No tienes por qué mantener relaciones sexuales ni iniciar una relación con nadie solo por curiosidad o porque sientas pasión, lujuria o deseo. La energía no es más que energía y sea lo que sea lo que sientas en tu cuerpo te pertenece a ti. En lugar de precipitarte ante cualquier arrebato de atracción, tienes la opción de cultivar esa energía para que alimente tu creatividad y tu trabajo interior.

Lo que nos atrae no está escrito en piedra, sino que refleja la relación que mantenemos con nosotras mismas, una relación que crece y cambia constantemente. Si creamos más espacio para la autoobservación cuando sentimos la energía de la atracción, podemos aprender más acerca de nosotras mismas y dar el primer paso para reprogramar quién nos atrae.

Alinearse con la relación adecuada

La fase de luna de miel de una relación es un periodo muy apasionado, así que es fácil que en esa etapa nos emocionemos y nos olvidemos de evaluar si nuestra posible pareja cumple nuestros requisitos. Es fácil que nos olvidemos de que estamos en la primera fase de la relación, de que aún no conocemos al otro y de que aún tenemos que mantener conversaciones profundas acerca de quiénes somos, compartir nuestros sueños y objetivos, y manifestar qué queremos dar y recibir en la relación.

Evaluar a esa posible pareja nos permite determinar si realmente estamos alineados en la relación o si solo es cuestión de química. Son dos cosas muy distintas. Podemos sentir mucha atracción sexual y química por una persona y, al mismo tiempo, ser incompatibles para avanzar hacia las fases más profundas de la relación. Muchas personas buscan la energía electrizante de la fase de luna de miel y asumen, erróneamente, que ese periodo de alta intensidad durará para siempre. Sin embargo, la fase de luna de miel es finita por naturaleza, está diseñada así. Si lo piensas, no podemos hacer demasiadas cosas, ser responsables o cuidar de la familia si nos pasamos el día flotando en una nube y manteniendo relaciones sexuales.

Lo mejor de todo esto es que cuando aprendemos a entender la relación como una práctica espiritual, abrimos un espacio mucho más profundo y, con el tiempo, lo que recibimos va mucho más allá del cóctel químico de placer y emoción que sentimos al principio. En parte, alinearnos con el tipo de relación que queremos consiste en mantener abierta una línea de comunicación clara y directa entre el corazón, el cuerpo y la mente, de modo que podamos aportar conciencia a cada paso de la relación.

Por otro lado, si en nuestro interior albergamos mucho dolor del pasado, es muy posible que levantemos muros y que nos cueste dejar pasar a nadie el tiempo suficiente para superar las primeras etapas de la relación. El trabajo interior te ayudará tanto a abrirte más al amor si has estado muy cerrada como a pisar el freno si tiendes a precipitarte, de modo que cuando conozcas a una persona con la que puedas forjar una relación profunda, estés preparada para ello.

Mostrar autocompasión en el proceso

Muchas de nosotras permanecemos atrapadas en un bucle durante mucho tiempo antes de despertar y emprender el viaje de sanación; no es nada de lo que avergonzarse. De hecho, tiene mucha lógica que repitamos los mismos patrones porque, a cierto nivel, intentamos curar una herida o resolver algo que sucedió en el pasado. Si descubres los patrones que sigues en el amor, no te preguntes por qué no los has visto antes ni desees poder retroceder en el tiempo y cambiar el pasado. Elige seguir adelante con autocompasión y descubre el sentido de lo que has vivido hasta ahora.

COSAS QUE RECORDAR

- La relación que mantienes contigo es la base de todas las relaciones que mantendrás en tu vida.
- El trabajo interior exige que reconectes contigo y asumas una responsabilidad radical sobre tu mente, tus emociones y tu realidad.
- No te preocupes si te sientes algo desconectada de tu yo auténtico. Ve poco a poco y practica la autocompasión.
- Reconstruir la relación que mantienes contigo es un proceso gradual durante el que aprenderás a observar tus pensamientos y reconectarás con tu cuerpo y tus emociones.
- Optar por sanar tus patrones de relación no significa arreglar lo que no funciona en ti. Significa reclamar tu autenticidad como ser completo.

Invertimos mucho tiempo en buscar estrategias
para sentirnos mejor o para no sentir tanto.
¿Y si permanecieras con lo que sea que sientas en este momento?
¿Podrías acogerlo?
¿Podrías atender a esa emoción con amor y cuidarla como
cuidarías de un niño pequeño o de algo muy valioso?
¿Podrías amar a tu tristeza o a tu dolor de esa manera?
Etiquetamos las emociones y limitamos nuestra
expresión completa.
Buenas, malas, positivas, negativas, demasiado intensas…
¿qué aceptamos y qué reprimimos?
Todo esto refleja nuestra capacidad para adentrarnos
en lo desconocido.
Si abandonamos las etiquetas, solo queda la energía.

CAPÍTULO 3

Recupera la sabiduría del cuerpo

Tanto si lo reconocemos como si no, todos somos seres sensibles a la energía. Cuando entramos en una estancia y sentimos que algo «no cuadra», es porque el cuerpo está respondiendo a la energía en la sala. Cuando percibimos emoción en el aire, es el cuerpo respondiendo a la energía en el ambiente. Sin embargo, vivimos en una cultura que da prioridad a la lógica y que presenta la emocionalidad como una demostración de debilidad, inestabilidad o poca fiabilidad. Aunque esto dificulta que nos sintamos como en casa en nuestro cuerpo, si aprendemos a usar esa capacidad perceptiva, nos sentiremos más empoderadas y conectadas.

En el capítulo 2 hablábamos de aprender a observar la mente. En este, abriremos un camino que te ayudará a forjar una relación consciente con tu cuerpo y con tu entorno energético para que puedas conectar con la sabiduría del cuerpo y desarrollar la capacidad de estar presente con todo el abanico emocional.

Una de las mayores dificultades a las que nos enfrentamos durante el trabajo interior es aprender a calmarnos y a procesar las emociones, energías y sensaciones de alta intensidad que surgen durante el proceso. Si no estamos en sintonía con el cuerpo, podemos reaccionar de tal manera que alimentemos la desconexión, la vergüenza y la desconfianza en nosotras mismas. Con frecuencia, es esta desconexión del cuerpo lo que nos lleva a reprimir o a desconfiar de la ira o la tristeza que sentimos.

Por el contrario, cuando escuchamos al cuerpo y desarrollamos la capacidad de estar presentes con todas las emociones, ganamos en firmeza, autoexpresión y seguridad en una misma. Estar presente en el cuerpo es un elemento clave de la sanación, vital para reconectar con la verdad. Nos permite tomar conciencia de nuestros límites, de nuestros valores y de nuestra intuición. Durante el resto del libro, y siempre que las cosas se pongan difíciles, recuerda que te puedes centrar usando los ejercicios y las enseñanzas que encontrarás a continuación.

Por qué abandonamos el cuerpo

Muchas de nosotras abandonamos el cuerpo durante la infancia debido a traumas, maltratos o abandono, o como consecuencia de la desatención emocional, algo que puede suceder incluso con progenitores afectuosos. En respuesta, los atracones de comida, el exceso de ejercicio físico, la restricción de alimentos, el abuso de sustancias, el análisis excesivo, la imposición de la lógica sobre las emociones y el rechazo a la intimidad se convierten en maneras de anestesiarnos y de salir del cuerpo. Por lo tanto, si nos sentimos atrapadas en un patrón y nos vemos incapaces de aplicar los cambios que deseamos, es muy posible que el cuerpo necesite más apoyo para integrar la sanación.

Durante la infancia, el sistema nervioso teje un mapa de cómo responder ante situaciones como el conflicto, el contacto físico o la conexión, y ante emociones como la ira, la tristeza, la alegría, el placer, etc. Si durante la infancia sucede algo que hace que el sistema nervioso se congele, complazca a los demás, se cierre, o se active el modo de lucha o huida una y otra vez, es posible que el cuerpo se adapte y que, ya en la edad adulta, siga respondiendo de esta manera, como si el trauma o la experiencia pasada perduraran. Cuando carecemos de las herramientas, del tiempo o de un lugar seguro en el que sanar, podemos quedar atrapadas en un bucle emocional hasta que disponemos del estímulo que necesita nuestro sistema nervioso para deshacerse del trauma.

Esto puede llevar a que nos resulte difícil y desconcertante confiar en nosotras. Llegamos a creer que no podemos «escuchar al cuerpo» porque no estamos seguras de si responde a un miedo del pasado o a una amenaza real. Sin embargo, todas las sensaciones corporales son mensajes: eso es lo único que necesitas saber para validarlas. Es indiferente que la amenaza sea real o percibida. Si no te sientes segura, es porque tu cuerpo necesita que cambies algo. Responde trasladándote a una situación o a un lugar en el que puedas escuchar con serenidad y en silencio el mensaje que tu cuerpo te quiere transmitir.

No tenemos por qué ignorar, justificar o corregir las sensaciones corporales. **El mero hecho de aprender a permanecer con la incomodidad y dejar que el cuerpo se mueva como necesite es terapéutico en sí mismo.** Cada vez que nos resistimos a una emoción prolongamos el malestar e impedimos que el ciclo llegue a su fin. Esto se manifiesta en forma de fatiga, dolor físico, ansiedad o estrés. Si atendemos a lo que el cuerpo nos quiere decir, veremos que sabe instintivamente cómo liberar la emoción acumulada. Quizás sintamos la necesidad de sacudir los brazos, de saltar, de dar patadas al aire, de golpear una almohada, de correr, de masajearnos las piernas o de zambullirnos en el agua. Todas estas acciones son ejemplos de cómo la inteligencia natural del cuerpo nos ayuda a procesar la energía.

Muchas de nosotras tendemos a vivir más en la mente que en el cuerpo. Estar en el cuerpo significa sentir y eso puede asustar mucho cuando cargamos con traumas familiares heredados, además de con nuestros propios temores, ansiedades y baja autoestima. Sin embargo, cuando vivimos mentalmente y desconectamos del cuerpo, desconectamos también de nuestra sabiduría interior. No es posible resolverlo todo reflexionando sobre ello hasta el último detalle. El cuerpo es una fuente de sabiduría maravillosa e inteligente. Ser un ser completo significa que la mente, el cuerpo y el corazón trabajan armoniosamente para guiarnos. El extraordinario resultado de un cuerpo integrado y espiritual es esa conexión profunda entre mente, cuerpo y corazón.

EN QUÉ CONSISTE VIVIR EN LA MENTE

- Intentar encontrar inmediatamente la lógica detrás de una emoción.
- Negar la realidad emocional porque no nos parece lógica.
- Usar un lenguaje centrado en la mente en lugar de en el cuerpo («pienso que» frente a «siento que»).
- Intentar razonar con nosotras mismas para dejar de sentir algo.
- Intentar justificar por qué sentimos lo que sentimos.
- Explicar en exceso las emociones.
- Desconexión o «anestesia» emocional.
- Entender la emocionalidad y la expresividad como señales de debilidad o como algo humillante.
- Dar más valor a mantener la compostura que a expresar las emociones.
- Centrarse en los «hechos», como si las emociones carecieran de valor o de propósito.

EN QUÉ CONSISTE VIVIR EN EL CUERPO

- Mirar hacia el interior, percibir la emoción cuando surge y darle nombre: «Estoy triste, enojada, alegre, nerviosa, etc.».

- Ubicar e identificar las sensaciones corporales: «Noto tensión en el abdomen, tengo sensación de opresión en el pecho y tengo la mandíbula muy tensa».
- Usar «pienso que» cuando se tiene un pensamiento y «siento que» cuando se tiene una emoción, y saber diferenciar entre ambas cosas.
- Permitir que las emociones y las sensaciones estén presentes sin necesidad de encontrarles lógica.
- Crear oportunidades para mover la energía del cuerpo (bailar, gritar sobre una almohada, llorar, hacer respiraciones profundas).

CÓMO SE MANIFIESTA LA CONEXIÓN MENTE, CUERPO Y CORAZÓN

- Ser capaz de diferenciar entre pensamientos, sensaciones y emociones.
- Saber cuándo necesitamos tiempo y espacio para procesar emociones intensas antes de tomar una decisión o de iniciar una conversación al respecto.
- Confiar en el cuerpo y explorar los mensajes que nos transmite, sin juzgarnos.
- Conectar con la respiración y detectar cuándo la mente se inventa una historia o nos está juzgando.
- Estar presente en el cuerpo cuando nos damos cuenta de que estamos rumiando o de que nos hemos lanzado a una espiral de miedo y de preocupación.
- Respirar profundamente o hacer visualizaciones de nuestra niña interior para calmarnos, y pedir ayuda si la situación nos supera.
- Valorar tanto la emoción como la lógica en distintos momentos.
- Dejar espacio para la magia, la intuición y la inexplicable sincronicidad en nuestras vidas.

El origen de nuestras identidades falsas

Durante la infancia nos enseñan qué emociones son seguras y qué emociones generan rechazo, humillación, ridículo o indefensión. A muchas de nosotras nos castigaban por cómo gestionábamos las emociones o nos dejaban solas hasta que «nos portáramos bien». Sin embargo, en tanto que seres humanos jóvenes, el cerebro y el sistema nervioso aún estaban sintonizando con nuestros cuidadores y necesitábamos que nos ayudaran a superar los altibajos, que nos enseñaran que era normal experimentar emociones y que nos contuvieran cuando estas nos sobrepasaban.

Muchas de nosotras no recibimos eso, por lo que desarrollamos otras respuestas adaptativas para conseguir el amor y la atención que necesitábamos, o bien nos distanciamos de los demás para protegernos del dolor de ver insatisfechas nuestras necesidades. Durante esas primeras relaciones con nuestros cuidadores empezamos a formar nuestras «identidades adaptativas» o «identidades falsas», a las que también podemos llamar «máscaras» o «escudos», y que nos ponemos en respuesta al trauma, al dolor o a la traición. No mostramos nuestra «identidad auténtica» porque hemos aprendido que no es seguro hacerlo.

Con frecuencia llegamos a la edad adulta con las máscaras aún puestas, por lo que es muy complicado forjar relaciones sanas. Nos ponemos a la defensiva, nos aislamos, nos encerramos en nosotras mismas u ocultamos nuestra verdad. A pesar de que parecemos distantes y frías, en nuestro interior anhelamos amor y atención. O quizás nos mostramos duras y levantamos la voz cuando, en el fondo, somos sensibles y tímidas. Decimos y hacemos cosas que no transmiten autenticidad porque estamos preocupadas por encontrar o conservar el amor.

La máscara de la superviviente

Fui una niña muy sensible y sentía inmensas oleadas de empatía y de compasión que me inundaban el corazón. Quería que todos los que me rodeaban se sintieran queridos e intentaba curar a todos los animales heridos que me encontraba. Sobre todas las cosas, quería salvar a mi madre de su dolor.

Cuando tenía tres años, mi madre me despertaba en plena noche y me abrazaba mientras lloraba y me explicaba historias acerca de su pasado traumático. Recuerdo lo desconsolada que se le veía y cómo las lágrimas le rodaban por las mejillas mientras mi diminuto cuerpo digería sus historias de dolor y de abusos. Me sentía confundida y abrumada, porque no entendía cómo se podía hacer daño a alguien a quien se quiere, como su madre había hecho con ella. Sentía que me correspondía a mí cuidarla y sanar su sufrimiento.

Cuando tenía doce años, ya había sufrido el abandono físico y emocional en varias ocasiones: había sufrido la violación de mi cuerpo físico en casas de acogida; había visto a mi madre enfrentarse a la adicción y a la depresión; había sido testigo de varios de sus intentos de suicidio, y yo había adquirido también el hábito de anestesiarme con sustancias. La niña sensible que había dentro de mí se endureció y se retrajo como mecanismo de defensa. Nadie podía superar mis barreras. Me convertí en una persona airada y gritona, mala y siempre a la defensiva. No escuchaba y me era imposible recibir amor.

Llevaba la «máscara de la superviviente», un arquetipo que muchas de nosotras adoptamos cuando creemos que la vulnerabilidad es peligrosa. La máscara de la superviviente nos protege y nos da una imagen de independencia extrema, pero, en realidad, el mantra de «no necesito a nadie, me basto y me sobro yo solita» es una respuesta a haber sufrido una herida o una decepción en el momento en que más ayuda necesitábamos. *El arquetipo de la superviviente condiciona que demos prioridad a la supervivencia a costa de la conexión.*

Era agresiva y gritona porque se habían aprovechado demasiadas veces de mi naturaleza sensible y de mi baja estatura. Llevaba una máscara para anunciar al mundo que no me importaba. Desconecté por completo de mi sensibilidad y daba a entender que era intocable, que nadie podía hacerme daño. Sin embargo, bajo ese exterior duro sufría muchísimo. Estaba asustada y perdida, y anhelaba desesperadamente la validación y el amor.

Los maestros de la escuela y los padres de acogida decían que era una «niña mala», porque donde crecí solo los «niños malos» acababan en casas de acogida. Los adultos no estaban ahí para protegerme ni para mantenerme a salvo. Estaban ahí para censurarme. Pensaba que nadie era seguro. Era yo contra el mundo.

Así que hui.

Luché.

Anestesié el dolor con drogas y alcohol.

Busqué el amor en personas peligrosas que no eran para mí.

El divorcio fue el catalizador de mi toma de conciencia más profunda. Fue entonces cuando, al fin, reconocí cuánto dolor albergaba en mi cuerpo. Lo mucho que me había abandonado. Lo sensible que era en realidad debajo de todas esas capas.

Tomar conciencia de las máscaras que llevamos puestas puede ser una de las fases más empoderadoras del proceso de sanación. Cuando asumimos la responsabilidad de cómo hemos ocultado nuestras verdaderas emociones o cómo hemos eludido la conexión, podemos soltar esas capas de protección y dejar de aferrarnos a nuestras defensas con tanta fuerza. Avanzamos pasito a pasito para ir mostrando nuestra sensibilidad hasta que, al final, ya no necesitamos máscara alguna.

Las máscaras te han sido útiles hasta ahora y es posible que, en algunos casos, incluso te hayan salvado la vida. La nueva relación que estás forjando con tu panorama emocional te permitirá estar presente tanto en los límites que estableces como en tu vulnerabilidad.

SER TESTIGO DE TUS EMOCIONES

No hay emociones buenas y malas. Las emociones son energía; vienen y se van. Si las aceptamos en lugar de resistirnos a ellas, pasan con rapidez y se transforman. Si las reprimimos o las rechazamos, se hacen más fuertes y se expresan de distintas maneras, como la tensión corporal y la desregulación emocional (sensación de caos, confusión, disociación o falta de claridad).

Cuando tenemos una emoción, es posible que el instinto inicial sea intentar «resolverla». Sin embargo, podemos aprender a estar presentes con nuestras emociones sin dejar que dicten nuestra conducta. Aunque no podemos controlar las emociones (y tampoco deberíamos intentarlo), sí que podemos decidir cómo reaccionamos ante ellas.

Hay veces en que las emociones pueden ser demasiado abrumadoras o intensas y no las podemos procesar en el momento; no pasa nada. No es necesario que lleguemos a la raíz de todas y cada una de las emociones inmediatamente (y tampoco más tarde, por cierto). A veces ponemos tanto énfasis en diseccionar una emoción que nos llegamos a obsesionar con ella.

En ocasiones, lo mejor que podemos hacer es desconectar la mente y activar el cuerpo. Bailar, correr, caminar o el movimiento intuitivo son maneras de trabajar con la energía corporal y cambiar lo que sentimos de forma natural. En otras ocasiones, lo que necesitamos es mantener la serenidad, descansar y dejar que el cuerpo procese sin que la mente se meta por en medio. Así podemos abrir más espacio para tomar decisiones conscientes o pasar a la acción desde una presencia conectada.

Recurrir a la ira o tristeza por defecto

A lo largo de mi experiencia con miles de clientas me he dado cuenta de que, por lo general, en situaciones estresantes o de conflicto, las mujeres activan por defecto dos modos de expresión: ira (fuego) o tristeza (agua). Muchas de nosotras ponemos el piloto automático de la ira poniéndonos a la defensiva o retrayéndonos, o el piloto automático de la tristeza, aferrándonos al otro o sintiéndonos culpables.

Para las que tendemos al elemento fuego, el trabajo consiste en reforzar la energía del agua, bajando las barreras y dándonos permiso para mostrar vulnerabilidad y ternura. Si, por el contrario, tendemos a reprimir la ira y solo nos permitimos lágrimas o tristeza, es posible que nos cueste mucho establecer límites sólidos, que culpemos inconscientemente a otros en lugar de pedir lo que necesitamos o que nos sintamos impotentes en lo que se refiere a las experiencias de relación. Cuando nos falta fuego y tenemos un exceso de agua, es fácil que nos aplaste la intensidad de las emociones y no pasemos a la acción. **Necesitamos un equilibrio saludable entre los dos elementos, de modo que nos podamos mostrar vulnerables, pero también defendernos, o defender a los demás, cuando llega el momento de la verdad.**

Cuando pasamos la mayor parte de nuestra vida reprimiendo la tristeza o rechazando la ira, empezar a sentirlas puede ser muy desconcertante. No pienses que te tienes que lanzar de cabeza a ninguna de esas emociones.

Si estás en una fase en la que la ira es tu emoción dominante, concédete tiempo para estar presente con la ira de algún modo que te permita acceder con más profundidad a tu mundo interior. Si la tristeza es la emoción que impera en estos momentos, aprende de ella y permite que fluya a través de ti para que pueda salir. Recuerda que las emociones son energía y que cuando damos a esa energía permiso para que fluya a través de nosotras, nos transforma.

Aceptar la ira

La mayoría entendemos la ira como una emoción negativa, una emoción que incluso nos asusta porque carecemos de un modelo de «ira sana». Llegamos a la conclusión de que la ira es peligrosa porque a lo largo de la historia, y tanto en nuestros sistemas familiares como fuera de ellos, la ira o bien ha creado separación al ocultarse secretos o mediante la traición silenciosa, o bien se ha convertido en algo violento y destructivo. Sin embargo, la ira sana no tiene por qué parecerse ni a lo uno ni a lo otro.

La ira es tan sagrada y válida como cualquier otra emoción. Lo que nos perjudica no es la ira en sí, sino que la bloqueamos hasta el punto de que encuentra otra válvula de escape y sale en forma de explosividad, de enfermedad o de pérdida de identidad.

La ira es la guardiana de otras emociones vulnerables ocultas bajo la superficie: tristeza, vergüenza, miedo e inseguridad. Aunque se trata de emociones con frecuencia dolorosas, todas y cada una de ellas nos dicen algo acerca de nosotras mismas. Por ejemplo, el miedo nos dice cuándo debemos tener cuidado o cuánta importancia le concedemos a un resultado concreto, y la inseguridad revela dónde debemos desarrollar confianza en nosotras mismas.

Ante todo, la ira es una señal interior que nos hace saber que se ha superado un límite y, si la usamos con responsabilidad, puede alimentar el fuego que necesitamos para pasar a la acción y volver a alinearnos con lo que sentimos que es justo y cierto para nosotras. Por el contrario, cuando la ira nos domina en lugar de empoderarnos, podemos acabar atrapadas en un estado de resentimiento y enojo. La ira no nos hace menos espirituales. Es una emoción como cualquier otra (amor, tristeza, alegría o cólera) y, como todas, forma parte de cualquier persona en este planeta.

Si reprimimos las emociones, desconectamos automáticamente de nuestra expresión más plena y limitamos y restringimos la creatividad, la fuerza vital, la pasión y la plenitud. El problema no es la ira; lo que provoca dolor es la reactividad y la falta de responsabilidad de las personas que la sienten. Aceptar el fuego interior, ser testigo de la propia ira de un modo sano y aprender a controlar los impulsos es crucial si queremos ser personas equilibradas y completas.

Si crees que tu fuego interior se ha desequilibrado, los elementos agua y tierra te ayudarán a asentarte. Respira hondo, sal a pasear, zambúllete en el mar, báñate, quítate los zapatos y los calcetines y siente la tierra bajo los pies desnudos. Reconecta con el cuerpo. Todos necesitamos tiempo para calmarnos después de experimentar emociones de alta intensidad. Nadie puede pensar con claridad ni comunicarse bien cuando está en pleno ataque de ira. Cuando te suceda, concédete espacio para estar presente en tu propia energía y encontrar tu centro.

CUANDO SIENTAS IRA, HAZTE ESTAS PREGUNTAS

- ¿Qué no me parece bien de esta situación?
- ¿Qué necesito para sentirme segura, respetada e importante?
- ¿Estoy reprimiendo mi verdad?
- ¿Necesito alejar mi energía de esta persona o situación?
- ¿Necesito pasar a la acción?
- ¿Hay otra emoción, además de la ira, que tema mostrar?
- ¿Qué otras emociones subyacen a la ira?
- ¿De verdad necesito protegerme en este momento o es que se me han activado las defensas?
- ¿Me conecta este conflicto o situación con algo de mi pasado?
- ¿Debería explorar la ternura y la vulnerabilidad que subyacen a la ira que siento?

Aceptar la tristeza

Vivimos en una cultura caracterizada por la fobia a las emociones y, de la misma manera que rechaza la ira, también rechaza o convierte en patológica la tristeza con demasiada frecuencia. La tristeza es una emoción necesaria y vital en el camino a la sanación y la recuperación.

Navegar a través de la tristeza es un arte perdido. Vivimos en una época en que la tristeza se considera automáticamente un síntoma depresivo en lugar de un periodo que respetar y venerar. Nos dicen que llorar es un signo de debilidad y que la tristeza es una emoción innecesaria. Sobre todo en el mundo de la espiritualidad New Age, se tiende a poner un énfasis excesivo en las «emociones positivas», al tiempo que se subestima el valor de cruzar el túnel de la ira, de la tristeza y del dolor para llegar al otro lado. Evitar estas experiencias conduce a la patología, mientras que procesar las emociones conduce a la sanación. La tristeza dista mucho de ser inútil o ilógica; es purificadora. Deja que las lágrimas caigan, respeta el proceso de purificación y sé paciente contigo misma.

Uno de los motivos por los que nos resistimos a la tristeza es que nos da miedo quedar atrapadas en ella si nos permitimos sentirla. Es un temor válido. La tristeza es una emoción del elemento agua y puede parecer estancada, enfangada o abrumadoramente potente. Piensa en ríos furiosos, cascadas e inundaciones. La tristeza nos insta a pisar el freno y a «ser» en lugar de «hacer». Sin embargo, si notas que la tristeza se empieza a transformar en amargura o crees que te impide conectar con los demás durante demasiado tiempo, es señal de que ha tomado las riendas y se ha vuelto corrosiva. En este caso, el movimiento será la medicina: baila, haz estiramientos, canta, emite sonidos. Recurre a la energía del fuego y tiende la mano a los demás para conseguir conexión y apoyo.

CUANDO SIENTAS TRISTEZA, HAZTE ESTAS PREGUNTAS

- ¿Cómo me puedo demostrar ternura en este momento?
- ¿En qué partes del cuerpo noto la tristeza?
- ¿Puedo poner en palabras esa tristeza?
- ¿Qué estoy depurando?
- Si me estoy aferrando a algo, ¿cuál es la necesidad más profunda que estoy intentando satisfacer?

- ¿Hay alguna otra emoción, además de la tristeza, que me dé miedo sentir?
- ¿Sería bueno para mí pedir ayuda?
- ¿Ha llegado el momento de cambiar de energía o aún estoy en pleno proceso de limpieza?

Los cuatro elementos de la integración emocional

Imagina que eres tierra, fuego, aire y agua. Cada uno de estos elementos corresponde a distintas partes de nuestro ser interior y todos ellos son importantes en cómo operamos en nuestras vidas. Necesitamos la combinación de los cuatro, aunque nos resulte más natural expresar uno o dos de ellos; eso es lo que nos hace únicas a todas las personas. Pero si nos inclinamos demasiado hacia uno o dos de los elementos, es posible que estemos renunciando a algunas facetas de la energía vital que anhelamos. Para algunas personas, es la autoestima (tierra) o la expresión sexual (fuego); para otras, es la creatividad (aire) o la intimidad profunda (agua).

La mayoría de nosotras reforzamos los estados elementales en los que nos sentimos más cómodas y perdemos el contacto con los que nos resultan menos conocidos. Pensemos, por ejemplo, en el fuego. Es el elemento que nos impulsa a ser directas y honestas, así como a alzar la voz cuando algo no va bien. Muchas de nosotras estamos desconectadas de nuestro fuego. Tememos que defender nuestra postura o imponer un límite nos aleje del amor. O que si no aceptamos lo que se nos da, nos quedaremos solas y sin nada. En consecuencia, nos conformamos con menos e inventamos excusas para convencernos de que es una situación aceptable. Sin embargo, cuando la energía del fuego se usa correctamente, no quema las relaciones, sino que refina nuestro entorno y determina con claridad qué toleraremos y qué no.

Lee la descripción de los cuatro elementos e identifica con cuál te identificas más. Una vez determines hacia qué elemento gravitas, lee la «oportunidad de crecimiento» que te ofrece para aprender a encarnar el resto de los elementos de tu ser.

TIERRA: *con los pies en el suelo, con capacidad para calmarse solo, sereno, racional, tozudo, presente, amable, tierno, corporal, intuitivo*

Los tipos terrestres son afectuosos y amables por naturaleza. Aunque recurren más a la lógica que a las emociones, este elemento también representa la intuición, el instinto y la renovación. Los tipos tierra se orientan hacia una realidad fija, por lo que los cambios les pueden resultar incómodos o estresantes. Con frecuencia, llevan consigo una maravillosa energía centrada y saben escuchar muy bien. También saben cómo crear entornos afectuosos en los que una persona se siente como en casa. La tierra también rige la seguridad y la confianza en uno mismo. Si está equilibrado, el elemento tierra es el origen de la autoestima y de sentirse en casa con uno mismo.

Oportunidad de crecimiento: cuando están desequilibrados, los tipos tierra tienden a la preocupación, a la obsesión y a la autocrítica. El elemento agua los puede ayudar a acceder a la verdad, a la intuición y a la emocionalidad. El fuego también puede ayudar a los tipos tierra a ser más expresivos y corporales. El aire puede inspirar a la tierra a salir de su zona de confort y a jugar más.

FUEGO: *potente, inspirador, temperamental, seguro de sí mismo, sexual, intenso, apasionado, orientado a la acción, decidido*

Los tipos fuego pueden ser rápidos, apasionados, valientes y vivaces en su comunicación. El fuego es un elemento transformador y tiene la capacidad de destruir o de purificar en función de cómo se use. Contiene mucha energía, por lo que hay que canalizarlo en una dirección positiva. Si no tiene adonde ir, se puede girar hacia dentro y convertirse en desprecio hacia uno mismo. Los tipos fuego se enfurecen con facilidad y pasan a la acción rápidamente, sin detenerse a pensar en cómo su energía afecta a los demás. En el lado positivo, podemos contar con que se expresarán con autenticidad y que aportarán verdad cuando esta sea necesaria. Los tipos fuego son emprendedores fantásticos y pueden defender con fuerza sus creencias y deseos. El fuego inspira a pasar a la acción, a crear el cambio necesario y a abrir camino hacia delante.

Oportunidad de crecimiento: cuando los tipos fuego están desequilibrados, lo que necesitan es frenar y darse tiempo para ablandarse, sentir las emociones y dejar espacio a la vulnerabilidad. Recurre al elemento tierra en busca de enraizamiento y compasión, al agua para conectar con el cuerpo emocional y con el aire cuando llegue el momento de concebir un futuro distinto.

AIRE: *etéreo, reflexivo, soñador, visionario, creativo, social, amistoso, con fuerza mental, intelectual, voluble*

El aire se caracteriza por el movimiento constante. Una brisa suave en un día de verano nos puede recordar lo maravilloso que es vivir. En un día tormentoso, el aire nos puede desestabilizar, propulsarnos al caos o incluso arrastrarnos. Los tipos aire pueden ser visionarios y soñadores. Rebosan grandes ideas y planes para el futuro. Su don reside en compartir, escribir, enseñar y transmitir información. En las relaciones, los tipos aire pueden parecer distantes o tener dificultades para conectar en profundidad, aunque en realidad anhelan ser vistos y comprendidos. Otros los pueden calificar de «difíciles de atrapar», porque siempre están en movimiento, ya sea física o energéticamente. El aire se asocia fundamentalmente a la mente y al intelecto. El aire aporta introspección y nos impulsa a examinar nuestras creencias, a hacer planes y a comunicar nuestras ideas.

Oportunidad de crecimiento: como, a veces, los tipos aire no tienen los pies en el suelo, tienden a recurrir al elemento tierra para anclarse en la claridad, lo que les puede resultar especialmente útil a la hora de tomar decisiones o de iniciar o mantener relaciones.

Deberían recurrir al agua en busca de profundidad emocional y al fuego para ayudarlos a poner en marcha esas grandes ideas.

AGUA: *emocional, profundo, espiritual, intuitivo, sensual, femenino, sensible, psíquico*

Múltiples culturas de todo el mundo usan el agua en rituales y ceremonias de purificación y de limpieza desde la Antigüedad. Los baños con hierbas, flores o sales, las ofrendas de agua y los templos acuáticos se entienden como una práctica vital para purificar la energía espiritual o eliminar enfermedades. El agua se manifiesta de múltiples maneras y es un elemento imprevisible. Es mansa, pero también feroz; da la vida, pero también la puede destruir. Los tipos agua son almas sensibles y soñadoras. Son profundos y sabios, y anhelan conocer a los demás emocionalmente. Los tipos agua acostumbran a ser las personas a las que sus amigos llaman en busca de apoyo emocional, pero es fácil que la emoción o la empatía los abrumen, por lo que necesitan definir bien los límites.

Oportunidad de crecimiento: tienen el don de ver a los demás en profundidad, pero para aprovecharlo han de encarnar la autoconciencia y evitar culpar a otros de su experiencia interna. Los tipos agua pueden recurrir al fuego para marcar el límite cuando sienten que otros se aprovechan de su energía o cuando desean más pasión, alegría y juego. Pueden recurrir a la tierra para mantener los pies anclados en la realidad y sentirse sostenidos cuando las corrientes de emoción profunda amenazan con arrastrarlos, o al aire para que los ayude a conectar con soluciones creativas cuando están agobiados o abrumados.

Crear un altar que represente los elementos

Crear un altar te ayudará a ser más consciente de la energía que quieres cultivar en tu vida. Solo necesitas tener abiertos la mente y el corazón y reunir algunos objetos que sean sagrados para ti. Encuentra en tu casa un lugar que te resulte acogedor y que esté fuera del alcance de mascotas, niños y otras criaturas. Hay quien usa una mesa pequeña, un estante, la cómoda o incluso la base de la chimenea para levantar su altar. Si quieres, puedes cubrir el espacio con una tela bonita. Puedes ir cambiando los objetos del altar a medida que avances en las fases de tu proceso de sanación y de crecimiento, y los puedes recoger, con respeto, de la naturaleza: flores, piñas, piedras, conchas, hojas de árbol o incluso agua de mar pueden ser elementos bellísimos en tu altar.

Antes de construir tu altar dedicado a los elementos, piensa en cuál crees que predomina ahora en tu vida. Si te inclinas hacia el fuego o la ira, o tienes dificultades para mostrarte vulnerable, puedes poner en el altar una vela u otro objeto que simbolice tu fuego o el patrón reactivo que quieres desactivar. Junto a él, deposita un bol o una taza llena de agua para representar la ternura, la profundidad y la vulnerabilidad. Añade una flor para representar el afecto, la apertura y la transformación. Idea tu propia configuración para hacer honor a todas tus facetas y como una invitación al resto de los elementos para que te ayuden a encontrar el equilibrio. Recuerda que todas tus facetas son merecedoras de amor y que la dificultad a la que te enfrentas ahora puede acabar siendo una energía que aprendas a canalizar en forma de don.

Gestionar los detonantes emocionales

Los detonantes emocionales tienen que ver con nuestros temas emocionales básicos. Las heridas sin cicatrizar duelen y, cuando tenemos una experiencia que activa una herida pasada, podemos reaccionar y perder el control antes de que nos demos cuenta de lo que sucede. Muchas veces no somos conscientes de cuáles son nuestros detonantes, por lo que la experiencia nos desconcierta todavía más. Algunos de los detonantes emocionales más habituales son sentirse excluido, abandonado, traicionado, olvidado, poco importante, controlado, rechazado o no querido. Algunos entornos físicos, olores e imágenes también pueden actuar como detonantes. Por ejemplo, el olor a alcohol es un detonante habitual para quienes han crecido junto a personas alcohólicas, o quizás se trate del olor de una colonia o perfume concretos, o de un tipo de lugar que nos recuerda a otro del que tenemos un mal recuerdo.

Los detonantes emocionales pueden hacer que nos retraigamos o que actuemos de maneras que no reflejan nuestra verdadera naturaleza y que luego nos provocan vergüenza o rechazo. Sin embargo, con el tiempo podemos crear una base de seguridad interna que nos proporcione un espacio en el que detenernos y responder con autenticidad en lugar de reaccionar. A pesar de lo incómodo que resulta sentirse así, la solución no reside en buscar formas de evitar los detonantes para siempre, porque, con toda probabilidad, eso significaría evitar las relaciones.

Incluso las relaciones más sanas tienen detonantes, lo cual no es un problema en sí mismo. Lo importante es cómo gestionamos esos detonantes. Si reaccionamos proyectando ira y culpa sobre el otro, el mismo contenedor que podría ser un espacio sagrado de sanación se erosiona y se convierte rápidamente en un entorno tóxico y peligroso. Del mismo modo, la vergüenza no nos llevará jamás a un momento terapéutico. Si de verdad nos queremos entender mejor, tenemos que abordar el proceso con autocompasión y curiosidad.

Cuando dedicamos tiempo a explorar nuestra historia personal y a entender nuestra más profunda necesidad de amor y aceptación, es mucho menos probable que desoigamos nuestras emociones en momentos de intensidad y, por lo tanto, aumentan las probabilidades de que abordemos el conflicto desde la vulnerabilidad. **Cuando el autoconocimiento y la voluntad están presentes, los detonantes se convierten en maestros.** Nos muestran nuestras heridas y nos invitan a honrar el dolor, la traición y la ira que quizás no nos permitimos sentir en el momento de la herida original.

Gestionar los detonantes emocionales nos exige llevar atención plena y presencia al cuerpo y a la mente. Una vez que aprendemos a detenernos en los momentos de activación, podemos elegir calmarnos en lugar de atacar; de enviar un mensaje a nuestro ex; de llamar a alguien diez veces durante un conflicto; de perseguir a parejas no disponibles o de plantear exigencias angustiosas a los demás. La mayoría sabemos cómo distraernos de nuestras experiencias emocionales, pero aprender a calmarnos, a aceptar lo que sentimos y a gestionar las emociones son habilidades que hay que desarrollar.

La próxima vez que te encuentres ante un detonante emocional, busca un lugar tranquilo, dedica unos instantes a centrarte y haz un ritual que te calme o un ejercicio somático de seguridad. A medida que pruebes los ejercicios que encontrarás en el libro, toma nota mental de cuáles te ayudan a detenerte en momentos de activación, para que los puedas añadir a tu kit de herramientas personal.

EJERCICIOS PARA CALMARTE

- Toma conciencia de dónde estás, siente los pies sobre el suelo y cuenta tus respiraciones.
- Distánciate de tus pensamientos y conviértete en testigo de estos. No te creas todos los pensamientos que te pasen por la cabeza.
- Conecta con las sensaciones corporales y ponles nombre. Busca alguna zona del cuerpo que esté relajada.
- Tómate un respiro mental de la situación y lee un libro durante al menos veinte minutos.
- Pon los pies en una tina de agua templada o prepárate un baño con sales.
- Escucha una meditación o una visualización guiadas.

Ejercicio somático: «Estoy a salvo»

Se trata de un ejercicio somático muy sencillo, pero también muy potente, que te ayudará a regular el sistema nervioso y a sentirte a salvo ahí donde estés. También te recordará que debes volver al presente y ayudará a tu mente inconsciente a relajarse y a saber que estás a salvo de verdad (¡no hay ningún monstruo escondido en el armario!)

1. Dedica unos instantes a sentir las nalgas sobre el asiento en el que estés o los pies sobre el suelo.
2. Centra la atención en la respiración, y realiza unas cuantas exhalaciones profundas, dejando ir un suspiro cada vez que exhalas.
3. Mira al techo y luego al suelo.
4. Mira hacia atrás.
5. Fíjate en las sensaciones del cuerpo mientras examinas la estancia.
6. Fíjate en los colores, las formas y los objetos de la estancia.
7. Permanece conectada al cuerpo mientras examinas la estancia.
8. Presta atención al lugar donde estás, al tiempo que permaneces presente en la respiración y en las sensaciones corporales.
9. Di en voz alta o mentalmente: «Estoy aquí, estoy a salvo».

Regresar a la naturaleza: las estaciones de la emocionalidad

Regresar a nuestro hogar interior significa aprender a sentirnos a salvo en el cuerpo de nuevo. Significa aprender a gestionar con buen talante las emociones intensas, reintegrar las partes de nosotras mismas que hemos mantenido ocultas y desenmascarar a nuestro yo verdadero. Regresar a nuestro hogar interior significa reconectar con la sabiduría de nuestro corazón y confiar en nuestro cuerpo, nuestra intuición y nuestra valía. Al margen de que tengas pareja o no, de tu nivel de ingresos o de tus logros externos, estás profundamente conectada con el amor, con la naturaleza y con el Espíritu.

Pasar tiempo en la naturaleza es una de las mejores maneras de volver a conectar con la sabiduría del cuerpo. Observa los ciclos de la naturaleza siempre que estés al aire libre. No eres tan distinta a las plantas o a los árboles. Puedes aprender mucho acerca de ti misma y de tu mundo emocional si observas en qué aspectos eres un reflejo de la naturaleza.

La idea de que podemos escapar de los patrones a base de reflexionar sobre ellos es un inquietante mensaje perpetuado por una cultura excesivamente centrada en el éxito. Hemos puesto en un pedestal a la acción, la consecución de cosas y el establecimiento de objetivos, y apenas prestamos atención a los matices de la vida. Estar en sintonía con el sistema nervioso, saber qué necesitamos para sentirnos a salvo y aprender a valorar la sensibilidad exige que salgamos de la narrativa dominante y accedamos a un modo de vida más rítmico. Frenar para respetar el ritmo de nuestros ciclos y de las estaciones nos ofrece la oportunidad de volver a un modo de vida más integrado y de bailar en armonía con las energías del sol y de la luna (yin y yang). Piensa en las fases de la vida como en las estaciones del planeta.

Nada permanece igual para siempre, y tu situación emocional tampoco es inmutable. Es posible que, ahora que estás en esta estación de sanación interior, descubras que has entrado en una especie de «invierno interno», en un periodo de introspección en el que necesitas más tiempo a solas, nutrición y calidez. A medida que tu mundo interior cambie y evolucione, notarás que tus necesidades y tus deseos hacen lo propio.

Cuando estés en un ciclo de primavera, es posible que tengas ganas de comenzar algo nuevo, de asumir un reto nuevo y de conocer a gente nueva. Asimismo, en el ciclo de verano, seguramente tengas más energía creativa y más capacidad para socializar, estar en comunidad y forjar relaciones. En el ciclo de otoño volverás la mirada de nuevo al interior y bajarás el ritmo para prepararte para dejar ir lo que te sobra. Todas las estaciones te brindan la maravillosa oportunidad de ahondar en tu capacidad de experimentar el abanico completo de tu humanidad. Reflexiona acerca de la estación en que te encuentras ahora y confía en que, sea cual sea la fase en que te halles, es absolutamente válida. No puedes acelerar tu propio proceso, del mismo modo que no puedes acelerar los procesos de la naturaleza.

COSAS QUE RECORDAR

- Las emociones son energía; vienen y se van.
- No hay emociones buenas y malas.
- No tengas prisa para cambiar, arreglar o solucionar tus emociones.
- No es necesario que las emociones sean lógicas para ser válidas.
- No todas las emociones requieren una respuesta o una acción. A veces basta con un poco de paciencia.
- Si la mente y el corazón están alineados, es el momento de pasar a la acción.
- Aprender a diferenciar las emociones de las sensaciones y los pensamientos te ayudará a aumentar la seguridad en ti misma.
- Calmarte puede ser algo tan sencillo como centrarte en la respiración o en sentir los pies en el suelo.
- Dejar espacio a la realidad emocional te conecta con tu intuición y con tus valores fundamentales.
- La naturaleza es una maestra maravillosa. Deja que los elementos te ofrezcan su sabiduría y te enseñen acerca de tu panorama emocional interior.
- Regresa a tu hogar interior y empápate de autocompasión. Si te marchaste fue por algo, así que regresa con amabilidad y comprensión.

Tu niña interior alberga todas las
maravillas de tu esencia innata.
Para gozar de integridad, deberías traer a la vida de nuevo
a esa parte de ti jubilosa, curiosa,
juguetona, liberada y expresiva.

CAPÍTULO 4

Conecta con tu niña interior

Siempre que salgo a pasear por la ciudad y me cruzo con algún desconocido, intento imaginar cómo era en su infancia. ¿Fue un niño alocado, ruidoso y revoltoso o, por el contrario, fue un niño callado y tímido? Del mismo modo, siempre que veo a alguien actuando de forma autodestructiva o hiriente, recuerdo que antaño fue un bebé amado. En algún momento entre entonces y ahora, ese niño inocente experimentó algo que lo catapultó a su realidad actual. Cuando vemos a los demás y a nosotras mismas a través de esta lente de ternura, creamos espacio para la compasión y la comprensión, y abrimos un punto de acceso espiritual más profundo a la conexión humana.

Todos tenemos un niño o niña interior. Se trata de tu «mini yo pequeñita», inocente y vulnerable. Emocional más que lógica, es la parte de ti que prefiere sentir a pensar. La niña interior rebosa capacidad de asombro, curiosidad y creatividad, pero también puede convertirse en el receptáculo de traumas, miedos y recuerdos dolorosos reprimidos que, aunque aparentemente han quedado en el pasado, están en el epicentro de nuestro presente. Con frecuencia, cuando crecemos y entramos en la edad adulta, desconectamos de la niña interior, por lo que, en general, no somos conscientes de nuestras necesidades emocionales o de por qué actuamos como lo hacemos.

Aunque todos crecemos y nos convertimos en adultos, muchos nos seguimos relacionando con los demás a través de la lente de nuestro niño interior. La madurez emocional no es inherente a la edad adulta, sino que se aprende a través del buen ejemplo que nos dan nuestros cuidadores y otros adultos significativos en nuestras vidas, así como de la orientación afectuosa que todos necesitamos para crecer. Sin embargo, muchos de nosotros crecimos con progenitores que no entendían del todo su propio mundo interior y, en consecuencia, no nos pudieron ayudar a cultivar el nuestro.

Cómo nos comportamos en las relaciones es un reflejo de nuestra madurez emocional. Conflictos largos e interminables, juegos manipulativos, comunicación dramática y berrinches adultos son algunas de las señales habituales de que hay una niña interior herida al mando. Muchas de nosotras entramos en las relaciones con una lista de expectativas respecto a nuestras parejas, algunas de las cuales son razonables y otras no. Lo hambrientas de atención y de validación que sean nuestras demandas reflejará lo nutrida que está nuestra niña interior en ese momento.

El trabajo con la niña interior, el trabajo que vamos a hacer juntas aquí, es una manera de atender las necesidades insatisfechas que nos siguen hasta las relaciones adultas. Conectar con nuestra niña interior a varias edades nos permite reconectar con la experiencia emocional que tuvimos en aquel momento y encontrar maneras nuevas de nutrir esa faceta de nosotras mismas.

Recuerda que es prácticamente imposible que un padre o una madre satisfagan todas las necesidades de sus hijos. Lo que unos perciben como conductas afectuosas son hiperprotectoras para otros. Aunque tus padres fueran cuidadores amables y afectuosos, lo más probable es que algunas de tus necesidades quedaran insatisfechas y que haya partes de tu infancia que supongan un peso emocional. Este proceso no pasa por culpar a tus padres ni a ninguna otra persona, sino en abrir una línea de comunicación directa entre tu yo infantil y tu yo adulto, de modo que puedas llevar madurez y sabiduría emocional a tus relaciones. Así es como desarrollamos el «adulto integrado» en nuestro interior.

Nuestro adulto integrado se hace responsable de nuestra realidad emocional y es capaz de tomar en consideración la realidad emocional de los demás. Eso significa que establecemos una conexión profunda con nuestras emociones, detectamos nuestras sensaciones corporales y observamos los pensamientos, de modo que podemos identificar y comunicar las emociones intensas. Nuestro adulto integrado nos permite ser fieles a nosotras mismas en situaciones de conflicto y actuar desde un espacio de equilibrio en lugar de responder con ira o reacciones exageradas, o encerrarnos en nosotras mismas. Nos permite vivir en el presente y liberarnos de las influencias y experiencias del pasado.

La única manera de convertirnos en esta versión integrada de nosotras mismas es aprender a aceptar todas las cualidades rechazadas de nuestra niña interior y observarlas con amor en lugar de intentar erradicarlas o eliminarlas. Significa aceptar la dependencia, la impaciencia y los celos. Todo. Así nos convertimos en seres completos, forjamos una relación inquebrantable con nosotras mismas y sentamos las bases de un amor sano.

Cuando empieces a abrir las líneas de comunicación con tu niña interior, encontrarás una alegría, una inocencia y una creatividad renovadas, y es posible que también descubras cómo te han llevado a actuar en tu vida adulta. Te pido que recuerdes que todo lo que descubras acerca de ti durante este trabajo es valioso. No eres la única que alguna vez ha actuado de maneras de las que no te sientes orgullosa en tus relaciones. No hay absolutamente nada de lo que avergonzarse. Tanto si perseguiste el amor como si lo rechazaste o lo pusiste a prueba hasta que se rompió, es probable que fuera porque tu niña interior te pedía amor y atención a gritos.

Te invito a que empieces a escuchar esa voz interior. Encontrarás fuerza, claridad, alegría, sanación, liberación y muchísimo más. Que tus compañeras de viaje sean la compasión, la amabilidad y la aceptación a medida que das los siguientes pasos para volver a ser tú.

El don del arquetipo del niño

Si alguna vez pasaste tiempo con niños, o si tienes hijos, sabrás que no se caracterizan precisamente por la contención. Si están contentos, están contentos; si están tristes, están tristes, y si están enojados, te lo harán saber sin que les importe lo más mínimo quién los pueda oír.

Cuando maduramos, aprendemos a calibrar la expresión emocional y a tener en cuenta el momento y el lugar. Si expresáramos plenamente todas las emociones todo el tiempo, tendríamos berrinches en la sala de descanso o bailaríamos sobre la mesa de la oficina. Sin embargo, en lugar de integrar al niño interior, solemos dejarlo atrás, porque en algún momento nos enseñaron que es peligroso ser vulnerable, que nuestras emociones no son aceptables o que expresar alegría pura no está bien. Aunque nos conviene aplicar algunos filtros para poder operar en la vida cotidiana (como abstenernos de hacer un berrinche en el trabajo), con mucha frecuencia nos pasamos de mesurados y acabamos perdiendo el contacto con esa parte sin filtros de nuestro interior. Protegemos el corazón, reprimimos nuestra verdad, disfrazamos los sentimientos heridos y atacamos en lugar de ser vulnerables. Despertar al niño interior nos puede ayudar a desarmar estos patrones autodestructivos y a encontrar la paz.

DESPERTAR AL NIÑO INTERIOR TE PERMITIRÁ...

- Conectar con una mayor alegría y asombro en tu vida cotidiana.
- Acceder al abanico completo de tu realidad emocional.
- Despertar tu faceta curiosa, creativa y juguetona.

- Tener una mente abierta.
- Alcanzar la autoexpresión total.
- Aceptar tus sueños y tus deseos.

Reflexiona acerca de tu infancia

Piensa en cuando eras pequeña. ¿Te acuerdas de tu infancia? Hay personas que no la recuerdan; si eres una de ellas, no te preocupes. Eso no te impedirá conectar con tu niña interior y sanar tu relación con ella. Sin embargo, si te acuerdas, ¿cómo fue tu infancia? ¿Tus padres estaban disponibles emocionalmente o eran distantes? ¿Validaban y contenían tus emociones, o las castigaban y las criticaban? ¿Cómo era el clima emocional en tu casa? ¿Había alegría y celebración, y se hablaba de las emociones de forma abierta y sincera? ¿O tu familia estaba condicionada a esconder las cosas, entendía las emociones como problemas que había que solucionar y guardaba secretos? ¿Te sentías alabada o criticada?

Cuando era muy pequeña, no sentí que hubiera un espacio seguro para mis emociones. Mi madre no entendía ni la emocionalidad ni su papel como madre y el mío como hija. Se tomaba como algo personal todo lo que yo le decía o hacía. Recuerdo que, hace unos años, íbamos en coche y mencionó una pelea enorme que tuvimos cuando yo tenía dos años.

—¿Que tuvimos una gran pelea cuando yo tenía dos años? —le pregunté. ¿Cómo era eso posible si yo era casi un bebé todavía?

—Nos peleamos a gritos —respondió.

Le pregunté si entendía que, en tanto que madre, le correspondía a ella contenerme y ayudarme a aprender a procesar mis emociones y me respondió:

—No, no tenía ni idea. Siempre pensé que todo tenía que ver conmigo.

Valoré la honestidad y la valentía que demostró al admitir que, durante mi infancia, careció del lenguaje emocional que hubiera necesitado para cuidar de mí. En cuanto a mí, la conversación puso de manifiesto que prácticamente no había recibido orientación alguna para aprender a validar mis emociones o pedir ayuda cuando la necesitara.

La fobia emocional que rige el comportamiento de un padre o una madre no tiene nada que ver con cuánto quiere a sus hijos, sino que es un síntoma de su propia desconexión y de la desatención que sufrió en su propia infancia. Los padres que crecen en un hogar emocionalmente inseguro tienden a generar un entorno emocional parecido para sus hijos. De todos modos, lo que nos daña a largo plazo no es tanto la desconexión con nuestros padres, sino la ausencia de reparación (reconocer lo sucedido o pedir disculpas), que impide que la herida se cierre.

El daño emocional o psicológico a una edad temprana es el origen de la niña interior herida. Si crecemos desconectadas de nuestras emociones, nos puede resultar difícil confiar en los demás, pedir o recibir ayuda, o mostrarnos vulnerables, por miedo a que nos rechacen. Quizás nos abandonemos y aceptemos menos de lo que valemos para llenar el vacío o recojamos el testigo de un cuidador del pasado que se mostraba muy crítico con nosotras y seguimos criticándonos o menospreciándonos a nosotras mismas. Curar a la niña interior herida y reforzar nuevas maneras de hacer exige práctica y la voluntad de conocer partes nuevas de nosotras mismas.

Cuando descubrimos cómo acceder a nuestro adulto integrado, somos capaces de dar y recibir amor, pedir ayuda e instaurar límites adecuados. También somos capaces de cuidar de nosotras en momentos de estrés, de dolor o de conflicto en lugar de reprimir las emociones o de proyectarlas sobre los demás.

SIGNOS DE UNA NIÑA INTERIOR HERIDA

- Creencia consolidada de que hay algo que no funciona en tu interior.
- Miedo al abandono y a perder el amor.
- Inseguridad o sensación de no ser suficiente.
- Baja autoestima y diálogo interno negativo.
- Pérdida de la identidad en el intento de obtener la aprobación de los demás.
- Miedo a instaurar límites o a decir que no.
- Buscar la gratificación inmediata mediante sustancias, compras, distracciones y conductas de postergación.

Toma conciencia de tu niña interior

Cuando desconectamos de la voz y de las necesidades de nuestra niña interior, es posible que, inconscientemente, operemos en nuestras relaciones desde su perspectiva. Vemos a los demás como una fuente de energía, de amor, de cuidados, de protección, de aceptación… de todo lo que anhela nuestra niña interior. Entonces, y de forma inconsciente, proyectamos la expectativa de que nuestra pareja será todo lo que nunca obtuvimos de nuestros padres cuando éramos niñas. Sin embargo, y aunque las relaciones pueden ser terapéuticas y profundamente satisfactorias, no pueden llenar todos los vacíos de nuestra infancia ni cambiar el pasado. Por lo tanto, cuando nuestra pareja demuestra ser incapaz de satisfacer esas expectativas, revivimos el dolor y actuamos inconscientemente de maneras destructivas, totalmente ajenas a que es nuestra niña interior quien está sembrando el caos.

Esto no significa que debamos silenciarla, sino todo lo contrario. El caos es la consecuencia del rechazo a nuestra niña interior herida. Para estar presentes en nuestras relaciones de un modo más auténtico, es necesario que tomemos conciencia de nuestra niña interior, que escuchemos sus temores, sus sueños y sus deseos, que averigüemos qué traumas o recuerdos hay que curar y que la atendamos. **El resultado de entablar un diálogo sano entre nuestra niña interior y nuestro yo adulto es un adulto integrado.**

Al mismo tiempo, y de la misma manera que escucharíamos a un niño pero no le permitiríamos manejar un automóvil, es necesario que validemos a nuestra niña interior, pero que no la dejemos ir al volante de nuestra vida. Cuando la niña interior herida se pone al volante, nos podemos comportar de un modo inmaduro, hacer berrinches, culpar a los demás, reaccionar compulsivamente, mentir, hacer exigencias injustas o negarnos a negociar. También podemos interiorizar todas las críticas y el abandono que sufrimos de pequeñas y convertirnos en nuestro peor enemigo. Cuidar bien de la niña interior exige recurrir a la sabiduría de nuestro yo adulto, escuchar con empatía a esa voz que desea ser escuchada y responder con madurez. Se trata de convertirnos en la fuente de protección y de amor que surge de lo más profundo de nuestro ser, de nuestro padre y madre interiores.

A la mayoría de nosotras ni siquiera se nos pasaría por la cabeza hablar con un niño o una niña inocentes de la manera en que nos hablamos interiormente a nosotras mismas, y tampoco haríamos caso omiso de un niño que sufre emocionalmente. Entonces, ¿por qué intentamos reprimir nuestras necesidades e ignoramos a nuestra niña interior cuando más nos necesita? Reconectar con tu niña interior te permitirá cambiar la forma en que te hablas a ti misma y tratarte con la amabilidad y la empatía que mereces.

LA NIÑA INTERIOR HERIDA EN LAS RELACIONES...

- Tiene dificultades para entender y expresar las emociones.
- Espera que su pareja sepa lo que quiere sin tener que pedirlo.
- Castiga con el silencio cuando se siente herida o se enoja en lugar de explicar lo que sucede.

- Desoye la experiencia de su pareja y espera que la contenga incondicionalmente.
- Chilla, grita, ataca o hace berrinches cuando se enoja.
- Durante los conflictos se muestra egocéntrica y le cuesta tener en cuenta realidades alternativas.

LA ADULTA INTEGRADA EN LAS RELACIONES...

- Conecta con las sensaciones corporales y con las emociones.
- Identifica sus necesidades y se comunica con claridad.
- Pide claramente lo que quiere.
- Es fiel a sí misma incluso durante los conflictos.
- Instaura y respeta sus límites.
- Da espacio a las emociones intensas de su niña interior.
- Se quiere y se cuida.

El baile ansioso-evitativo

Cuando hacía unos dos meses que salía con Ben, empezamos a practicar tantra en grupo y a formarnos para trabajar con la sombra junguiana. Cada semana practicábamos durante entre tres y nueve horas, y trabajábamos para formar una «relación consciente». Sin embargo, y aunque ambos teníamos el deseo y la voluntad de conseguirlo, ambos éramos también menos maduros emocionalmente de lo que pensábamos, algo que se hacía evidente cuando entrábamos en conflicto. Éramos dos personas profundamente comprometidas con el trabajo interior, y Ben es psicólogo, pero ahí estábamos, en pleno baile ansioso-evitativo.

El baile era algo así: discutíamos, nos desregulábamos emocionalmente y la situación empeoraba. Ben se alejaba y yo aumentaba la presión y exigía que aclaráramos las cosas o procesáramos el conflicto inmediatamente. Estaba convencida de que yo era la parte consciente de la pareja y de que él estaba siendo evitativo. Por lo tanto, le correspondía a él arreglar el problema que teníamos. Por supuesto, y como yo era la que estaba preparada y disponible para procesar las cosas, también estaba convencida de que veía la situación con claridad, y esa creencia llevaba a que no me costara nada decirle todo lo que estaba haciendo mal. Apenas me esforzaba en psicoanalizar mi propio proceso interior.

Después de un año y medio de baile, llegamos a un punto de inflexión clave. Por un lado, yo estaba agotada y me sentía abandonada y rechazada emocionalmente por él justo cuando más lo necesitaba. Por el otro, él estaba agotado y sentía que había fracasado. Ninguno de los dos ganaba y los dos queríamos encontrar una salida. Un día me di cuenta de que, durante todo ese tiempo, yo había intentado arreglar el patrón arreglándolo a él. En lugar de detenerme a pensar por qué Ben sentía la necesidad de alejarse o de qué le sucedía cuando se cansaba y se bloqueaba, o cuando se iba de casa para ir al gimnasio, me había convencido de que era porque no le importaba, porque no me quería o, sencillamente, porque no estaba dispuesto a «trabajarse». ¡Vaya sabelotodo que era!

Es muy posible que cuando me acerqué a él y le dije que quería hablar del patrón en el que estábamos atrapados, Ben creyera que se avecinaba otro monólogo más sobre lo que él tenía que hacer para mejorar. Sin embargo, lo que hice fue pedirle perdón por haberme mostrado tan egocéntrica en nuestros conflictos. Le dije que yo creía ver el patrón con claridad, pero que ahora me daba cuenta de que le había trasladado a él toda la responsabilidad en lugar de asumir la que me correspondía a mí respecto a mis emociones y aprender a calmarme. «A partir de ahora, si no me puedes contener emocionalmente durante un conflicto, me iré a otra habitación y contendré a mi niña interior», le dije. A esas alturas estábamos en la fase de lucha de poder en nuestra relación, por lo que no tardamos en tener otra discusión, que aproveché para practicar eso de calmarme a mí misma. En lugar de exigirle nada o de intentar retenerlo, le informé de que iba a procesar mis emociones.

Me coloqué una mano sobre el corazón y la otra sobre el abdomen, cerré los ojos y respiré hondo, mientras afirmaba que era seguro sentir toda la intensidad que surgía en mi cuerpo. Noté miedo, pánico, incomodidad y, por fin, aceptación a medida que avanzaba hacia el dolor en lugar de huir de él. Dejé hablar a mi niña interior y me dijo que tenía mucho miedo a quedarse sola. Me di cuenta de que, durante todo ese tiempo, había abandonado mi trabajo interior por mi empeño en «arreglar» a Ben.

Lo mismo que había estado a punto de acabar con nuestra relación se convirtió en un regalo. El hecho de que Ben necesitara retirarse me dio la oportunidad de volver a conectar con mi niña interior y con sus necesidades, de recuperar la seguridad en mí misma y de aprender a calmarme cuando lo necesitaba. Si Ben hubiera corrido a mí cada vez que discutíamos y me descentraba, me hubiera perdido la oportunidad de construir un tipo de apego más seguro y sano en mi interior.

Asumir la responsabilidad sobre mis emociones y dar a Ben el espacio que necesitaba también transformó su energía, de modo que empezó a acercarse a mí; ya no necesitaba tanto tiempo para poder resolver el conflicto. Ahora ya no bailamos el baile ansioso-evitativo. Sin embargo, tardamos mucho tiempo en llegar a este punto, y no sucedió por la fuerza, sino mediante la aceptación. Los dos dirigimos la mirada a nuestro interior antes de poder mirarnos el uno al otro de un modo maduro y consciente.

Explico esto en casi todos mis talleres y cursos *online* porque la mayoría de las personas con las que trabajo han participado en algún momento en un baile ansioso-evitativo similar. Conocer nuestros estilos de apego es una manera muy potente de entendernos a nosotras mismas y a las dinámicas en que nos encontramos. Cada paso que damos para sentirnos como en casa en nuestro interior libera energía para relajarnos en el amor en lugar de huir de él.

En lo más hondo de nuestro ser, los seres humanos estamos programados para apegarnos a los demás. El apego sano nos enseña a dar y a recibir amor sin abandonarnos por el camino. Cuando las necesidades de apego (cosas como contacto físico, una presencia afectuosa predecible por parte de un cuidador, sintonía emocional, cuidados y límites) no se satisfacen durante la infancia, es posible que suframos cierta pérdida de identidad. Entonces quedamos absorbidos por la otra persona (ya se trate de familiares, amigos o parejas románticas) siempre que sentimos emociones intensas o la amenaza del abandono. O quizás nos habituamos a reaccionar impulsivamente y a perseguir ansiosamente al otro o a retraernos durante el conflicto, si es que no evitamos la intimidad por completo. Todas estas conductas se originan en una infancia que no proporcionó una base segura desde la que relacionarnos. La buena noticia es que los estilos de apego no son fijos, sino fluidos, y que si estamos dispuestos a trabajar, todos podemos desarrollar un apego seguro.

¿Por qué tenemos que aprender a autocalmarnos?
Desarrollar la capacidad de autocalmarnos no consiste en alejar a los demás ni en ser ultraindependientes. De hecho, aprender a hacernos responsables de nuestra realidad interna nos capacita para reconocer nuestras necesidades y para pedir ayuda a las personas que nos la pueden ofrecer.

Cuando estamos en un estado de pánico y necesitamos desesperadamente que alguien nos rescate de las intensas emociones que nos embargan, nos perdemos. Es entonces cuando aumentan las probabilidades de que alejemos a quien nos puede ayudar o persigamos a personas que no son para nosotras o no son seguras. Saber calmarse a uno mismo es importante para todos los adultos. Rescatarnos de nuestras emociones no es responsabilidad de nadie más allá de nosotras mismas y, si no sabemos cómo gestionar lo que surge en nuestro interior, proyectaremos, culparemos, nos aferraremos, perseguiremos o atosigaremos injustamente a nuestra pareja.

Autocalmarnos nos capacita, porque nos permite entendernos mejor y determinar cuándo tenemos que contenernos y cuándo buscar ayuda. Parar, escuchar al cuerpo y comunicarnos con nuestra niña interior nos permite dar un paso atrás y responder de un modo maduro. Hacernos responsables de nuestra energía y nuestras emociones significa que podemos regresar a nuestro ser en lugar de huir de nuestro cuerpo cuando la situación se vuelve demasiado intensa.

Meditación para sanar a tu niña interior

La próxima vez que te sientas insegura, ansiosa, abrumada, triste, encerrada en ti misma o desconcertada, busca un lugar tranquilo y haz esta visualización. En SheleanaAiyana.com encontrarás una versión guiada en audio (en inglés) de la meditación para sanar a tu niña interior, que puedes descargar.

1. Acuéstate en la cama con los ojos cerrados y coloca una mano sobre el corazón y la otra sobre el abdomen. Respira hondo un par o tres de veces y, al exhalar, expulsa toda la tensión y la rigidez del cuerpo. Visualiza cómo la luz entra en tu cuerpo y empieza a relajarte.
2. Fíjate en las sensaciones corporales; fíjate en las emociones que surgen y ponles nombre. Intenta ubicar en qué zonas del cuerpo sientes la emoción.
3. Ahora, visualízate junto a tu niña interior. Fíjate en el entorno en el que estás. ¿Es la casa donde viviste de niña? ¿Estás en tu habitación? ¿Estás al aire libre, en contacto con la naturaleza?
4. Saluda a tu niña interior y pregúntale qué siente. Escúchala. Quizás tenga mucho que decir o quizás permanezca en silencio. Si se queda en silencio, quédate junto a ella y abrázala con amor. Invítala a que se siente en tu regazo o a que se acurruque junto a ti. Déjala elegir.

5. Hazle saber que eres la adulta y que la vas a proteger. Hazle saber que está bien sentir lo que siente. Dile que no vas a desaparecer y que siempre estarás ahí para cuidar de ella, escucharla y darle espacio para expresarse.
6. Dedica unos instantes a dirigir palabras amables y afectuosas a tu niña interior. Si no sabes muy bien qué decir, prueba con alguna de estas afirmaciones: «Estoy aquí para estar contigo», «toda tú eres bien recibida», «te protegeré», «te quiero».
7. Ofrécele un regalo, como un osito de peluche, que simbolice la conexión que ahora forjaron. Visualiza un afectuoso abrazo con tu niña interior, y respirad juntas. Imagina que tu niña interior se disuelve en ti y pasan a ser una sola persona. Permanece conectada con esta sensación mientras sigues respirando.
8. Fíjate en las sensaciones corporales y en las emociones que surgen ahora. Observa qué zonas del cuerpo están más relajadas y serenas que antes. Respira hondo un par o tres de veces, mueve los dedos de los pies y estira los brazos y las piernas.
9. Abre los ojos y mira a tu alrededor. Sintoniza con tu entorno y di: «Estoy a salvo».

Repite el proceso siempre que necesites calmarte. Cada vez que niegas o reprimes tus emociones, tu niña interior sufre. Ahora que eres adulta, puedes convertirte en la «madre» de tu niña interior y ofrecerle (ofrecerte) amor y compasión cuando surjan emociones. El trabajo con la niña interior no termina nunca, es un ejercicio que dura toda la vida y con el que practicamos la ternura y el afecto con las partes más vulnerables de nuestro ser. Mirar hacia dentro y prestar atención a las visiones y las imágenes que recibimos también nos conecta más profundamente con el Espíritu. La meditación, la música y el contacto con la naturaleza son el antídoto para la sensación de aislamiento. Podemos estar solas sin dejar de estar conectadas y es en ese espacio interior donde conocemos partes nuevas de nosotras mismas.

Rituales con la niña interior

Conectar con la niña interior puede ser una parte fluida de tus ejercicios diarios. Es una manera fantástica de conectar con regularidad con el hemisferio cerebral derecho y liberar más cualidades creativas, intuitivas y visionarias. Si sientes cierta resistencia interior a este tipo de trabajo, es posible que sea justo lo que necesitas. A veces nos resistimos porque tenemos miedo a lo que podamos sentir durante el proceso o porque no estamos cómodas siendo niñas cuando hemos tenido que hacer de madres durante la mayor parte de nuestra vida.

Usar rituales para forjar una relación enriquecedora en la que conectes espiritualmente con la niña interior es un bálsamo terapéutico para el corazón y para el alma, un viaje de vuelta a la inocencia. Una y otra vez, este trabajo me ha llevado de un lugar de miedo y aislamiento a otro de auténtica calidez y de unidad con el Espíritu. Los rituales y las meditaciones que encontrarás a continuación son algunos de los ejercicios que uso desde hace años en mi propio proceso de sanación, y me hace muy feliz poder compartirlos ahora contigo.

Para empezar, podrías reservar tiempo al menos una vez a la semana para hacer uno de los siguientes rituales y luego ir aumentando hasta llegar a hacer uno cada día. A medida que vaya evolucionando la relación con tu niña interior, verás que te sientes conectada con esa parte de ti la mayoría del tiempo, si no todo. Cuando te enfrentes a dificultades y las tendencias de tu niña interior se reactiven, dispondrás de la conciencia necesaria para responder desde la sabiduría de tu yo adulto.

- Haz un escáner corporal. Conecta con las sensaciones físicas.
- Cierra los ojos, visualiza a tu niña interior y entabla un diálogo con ella. Pregúntale cosas como «¿qué sientes?» o «¿qué necesitas ahora?».

- Haz un dibujo, pinta o haz cualquier manualidad que represente a tu niña interior. ¡La perfección está en la imperfección!
- Cultiva la creatividad y haz algo que te encantara hacer de pequeña.
- Escríbele a tu niña interior una carta desde la energía y la sabiduría de tu madre interior.
- Usa mantras como «estás a salvo» o «estoy aquí para cuidarte».

Un altar para honrar a tu niña interior
Elige una fotografía de cuando eras pequeña y deposítala en el altar junto a tu flor preferida y una vela pequeña. Si no tienes ninguna fotografía de tu infancia, elige una imagen que represente a tu niña interior. Ahora reúne algunos objetos que la representen, como un osito de peluche, tu caramelo preferido cuando eras pequeña o algún objeto especial. Deben ser objetos muy específicos y relacionados con quien eras de niña y deben transmitir sensación de vivacidad y de energía y recuerdos. Cuando mires el altar, dedica unos momentos a llenarte el corazón de amor y aceptación hacia tu niña interior. Luego, elige cómo conectar con tu madre interior y cuida de tu niña interior ese día.

COSAS QUE RECORDAR

- Tu niña interior necesita que la cuides y la integres, no que la rechaces o la reprimas.
- Una conexión saludable con tu niña interior te ayudará a ser más auténtica.
- Al sanar a tu niña interior, recordarás que eres una con el Espíritu y la naturaleza.
- Este trabajo consiste en aprender a escuchar con atención a tu niña interior y responder desde tu sabiduría interna como adulta.
- La niña interior también alberga la alegría, la creatividad y la capacidad para celebrar la vida. Permítete jugar, reír y divertirte.

SEGUNDA PARTE

SANA
TU PASADO

Hija mía, nunca te he abandonado. Siempre he estado
ahí, siempre te he amado incondicionalmente.
Lo que pasó es que olvidaste que eres una
con el universo. Recuerda quién eres y vuelve a casa.
Envuélvete en el divino abrazo de la luna
y las estrellas. Todo en ti es perfecto.

ESPÍRITU

CAPÍTULO 5

Sanar la herida de abandono

¿Qué nos lleva a perseguir ansiosamente a otra persona o a presionar a alguien a quien acabamos de conocer para que se comprometa con nosotras? ¿Qué hay detrás de ese intenso miedo al rechazo, de la angustiosa sensación de no ser querida o del impulso de demostrar algo cuando la otra persona indica que no está disponible en el plano emocional? ¿Por qué a tantas de nosotras nos atraen más las personas que no nos convienen que aquellas con quienes podríamos cocrear relaciones duraderas?

Muchas de mis lectoras y clientas quieren conocer las respuestas a estas preguntas, que subyacen a los patrones de relación que tantas de nosotras queremos cambiar.

La búsqueda de relaciones de prácticamente todos los seres humanos se origina en un profundo deseo de ser querido, visto, oído y entendido. Este deseo se intensifica tras un trauma o tras una experiencia en la que alguien no se ha sentido querido, visto, cuidado o comprendido. Con frecuencia, lo que queda después de estas experiencias tempranas es una «herida de abandono».

La herida de abandono es tan potente que puede impregnar todas las facetas de nuestra vida y dictar cómo nos comportamos en el trabajo, en casa con la familia, con los amigos y en las relaciones románticas. Cuando la herida de abandono está activa y permanece abierta, construir una relación segura y afectuosa puede parecer prácticamente imposible.

La herida de abandono es más que un constructo mental o una actitud; queda registrada en el sistema nervioso, que es donde formamos las respuestas habituales y adaptativas para garantizar la supervivencia. Si no le prestamos atención, puede formar respuestas desadaptativas, como la evasión, el retraimiento, conductas pasivo-agresivas, la ira incontrolada, el autoabandono y mucho más. Estas respuestas nos impiden forjar relaciones saludables con los demás. Abandonar antes de que nos abandonen, no bajar nunca la guardia y perseguir ansiosamente a personas que no son para ti... todo ello son ecos de una herida de abandono.

Abandono emocional

Una vez trabajé con Jade, una mujer que no entendía por qué sentía tantísima ansiedad siempre que su pareja necesitaba espacio durante un conflicto. En general, tenía buena relación con sus padres y no se le ocurría nada que pudiera explicar semejante malestar. Sin embargo, cuando hablamos de su infancia, me explicó que siempre que sentía una emoción intensa o expresaba ira, la enviaban inmediatamente a su habitación, sola. Recordaba que, cuando sucedía, se sentía abrumada, asustada y totalmente abandonada. De repente ató cabos y descubrió su tema emocional básico. Cómo se sentía entonces era exactamente cómo se sentía ahora en su relación.

Fue un momento «eureka» para ella. Jade entendió que el hecho de que su pareja necesitara espacio en momentos de conflicto la retrotraía a su infancia y la llevaba a reaccionar desde la herida y a proferir acusaciones o afirmaciones generalizadoras con las que solo conseguía alienar a su pareja aún más. Jade decidió que, a partir de ese momento, cuando sintiera el impulso de atacar a su pareja, daría un paso atrás y empatizaría con esa parte de sí misma que temía ser abandonada. Sabía que las cosas no cambiarían de la noche a la mañana, pero se comprometió a desarrollar más confianza y a respetar los límites de su pareja durante los conflictos.

Cuando hablo de la herida de abandono, la mayoría de las personas asumen que me refiero a un abandono literal por parte de los progenitores. Aunque a veces presentan todos los signos y síntomas de una herida de abandono abierta, sienten que no está justificada porque crecieron «en una familia normal» o con ambos progenitores presentes. Sin embargo, esta herida se puede formar siempre que nos sentimos abandonados emocionalmente y debido a muchas otras experiencias comunes a una abrumadora mayoría de las personas que habitamos el planeta. Hay tradiciones espirituales que creen incluso que la herida de abandono original sucede cuando llegamos a este mundo y nos cortan el cordón umbilical.

Es casi inevitable que la mayoría de las personas lleguemos a la edad adulta con una herida de abandono de un tipo u otro. Y aunque algunas son fruto de historias que parecen extremas y otras son consecuencia de sucesos más leves, no es necesario comparar heridas para validar nuestra experiencia. Por distintas que sean las historias, la herida es la misma. Lo maravilloso de sanar una herida de abandono es que nos permite dejar atrás la idea de que estamos rotas o incompletas, al tiempo que recordamos nuestra conexión con la naturaleza y con el amor divino que existe en nuestro interior y a nuestro alrededor.

¿CUÁNDO SE GENERAN LAS HERIDAS DE ABANDONO?

- Cuando muere el padre o la madre.
- Cuando el padre o la madre están físicamente presentes, pero emocionalmente ausentes.
- Cuando el padre o la madre están físicamente ausentes (no haber conocido nunca al padre o a la madre, ser adoptado).

- Cuando durante la infancia o después del parto se sufre algún problema de salud que exige intervenciones quirúrgicas y hospitalización o separarse de los progenitores.
- Cuando el padre o al madre ignora, castiga o invalida nuestra experiencia emocional.
- Cuando el padre o la madre se ausenta durante un tiempo (vacaciones, viaje de trabajo, etc.) y no entendemos su ausencia.
- Cuando el divorcio de los padres es contencioso, cuando el padre o la madre se casan de nuevo o cuando hay infidelidades.
- Cuando el padre o la madre sufre una enfermedad crónica y no puede atender nuestras necesidades físicas y emocionales.
- Cuando nos envían fuera y no queremos irnos (con los abuelos, a un campamento de verano, etc.).
- Cuando, en nuestras vidas adultas, alguien próximo a nosotros se marcha abruptamente, nos traiciona o muere.

Reabrir una herida de abandono

La herida de abandono se reabre en pequeña medida siempre que interactuamos con personas que nos importan mucho. A un nivel sutil, podemos tener la sensación de que nunca estamos a salvo o de que lo bueno que tenemos ahora puede desaparecer en cualquier momento. Es la experiencia de sentir la espada de Damocles suspendida permanentemente sobre nosotras.

Muchas de mis clientas han descrito físicamente la reapertura de la herida de abandono como una sensación de calor intensa y angustiante, o como el impulso de escapar de la propia piel. En estos casos puede ser especialmente útil crear un ritual diario de conexión con el cuerpo y de centramiento suave.

SÍNTOMAS DE UNA HERIDA DE ABANDONO REABIERTA

- Sensación de amenaza cuando alguien a quien queremos nos da una opinión negativa o nos critica.
- Complacer siempre a los demás para asegurarnos su amor.
- Ser incapaces de dejar que otros tengan su propia experiencia.
- Querer controlar a los demás.
- Tener miedo al abandono, asumir lo peor.
- Pensamientos catastróficos incluso en conflictos menores.
- Alianzas codependientes, elegir confiar en una sola persona y demonizar al resto.
- Volver al yo infantil durante los conflictos.
- Evitar las conversaciones complicadas, poner límites o compartir emociones que puedan «agitar las aguas».
- Buscar el compromiso de personas emocionalmente inseguras o no disponibles.
- Acercarnos rápidamente a parejas nuevas antes de haber tenido tiempo de conocerlas.
- Castigar a la pareja con el silencio en lugar de comunicarnos con claridad.
- Rechazar el amor, tener dificultades para aceptar ayuda, afecto o regalos.
- Sentir atracción o excitación ante el rechazo.
- Perderse en otras personas y abandonar nuestras aficiones, objetivos o amistades en favor de la pareja.
- Inseguridad y duda constantes.
- Aferrarse a una expareja con una intensidad que lo puede llegar a consumir todo.

ABANDONARSE

Irónicamente, el miedo al abandono puede llevar a que nos abandonemos a nosotras mismas. Cuando nos preocupa o nos asusta que el otro nos deje o no nos quiera, podemos acabar negando nuestras necesidades y nuestra realidad y reprimir nuestra experiencia emocional para mantener la paz. Sin embargo, abandonarse tiene consecuencias graves.

En la raíz de todas las conductas orientadas a complacer a los demás está la creencia de que tenemos que hacer concesiones o reprimirnos para adaptarnos a ellos. Sin embargo, la realidad es que debemos crear un espacio para que las personas adecuadas puedan entrar o salir de nuestras vidas en función de lo alineadas que estén con nosotras. Nos abandonamos cuando tenemos una necesidad o un deseo y no lo expresamos por miedo al rechazo. Nos abandonamos cuando lo dejamos todo porque el otro nos llama cuando ya habíamos hecho planes y nos abandonamos también cuando desatendemos a nuestras amistades porque quedamos absorbidas por una relación romántica. Poner fin a este ciclo de autoabandono nos exige eliminar capa a capa el miedo al abandono y aceptarnos completamente, con todas nuestras peculiaridades.

Esto significa asumir riesgos, expresarnos, marcar límites cuando algo no nos parece bien y defender nuestra postura cuando algo nos importa. Cuando queremos conservar el amor a toda costa, no estamos dispuestas a hacer nada de lo anterior. *Para construir una relación verdaderamente consciente, tenemos que estar dispuestas a mostrar quiénes somos de verdad y asumir plenamente nuestros deseos.*

SIGNOS DE QUE NOS HEMOS ABANDONADO

- Pauta de enamorarnos rápidamente de personas nuevas.
- Dejarlo todo por la persona que nos atrae.
- Ignorar las señales de alerta o las señales evidentes de desinterés.
- Fingir que somos alguien que no somos en realidad para obtener la aprobación del otro.

- Dedicar todo el tiempo a nuestra nueva pareja y olvidar a los buenos amigos.
- Usar las redes sociales para espiar a un ex o a su nueva pareja.
- Quebrantar los límites que nos hemos impuesto.
- Usar el alcohol u otras sustancias para evitar las emociones incómodas.
- Decir que sí cuando queremos decir que no.
- Preocuparnos más por complacer a los demás que por respetarnos a nosotras mismas.

Las citas y la tolerancia a la incertidumbre

El mundo de las citas puede resultar confuso e intimidatorio. ¿Qué aplicación usar? ¿Cuándo responder a los mensajes? ¿Cuánto hay que esperar a tener una cita después de una ruptura o de un divorcio? ¿Cuándo tener la conversación sobre «qué somos»?

En mis talleres suelo ver a clientas que hacen el trabajo interior y consiguen una gran claridad respecto a sus objetivos y a lo que quieren, pero que luego descubren que siguen teniendo mucha prisa por forjar una relación de compromiso. Querer una relación no tiene nada de malo, pero la ansiedad que produce el abandono puede afectar de maneras sutiles a los patrones de relación, y una de ellas es que nos lleva a apresurarnos en la fase en que deberíamos estar centradas en conocer a la otra persona. Nos saltamos la etapa de exploración y nos comprometemos directamente. En lugar de preguntarnos cosas como: «¿Esta persona me gusta tal como es? ¿Me siento segura con ella? ¿Están alineados nuestros valores fundamentales?», nos centramos en las cuestiones urgentes de la herida. «¿Me elegirá a mí?»

La impaciencia suele ser resultado del impulso de deshacernos de una sensación incómoda y, cuando hablamos de citas, la incomodidad surge de no saber qué sucederá a continuación, si esa es la persona con la que acabaremos al final o si no será más que otra parada en el camino. Veo a muchas personas que meten mucha presión desde el principio de la relación y quedan destrozadas cuando la persona a la que persiguen se empieza a distanciar. Cuando presionamos demasiado, la fuerza de la energía puede hacer que la otra persona se aleje en lugar de acercarse.

Aunque tenemos derecho a comprobar en qué punto está la otra persona y qué busca en la relación, a veces perdemos de vista lo que esto quiere decir en realidad. Algunas de las participantes de mi programa conocen a alguien, salen unas cuantas veces durante unas semanas y, entonces, esperan que la otra parte ya esté comprometida al cien por ciento y preparada para lanzarse a fondo. Sin embargo, conocer a alguien y mantener las conversaciones necesarias para decidir si está alineado con nosotros o no y si queremos seguir adelante es un proceso que exige tiempo.

Recuerda que cada uno avanza a su propio ritmo y que, con frecuencia, no es realista esperar que los demás funcionen como tú a todos los niveles (mental, emocional o espiritual). Puedes respetar tus límites y tener claro qué deseas al tiempo que dejas espacio para que la otra parte haga lo mismo con su propia realidad. Hay una gran diferencia entre alguien que dice que no quiere una relación y alguien que avanza poco a poco y que se toma el tiempo necesario para conocerte.

La herida de abandono puede hacer que el proceso de salir con alguien sin saber cómo acabará la cosa resulte verdaderamente angustioso. Sin embargo, lanzarse de cabeza a una relación antes de haber tenido tiempo para explorarla puede ser muy contraproducente. Aunque no hay un tiempo establecido, entre uno y tres meses acostumbran a ser suficientes para que una pareja se conozca y para plantear preguntas importantes que permitan a ambas partes evaluar su deseo de seguir adelante. Hay quien ya tiene hijos y necesita aún más tiempo para valorar si formar o no una familia reconstituida, porque la decisión afecta a personas más allá de las dos que formarán la pareja.

También hay muchas personas que se reincorporan al mundo de las citas cuando la herida de abandono o de la última ruptura sigue abierta, lo que puede complicar las cosas. No es que tengamos que estar completamente recuperadas antes de conocer a alguien nuevo, pero si nuestro grado de ansiedad es elevado y la seguridad en nosotras mismas es baja, es más fácil que centremos la atención en el exterior y nos obcequemos en que nos quieran en lugar de prestar atención a lo que sucede en nuestro interior. Por lo tanto, es mejor esperar a que la sensación de necesidad imperiosa y la ansiedad hayan pasado. Así podremos aceptar los grandes interrogantes de las primeras citas, del amor y de las relaciones y avanzar desde un espacio estable y anclado en nuestra autenticidad.

El rechazo y la herida de abandono

Dejar ir a alguien que nos ha rechazado puede parecer una misión casi imposible. Cuando alguien se aleja de nosotras o nos deja, nos quedamos con muchísimas emociones que procesar. Es posible que la herida de abandono se reabra y reactive los temores más profundos de ser demasiado o de no ser suficiente. Esto puede hacer que nos aferremos con demasiada fuerza a alguien que ya no quiere estar con nosotras. Que sintamos una profunda atracción por otra persona no significa que sea la persona que nos conviene.

Cuando nos sentimos incapaces de dejar a la otra persona atrás, cuando pensamos en él o ella constantemente e ideamos una estrategia tras otra para «recuperarlo/la», es que bajo la superficie está sucediendo algo más. En momentos así, nuestra niña interior necesita que la cuidemos, así que ¿por qué no nos acercamos a ella desde nuestra madre interior afectuosa y cuidamos de nuestro corazón en lugar de abandonarnos? Si conectamos con la niña interior cuando experimentamos rechazo, es posible que veamos que se siente así:

Asustada
Dolida
Abandonada
En peligro
Rechazada
Insuficiente
Ignorada
Insignificante
Olvidada

¿Qué es lo que más necesitan los niños cuando se sienten así? Seguridad, confianza, tranquilidad y protección. Cuando las heridas se reabren, es natural que creamos que la persona en la que estamos centradas es la solución a nuestro dolor y que volveremos a estar bien si vuelve con nosotras.

Sin embargo, lo cierto es que una persona que no quiere estar en tu vida nunca te aportará seguridad. Por lo tanto, aprende a quererte entera y a darte la seguridad y la estabilidad que hasta ahora has buscado en el exterior. En lugar de gastar toda la energía en desear que el otro regrese, céntrate en regresar a casa, en volver a ti. El amor sano no es un juego. No te tienes que «esforzar» para que te quieran. Eres digna de amor y valiosa por naturaleza, por ser tú.

Los tres arquetipos del abandono

La herida de abandono se suele manifestar en las relaciones de tres maneras. Hay personas que buscan ansiosamente el amor y el compromiso, hay personas que lo temen y optan por el camino de la independencia a ultranza y hay personas que se dan en exceso.

El perseguidor del amor

Las personas que persiguen el amor se suelen aferrar a fantasías románticas y a «relaciones imaginarias» con la esperanza de que la relación sea más de lo que es en realidad. Buscan activamente a personas no disponibles o emocionalmente evitativas, y entienden sus esfuerzos como una demostración de virtud, porque están convencidas de que pueden ayudar al otro a «sanar» o a abrir el corazón. En algunos casos, el perseguidor del amor puede volverse obsesivo y seguir detrás de alguien mucho después de que esa puerta se haya cerrado. Es habitual que sueñen con el otro durante mucho tiempo, que les cueste mucho sacárselo de la cabeza o que lo espíen en secreto por las redes sociales. Este arquetipo también es propenso a enamorarse rápidamente de alguien y precipitarse al compromiso. El trabajo que han de hacer las personas de este arquetipo es permanecer en el cuerpo, frenar, comunicarse más directamente y respetarse a sí mismas atendiendo a sus amistades, aficiones y otros compromisos durante la fase de luna de miel, en lugar de transformarse a medida de su nuevo interés romántico.

El ultraindependiente

Este tipo se siente seguro cuando abandona antes de ser abandonado, o manteniendo a los demás a una distancia suficiente para evitar el dolor. Las personas ultraindependientes se sienten orgullosas de su fuerza y de su capacidad para hacerlo todo solas. Este arquetipo se siente solo e invisible con frecuencia, pero le cuesta mucho aceptar ayuda, orientación o apoyo. Una de las mayores dificultades para las personas de este arquetipo es que les cuesta mucho dejar que otros se les acerquen, por lo que cuando al fin lo hacen, dejarlos ir es mucho más difícil, incluso si se trata de una relación tóxica.

Las personas ultraindependientes suelen ser muy privadas y no permiten a demasiadas personas ver qué sienten en realidad o cómo es su mundo interior, lo que muchas veces da lugar a relaciones codependientes o desequilibradas. Este arquetipo debe bajar poco a poco sus barreras. La clave está en el «poco a poco», para no abrumar a su sistema nervioso. Pedir ayuda y estar dispuesto a «no tenerlo siempre todo controlado» es un ejercicio que resulta muy útil a la hora de flexibilizar las creencias acerca de tener que hacerlo todo solos. Recurrir a amistades en las que se sienten seguros y cuidados es una manera fantástica de practicar habilidades de relación.

El que se da en exceso
Este arquetipo siente una gran necesidad de sentirse amado y validado y, con frecuencia, tiene la creencia inconsciente de que debe trabajar para ganarse el amor de los demás. Es posible que aprendiera a una edad temprana que si quería más atención o aceptación, tenía que hacer las cosas bien o conseguir algo, por lo que esta energía se traduce en autoabandono y en dar más allá de sus capacidades energéticas. Las personas de este arquetipo dan hasta que se vacían y, entonces, las embarga el resentimiento. Una de las mayores dificultades para las personas que se dan en exceso es que cuando dan, acostumbran a hacerlo con muchas expectativas que no expresan y, además, no manifiestan sus necesidades porque tienen miedo al rechazo. Las personas que se dan en exceso deben aprender a darse prioridad y a encontrar el equilibrio en cuanto a la energía que dan, además de comunicar más directamente sus deseos o necesidades. Es posible que también tengan que ser más conscientes de cómo su energía afecta a los demás y darse cuenta de cuándo han de contenerse y dejar espacio al otro.

A lo largo de nuestra vida, es posible que encarnemos uno de estos arquetipos, o todos, en distintos momentos. A veces, el patrón cambia en función de con quién estemos. En mi caso, me di cuenta de que era capaz de instaurar límites y de hacerlos respetar en todas las áreas de mi vida excepto en lo que a las amistades con mujeres se refería. Como mi herida más profunda tenía que ver con mi madre, que sufría depresión, cuando una amiga estaba deprimida o pasaba por un mal momento, toda mi conciencia en relación con los límites se esfumaba y, entonces, inconscientemente empezaba a dar en exceso otra vez.

Sé paciente contigo misma si ves que recaes en alguno de estos arquetipos. Deshacernos de lo que nos resulta conocido es un proceso lento. Sea cual sea el arquetipo que representes en las relaciones, el camino a la integración y la sanación es el mismo.

Cómo curar la herida de abandono

Si aceptamos el espectro completo de quienes somos, dejamos espacio para que las personas adecuadas entren en nuestras vidas y nos amen plenamente. Si luchamos para que nos elijan, nos ponemos al servicio de nuestro dolor. Cuando sanamos, desarrollamos la confianza y la capacidad para crear un destino nuevo y encarnar nuestra máxima expresión. Asimismo, cultivamos el valor para instaurar límites firmes y para plantear las preguntas importantes que dan al otro la oportunidad de demostrarnos quién es.

Sanar la herida de abandono no significa borrar el pasado. Sanar no significa eliminar, sino «estar con». Cuando no somos conscientes de nuestra herida, esta tiene el poder de desencadenar el caos en nuestras vidas. Cuando somos conscientes de ella y la sanamos, tiene la capacidad de hacernos profundizar en nosotras mismas.

No eres tu herida. Tu herida no es más que un área en la que eres más sensible y en la que, con tiempo y paciencia, tienes el potencial de ganar sabiduría, empatía y comprensión, tanto para ti como para los demás. Por mucho que nos dé esa sensación, no creo que las heridas sean nuestras partes rotas. El dolor nos regala la posibilidad de descubrir el camino a nuestro potencial oculto. No hay una fórmula establecida para sanar la herida de abandono. Se cura cuando conectamos con nosotras mismas y, poco a poco, le recordamos a nuestro sistema nervioso que estamos a salvo.

A continuación encontrarás algunos ejercicios que te pueden ayudar en este viaje de sanación de tu herida de abandono.

Reconstruir la conexión con la niña interior

Tal y como aprendiste en el capítulo cuatro, el vínculo que forjas con tu niña interior te proporciona una base segura y sólida desde la cual vivir tu vida. Conectar con tu niña interior te capacita para convertirte en una versión más madura y consciente de ti misma. Cuando sientas pánico, angustia, ansiedad o incertidumbre, mira hacia dentro y pídele a tu niña interior que te comunique todo lo que siente, piensa y teme. Recuerda que la herida de abandono es, con frecuencia, el eco de una herida pasada, el dolor residual de los cuidados que jamás recibiste, de la atención que anhelaste, del amor que nunca llegó. Cuando la herida se reactive, conecta con tu madre interior protectora para que defina límites y te cure. La niña interior siempre está ahí, esperando a ser vista, oída, amada y aceptada.

Permítete sentir

Cuando nos resistimos a las emociones, bloqueamos la energía vital. Practica el dejar paso a las emociones y a las sensaciones. Cuando surjan, abórdalas con curiosidad y sin juzgar la experiencia. Muchas personas aprenden a negar o a reprimir las emociones para evitar la vergüenza y el ridículo o para evitar sentirse abrumadas. Sin embargo, si queremos procesar la energía emocional de modo que pueda abandonar el cuerpo, nos tenemos que dar permiso para sentirla. Cuanto más la reprimamos, más nos pesará. Piensa en cada experiencia emocional como en una oportunidad para depurar el corazón y la mente.

Haz ejercicios somáticos (¡métete en tu cuerpo!)

La sanación sucede cuando permanecemos en el cuerpo y recuperamos la confianza en nosotras mismas. Además de la terapia guiada, como son los ejercicios de experiencia somática, hay varios ejercicios sencillos que te ayudarán a aprender a escuchar al cuerpo y a confiar en él. A lo largo del día, reserva tiempo para detenerte, fijarte en la respiración y poner nombre a la emoción que sientas en ese momento. Cuando nos aferramos al dolor o al trauma, tendemos a dejar de movernos. Los paseos en plena naturaleza, el baile, el yoga sensible al trauma y los automasajes te ayudarán a cultivar la relación con tu cuerpo.

Aprende a poner límites y a mantenerlos

Cada vez que respetas tus límites, tanto si se trata de límites que te impusiste a ti misma o a los demás, trabajas activamente para sanar la herida de abandono. Recuerda que abandonarte es una de las consecuencias de la herida de abandono. Cuando la herida se reabre, anhelas amor, atención y validación, y es muy posible que estés dispuesta a hacer lo que sea para conseguirlo, incluso abandonar tus necesidades o dejar de respetar tus límites. Las pequeñas demostraciones de fidelidad a tus límites energéticos, emocionales o físicos te ayudarán a acumular fuerza y valor a la hora de crear la vida que quieres de verdad. En el capítulo doce hablaremos de los límites en más profundidad.

Pide ayuda

Cuando pides ayuda a los demás, les das la oportunidad de demostrar que están ahí para ti, al tiempo que permites a tu cerebro y a tu sistema nervioso integrar la nueva realidad. Si te cuesta mucho pedir ayuda o si sientes resistencia al leer estas palabras, es muy probable que este sea tu margen de crecimiento. Cuando era más joven, no pedía ayuda nunca. En un intento de impresionar a los demás y de obtener validación, me esforzaba en hacerlo todo sola, y en hacerlo desde cero. ¡Si hasta molía a mano los granos de pimienta cuando hacía la comida! Pedir ayuda puede hacer que nos sintamos muy vulnerables si somos personas ultraindependientes, pero somos seres humanos y construimos intimidad cuando estamos ahí para el otro en los momentos difíciles. Da a los demás la oportunidad de ver tu corazón y de estar ahí para ti.

Deja entrar al amor

Si te han enseñado que solo mereces amor cuando presentas unos estados emocionales concretos (probablemente cuando estás contenta y eres amable), tu trabajo consiste en desarrollar facetas nuevas y en mostrarte vulnerable ante tu pareja o ante un buen amigo. *Aprender a confiar en los demás va intrínsecamente asociado a aprender a confiar en que mereces recibir amor y ayuda.* También es importante que sepas identificar ante quién te puedes mostrar vulnerable y ante quién no. Elige a personas que hayan demostrado que son emocionalmente seguras. Una persona segura es alguien capaz de escuchar sin juzgar, de ofrecer reflexiones desde la empatía y de no intentar solucionar tus problemas ni intentar convencerte de que debes dejar de sentir lo que sientes.

Mantén el compromiso con tus intereses, tus aficiones y tus valores

¿Te organizas en función de la disponibilidad de la otra parte en cuanto comienzas una relación? ¿Abandonas tus planes en el último momento y lo dejas todo en cuanto te llaman? A veces saltamos hacia alguien sin ni siquiera haberle dado tiempo de acercarse a nosotras ni a demostrar si está interesado o no. Recuerda que la relación que mantienes contigo misma es la base de todas las demás. Mantén el compromiso con las cosas que te importan y no conviertas la relación de pareja en tu mundo o en tu identidad. Encuentra cosas que hacer con los amigos, apúntate a una actividad grupal y cumple con los compromisos que hayas adquirido. Esto no solo te ancla a tu propia identidad, sino que te hace más atractiva, porque demuestras lo que vales mediante tus actos.

COSAS QUE RECORDAR

- Tener una herida de abandono no significa estar rota.
- La herida de abandono apunta a las partes más vulnerables y sensibles de la niña interior.
- Las heridas de abandono aparecen incluso cuando se ha crecido con una familia afectuosa.
- La herida de abandono aparece cuando las necesidades emocionales se han visto insatisfechas, incluso aunque el padre y la madre estuvieran presentes físicamente.
- Sanar la herida de abandono no significa olvidar el pasado o dejar de desear amor, intimidad o seguridad. Consiste en no dejar que el dolor nos gobierne.
- Mientras se cura la herida de abandono, es importante que practiques mantener la sintonía con el cuerpo y poner nombre a las emociones que surgen.
- La responsabilidad de sanar la herida de abandono es solo tuya. Por mucho que te quieran los demás, eres tú quien debe hacer el trabajo necesario para dejar entrar a ese amor.
- Cuando la herida de abandono se reabra, trabaja con tu niña interior, cálmate, pide ayuda y conecta con los demás.

Lo maravilloso de sanar la herida materno-paterna
reside en aprender a aceptar las limitaciones
de nuestros progenitores. Cuando abandonamos
la búsqueda incesante de otras personas
que satisfagan nuestra necesidad de seguridad,
amor y estabilidad, aprendemos a encontrarlos
en nuestro interior y en la naturaleza.

CAPÍTULO 6

La energía materna y paterna divina

La relación que mantenemos con nuestros progenitores es compleja y única para cada uno de nosotros. Creciéramos como creciéramos, y tanto si nuestros progenitores estuvieron presentes emocional y físicamente como si no lo estuvieron de ninguna de las dos formas, la relación que forjamos con ellos durante la infancia influye en las experiencias de relación que tendremos durante el resto de la vida. La mayoría de la angustia que sufrimos debido a la herida materno-paterna tiene su origen en el dolor y los traumas sin resolver de nuestros progenitores. El trauma se hereda y se replica de generación en generación. Sin embargo, de la misma manera que podemos transmitir nuestros traumas, también podemos transmitir nuestra sabiduría y nuestros dones.

La raíz etimológica de «curar» es *curare*, que significa «cuidar, preocupar» en latín. Aunque, en esta vida, muchos de nosotros no hemos tenido la oportunidad de mantener conversaciones espirituales o transformadoras profundas con nuestros progenitores, todos y cada uno de nosotros tenemos la capacidad de poner fin a los ciclos negativos en nuestra historia familiar y volver a sentirnos cuidados mediante nuestra relación con el Espíritu.

En esta parte del trabajo interior, recordarás cómo conectar con la energía divina de la madre y del padre, que es universal y no se limita a los seres humanos que te han traído a este mundo. La conexión con la naturaleza me ofreció un consuelo extraordinario durante mi propio viaje terapéutico. En los momentos de desesperación y de dolor que sentí a medida que iba descubriendo las profundidades de mi propia herida materna y paterna, la luna y las estrellas, los árboles y el río me abrazaron y me recordaron que nunca estoy sola. Y tú tampoco lo estás. Todos formamos parte de este gran universo y estamos conectados a todos los seres vivos, a todas las plantas y a todos los animales que llaman hogar a ese planeta. Todos somos uno.

La relación con tu madre y con tu padre

Es posible que creas que no necesitas explorar esta parte del trabajo interior si tienes buena relación con tus padres. Sin embargo, te aconsejo que la abordes desde la curiosidad. Es posible que descubras algo sutil que marque una diferencia enorme en tus relaciones actuales. Si eres adoptado, quizás quieras explorar la relación que mantienes tanto con tus padres biológicos como con los adoptivos. Si no conoces a tus padres biológicos, puedes examinar esa relación a nivel energético, que es lo que yo hice respecto a la relación con mi padre, a quien no conocía y del que ni siquiera había visto ninguna fotografía.

Si uno de tus progenitores o ambos estuvieron ausentes, te maltrataron, estuvieron enfermos o fallecieron, quizás te resulte útil volver con frecuencia a la meditación de la niña interior del capítulo cuatro. Quizás también sea conveniente que busques ayuda mientras estés desentrañando tu historia. Recuerda que puedes ir poco a poco y esperar a que las palabras se asienten en tu interior antes de dar el paso siguiente. No hay prisa si aún no estás preparada para entrar ahí.

Si tienes hijos, quizás tengas la tentación de abordar este capítulo desde cómo eres como madre o padre, en lugar de conectar con la relación que mantienes con tus padres. El mero hecho de que hayas abierto este libro ya da fe del tipo de madre o padre que eres. Confía en que hasta el último ápice de energía que redirijas a tu proceso de sanación es un regalo para tus hijos, al margen de la edad que tengan o de lo que hayan pasado juntos.

Aunque ejercemos una influencia importante en nuestros hijos, no podemos controlar completamente ni cómo crecen ni en quién se convierten. Llegan a esta vida con su propio camino espiritual y nosotros no somos más que sus acompañantes. Los protegemos y los cuidamos mientras encuentran su propio camino. Es imposible serlo todo para ellos y, cuando lo asumimos de verdad, nos podemos liberar de la pesada carga de las expectativas de hacerlo todo perfectamente, para centrarnos en forjar una relación auténtica con ellos. Ahora, arremángate y disponte a trabajar en ti. Ahí es donde comenzamos a sanar nuestras relaciones.

Qué nos enseñaron nuestros progenitores acerca del amor

De pequeños veneramos a nuestros padres como si fueran dioses. Nos protegen, nos sustentan, nos cuidan y nos guían. Nuestra supervivencia depende, literalmente, de que estén ahí y nos cuiden. La primera relación que mantenemos en la vida es la que forjamos con nuestros progenitores y de ella aprendemos todo lo que sabemos acerca del amor, de la conexión y de la seguridad.

Si pasamos los primeros años en este mundo en los brazos afectuosos y fuertes de un padre o madre emocionalmente seguro, el resto de nuestra vida y lo seguros que nos sintamos en el mundo será un reflejo de ello. Por el contrario, si fueron años caracterizados por la desconexión o la falta de ternura, también se reflejará en las relaciones que mantengamos en la edad adulta.

La herida materno-paterna se siente como la falta de la protección, de amor y de aceptación que no recibimos de nuestros padres. Mientras que la herida de abandono se desarrolla fundamentalmente a partir de la sensación de que nos dejaron solos con nuestro dolor, la herida materno-paterna tiene que ver con el dolor que podemos sentir ante la falta de ternura y de cuidados por parte de nuestros padres. Hay una miríada de experiencias tempranas que pueden causar la herida materno-paterna, como crecer en un hogar donde los padres discuten con mucha frecuencia; donde se sufren maltratos físicos o emocionales; donde se castiga la expresión de emociones intensas como la ira, los celos o la tristeza; con un padre o madre bloqueado emocionalmente e incapaz de demostrar afecto o de ayudar; ser adoptado; o perder al padre o a la madre debido a una enfermedad o a alguna adicción.

Si nuestras necesidades quedaron insatisfechas durante la infancia, es posible que llevemos esa herida a la edad adulta y queramos curarla con nuestras relaciones adultas. Y aunque es cierto que las relaciones de pareja nos ofrecen la oportunidad de sanar el pasado, también debemos ser conscientes de que ni nuestra pareja ni nuestros amigos son responsables de los actos de quienes vinieron antes que ellos.

CÓMO SE REFLEJA LA HERIDA MATERNO-PATERNA EN LAS RELACIONES AFECTIVAS PRESENTES

- Dinámica ansiosa-evitativa.
- Buscar amores inalcanzables o a personas emocionalmente evitativas.
- Rescatar a los demás, no poner límites.
- Complacer a los demás.
- Codependencia.
- Baja autoestima.
- Dificultades para confiar en los demás.
- Celos.
- Autosabotaje (infidelidades, distanciamiento).
- Inseguridad en las relaciones.
- Adicción al caos y a la turbulencia.

- Bloquearse, retraerse o evitar el conflicto.
- Herida de abandono.

Arquetipos de la herida materno-paterna

La mayoría de nosotros crecimos experimentando algún aspecto de los siguientes arquetipos de madre, padre o cuidador. El propósito de todo esto no es criticar o culpar a tus padres, sino tomar conciencia de lo que resuene en tu interior y entender mejor qué te enseñaron acerca del amor. Te invito a que, con esa información, tomes conciencia de los patrones heredados y del resentimiento que puedas estar albergando, de modo que, al final, puedas soltarlos y poner fin al ciclo.

El ausente

El padre o madre ausente o bien no está presente nunca (o lo está solo en raras ocasiones), o bien está físicamente ahí, pero está emocionalmente anestesiado, por lo que no puede ser una fuerza cuidadora. Un ejemplo de este arquetipo podría ser cuando uno de los progenitores es maltratador o adicto a alguna sustancia y el otro no protege a los niños ni los aleja de ese entorno. Aunque es posible que haya razones válidas que lo imposibiliten, el niño lo interpreta como un abandono. Las personas que crecieron con un padre o una madre ausentes pueden tener dificultades para recibir cuidados o apoyo, o quizás se sienten atraídos por gente inaccesible y quedan atrapados en el intento de ganar el amor de los demás.

El maltratador

El padre o madre maltratador es la expresión del control y de la dominación, un abuso de poder perverso sobre personas que no pueden defenderse. Con frecuencia, el padre o madre maltratador tiene su propia historia de traumas y maltratos y vuelve a infligir la misma herida en su propia familia. Las personas que crecieron con un padre o madre maltratador pueden tener dificultades para confiar en las relaciones afectivas, porque, para ellos, la intimidad puede conducir al dolor. También puede haber una sensación profunda de vergüenza y de desconexión del Espíritu, la sensación de haber sido olvidadas.

El frío

El padre o madre frío está físicamente presente, pero emocionalmente ausente. Su cuerpo está ahí, pero está desconectado de su corazón y es incapaz de ofrecer empatía, conexión, orientación o liderazgo emocional a sus hijos. Las personas que crecieron con un padre o madre frío pueden haber aprendido a desconectar de sus emociones y sentidos físicos y a depender excesivamente de la lógica.

El adicto

La energía del padre o madre adicto, ya sea al trabajo, al dinero, al sexo o a sustancias, es dispersa, evasiva, egocéntrica y distante. Las cualidades que caracterizan a este arquetipo son la ausencia física o emocional, el egoísmo y la inversión de funciones. Con frecuencia, los niños que crecen con un padre adicto tienen que ejercer de padre o madre cuando, en realidad, les corresponde ser el hijo. De adultos, es posible que recuperen el papel de salvadores y de cuidadores en sus relaciones románticas. También pueden tener una baja autoestima y dificultades para terminar las cosas importantes para ellas.

El indefenso

El padre o madre indefenso es incapaz de cuidar de sí mismo o de sus hijos y puede recurrir a estos últimos para que le ofrezcan apoyo emocional y cargarles injustamente con el peso de sus propias heridas pasadas y traumas. El arquetipo del padre o madre indefenso también se expresa en la búsqueda de relaciones con personas que lo «rescaten», aunque esto acostumbra a tener un costo, porque, por lo general, los salvadores que aparecen tampoco están integrados y pueden ser maltratadores, controladores o despectivos. Las personas que crecieron con un padre o madre indefenso pueden desarrollar tendencias de salvador y mostrarse evitativos en las relaciones, porque temen enredarse con los demás.

El que rechaza

Con frecuencia, el padre o madre que rechaza a sus hijos fue maltratado o rechazado por sus propios padres. Esto puede haberle llevado a encerrarse en sí mismo y a ser incapaz de acceder a sus propias emociones y, por lo tanto, a rechazar las de su hijo. El padre que rechaza a sus hijos ve las emociones intensas de este como un problema o como algo «malo», y es incapaz de proporcionar apoyo u orientación para ayudarlo a gestionarlas. Por el contrario, lo castigan, lo aíslan o, en casos extremos, lo abandonan. Las personas que crecieron con un padre o una madre que las rechazaba pueden tener problemas de seguridad en sí mismas y de autoestima y angustiarse cuando se sienten incomprendidas.

El culpabilizador

El culpabilizador hace que sus hijos lo obedezcan culpabilizándolos y avergonzándolos. La energía de este arquetipo también se puede expresar mediante la manipulación, que provoca resentimiento y desconfianza. Poner límites a un padre o madre culpabilizador puede ser muy difícil, porque al proponer algún cambio suele responder con comentarios como «siempre lo hago todo mal» o «estás tratando de cambiarme». Sin embargo, no es lo mismo intentar cambiar al otro que tener expectativas acerca de cómo queremos que se nos trate. Las personas que crecieron con el arquetipo del culpabilizador pueden tener dificultades para poner límites o, por el contrario, levantar muros para protegerse de los demás y evitar la «manipulación emocional». Pueden tener dificultades para confiar en los demás, ser muy sensibles al control o ponerse a la defensiva durante los conflictos.

El destructor de sueños

El destructor de sueños es muy crítico y cínico, y siembra la duda. Es el padre o madre que te dirá todos los motivos por los que algo es imposible o todo lo que puede salir mal de una decisión o sueño que tengas. Es importante recordar que, con frecuencia, los destructores de sueños están programados para la negatividad porque esa es la experiencia que tuvieron con sus propios padres, por lo que a veces, creen que nos ayudan cuando nos dicen «lo que hay». Si has de compartir tus sueños o tus planes con un destructor de sueños, no lo hagas hasta que estés segura del camino que has emprendido y tampoco si necesitas que te animen, porque no encontrarás ánimo ahí. Las personas que crecieron con este arquetipo pueden sentir que tienen que demostrar continuamente lo que valen para ganarse el amor y pueden tener dificultades para frenar o descansar. Si en tu sistema familiar hay un destructor de sueños, es muy posible que tengas que imponer límites acerca de la comunicación y de las críticas.

Permiso para sentir y para poner límites

Es posible amar inmensamente a un padre o madre al tiempo que se le ponen límites firmes. Si estás enojado con ellos por cómo te trataron (o no), respeta esa emoción. No podemos saltarnos la ira y pasar directamente al amor y a la luz; las cosas no funcionan así. *Tienes permiso para sentir lo que sientes.* Es vital que dediques el tiempo necesario a procesar tu ira antes de lanzarte a la compasión.

Cuando Anna participó en uno de mis programas, tenía veintisiete años y hacía ya varios que cuidaba a su madre, que tenía problemas de salud mental y emocional y que, con frecuencia, quebrantaba los límites de maneras extremas, hasta el punto de llegar a la agresión física. A medida que fue pasando el tiempo, Anna se empezó a despegar de su propio trauma y se dio cuenta de que necesitaba desesperadamente distanciarse de su madre. La siguiente vez que su madre la atacó, Anna por fin alzó la voz y le dijo que se iba a distanciar y que, a partir de ese momento, no se quedaría cuando el conflicto se descontrolara. De repente, su madre quiso cambiar, pero Anna no es que estuviera demasiado contenta tampoco. «Mi madre por fin va a terapia —me dijo—. Me llamó y quería que la felicitara, pero lo único que yo podía pensar era: "¿Ahora quieres una medalla? ¡Si es lo mínimo que puedes hacer!".» Me explicó que, en ese momento, era incapaz de sentir compasión por su madre.

Asentí, porque la entendía perfectamente. Había estado en su misma situación. Hubo un periodo de mi vida en el que estaba tan enojada con mi madre que casi siempre acababa todas las conversaciones colgándole el teléfono. Ella no era la persona indicada para ayudarme a procesar la ira y lo cierto es que, en la mayoría de las ocasiones, nuestros padres no pueden ser esas personas.

Intentar procesar el dolor con nuestros padres puede ser contraproducente en muchos casos. A no ser que cuenten con un lenguaje compartido, lo más probable es que tus padres tengan dificultades para entender qué te pasa y es posible que la conversación solo consiga aumentar la frustración y el dolor. Sin embargo, todos necesitamos encontrar un lugar seguro para procesar la ira y decidir cómo avanzar en la relación. Con frecuencia, lo mejor es que solo muestres tus procesos internos a un guía o terapeuta en quien confíes, alguien que no se tome las cosas como algo personal y que pueda validar tu experiencia y ofrecerte reflexiones útiles que te guíen a medida que avanzas.

Muchas personas se culpabilizan por decir que se sintieron abandonadas o traicionadas por sus padres, sobre todo cuando, sobre el papel, sus padres «lo hicieron bien» y les pusieron un techo sobre la cabeza y un plato en la mesa. Sin embargo, necesitamos más que un techo y un plato para forjar un apego seguro y no pasa nada por reconocer tu realidad personal.

Entender algunos de tus patrones mirando hacia adentro y reconociendo las maneras en que no te sentiste escuchada, vista o entendida, o en que te sentiste abandonada, no significa que debas culpar a tus padres. Significa que debes procesar la ira, el resentimiento y el dolor para liberarte. Liberarte para escribir una historia nueva, ver a tus padres como seres inocentes o elegir otra manera de seguir adelante. Cuando negamos nuestra realidad emocional para proteger a otros, el patrón acaba apareciendo por otro lado, con frecuencia en nuestras relaciones amorosas. No podemos escapar de los asuntos no resueltos, por lo que la única manera de liberarnos es sentir lo que haya que sentir, cuidar del niño interior y hacer las paces con el pasado.

Las emociones intensas también pueden ser una guía que nos indica cuándo debemos poner límites a las personas que hay en nuestras vidas. Tal y como le sucedía a Anna, si algún familiar no puede o no quiere relacionarse con nosotros de un modo saludable, tendremos que reunir la fuerza necesaria para distanciarnos y tomarnos el tiempo necesario para recuperar la claridad. Así, cuando nos veamos preparados para relacionarnos con él o ella de nuevo, tendremos la fuerza necesaria para imponer nuestras condiciones.

Si los padres niegan nuestra realidad

Cuando tenía veintiún años, empecé a ver el mundo de otra manera. Había aprendido a observar mi mente, a cuestionar mis pensamientos y a reprogramar mis sistemas de creencias. Embargada por la emoción de mi recién encontrada espiritualidad, decidí que tenía que ayudar a mi madre a despertar también. Pasé mucho tiempo intentando enseñarle cosas, tratando de mostrarle lo equivocada que estaba su realidad y esforzándome para ayudarla a sanar antes. En realidad, lo que subyacía a todo eso era mi necesidad de conectar con ella. Quería que sanara para poder experimentar por fin la ternura y el afecto maternos que nunca había recibido. Pero solo conseguí provocar más malentendidos y confusión.

Poco antes de cumplir los treinta, hablé con mi madre acerca de la experiencia de crecer en hogares de acogida entre los tres y los dieciséis años. Negó que eso fuera cierto. Me quedé consternada y confusa. Cuando colgamos, hice una lista en orden cronológico de todos los hogares de acogida por los que había pasado, para centrarme después del desconcierto que me había causado la conversación.

Tras esa experiencia, decidí seguir mi viaje de sanación sin ella. La verdadera sanación no comenzó hasta que empecé a aprender acerca de mis defensas, de mi ego, de mi niña interior herida y de la parte de mí que todavía estaba haciendo el duelo por todo lo que había sufrido durante la infancia. Y a medida que me curaba, me fui ablandando. Empecé a entender que mi madre negaba el pasado para protegerse de su propio trauma (del que no podía hablar aún) y de la culpa interna con la que cargaba por todo lo sucedido durante mi infancia. Era una manera de distanciarse del inmenso dolor que sentía por no haber tenido una segunda oportunidad como madre.

Desde ese espacio, pude sentir una compasión y una admiración profundas por el hecho de que hubiera sobrevivido a tantas cosas. Ya no la quería obligar a pasar por ese proceso, porque ahora me daba cuenta de que su camino y el mío eran distintos. Ella lo hacía lo mejor que podía, y no estaba preparada o carecía de los recursos necesarios para reabrir su pasado. No podemos obligar a nadie a que lo haga, no está bien. En lugar de insistir en mis intentos desesperados de «arreglar» a mi madre, cultivé la admiración por todo lo que había superado. Y cuando dejé de presionarla tanto, empezó a demostrar más curiosidad y apertura.

Todos los sistemas familiares cuentan con un elemento atípico. Es el que se despierta y se compromete a romper los ciclos de trauma familiar, disfunciones o caos heredados. Es muy probable que si estás leyendo esto, tú seas el elemento atípico de tu sistema familiar. Los elementos atípicos nos podemos sentir muy solos, porque cada vez que nos apartamos de un patrón de relación y agitamos las aguas, tenemos que navegar por el dolor que eso suscita. Esta soledad, junto a la gravedad de lo que vamos aprendiendo, nos puede llevar a querer compartir lo que hemos descubierto con nuestros progenitores o con otros familiares. Pensamos que tenemos la responsabilidad de ayudarlos a ver dónde se equivocaron o de conseguir que reconozcan que nos sentimos poco queridos, rechazados o en peligro en su compañía. Sin embargo, lo cierto es que es muy poco probable que las cosas salgan como esperamos. Podemos elaborar estas emociones sin arrastrar a nuestros padres o a nuestra familia al proceso. Los padres están sometidos a tanta presión que, con frecuencia, la culpabilidad de sentir que han fracasado les puede resultar insoportable.

Cada persona tiene revelaciones terapéuticas a su propio ritmo y en función de su camino personal, y no nos corresponde a nosotros llevar a nadie hasta allí. Y si te soy sincera, lo cierto es que tampoco podemos hacerlo. Parte de nuestro trabajo interior consiste en aceptar a los demás tal como son, instaurar límites que nos den seguridad y abrir espacio para poder conectar con las personas en el punto en el que estén. Cuando despertemos, no todo el mundo nos entenderá. Es posible que haya quien se sienta amenazado o asustado, y quizás niegue incluso nuestras experiencias pasadas para protegerse de emociones incómodas.

Si tu padre o madre invalida o desdeña tu experiencia, es porque o bien no puede enfrentarse a esa parte de su propio pasado y a la culpa que conllevaría, o bien carece de la capacidad emocional para mostrar curiosidad contigo. Si se protege de la vergüenza, se pondrá a la defensiva o negará tu experiencia. Si te sucede esto, recuerda que no es culpa tuya.

Cuando sentimos un deseo abrumador de ayudar a los demás con su trabajo interior, lo podemos entender como una invitación a examinar de cerca qué estamos evitando en nosotros. Si queremos despertar a alguien, básicamente queremos que cambie en algún sentido y, con frecuencia, si queremos que alguien cambie es porque nosotros obtendremos algún beneficio: más reconocimiento, amor, aprobación, admiración, conexión o intimidad. Nuestras necesidades merecen ser satisfechas, pero no todo el mundo se mostrará receptivo a nuestra invitación a crecer y forjar una intimidad más profunda. Por suerte, no necesitamos que todo el mundo cambie para querernos más y no necesitamos que todo el mundo haga su trabajo para empezar a hacer el nuestro.

Desde esa experiencia de hace tantos años, mi madre ha podido mantener algunas conversaciones difíciles conmigo. Se ha disculpado por negar mi realidad y ha validado mi experiencia. Sin embargo, la validación no llegó cuando yo quise y eso fue lo que me permitió ver el regalo que me hacía. Cuando negó mi realidad, tuve que decidir mirar hacia dentro y validarla yo misma, sin buscar la validación externa. También pude ahondar en mi conexión con la energía de la Madre Divina que con tanta fuerza sentía siempre que estaba en el bosque o sentada en una ceremonia, y ver su inocencia sobre todo lo demás. A veces no conseguimos lo que queremos cuando lo queremos, porque la transformación profunda se hace posible, precisamente, cuando no nos queda otra opción que darnos a nosotros mismos lo que anhelamos que nos den otros.

La autoaceptación y la herida materno-paterna

Reflejamos los movimientos, las pautas conductuales y las expresiones de nuestros progenitores, lo cual no supone ningún problema si tenemos buenos recuerdos de nuestra infancia y una buena relación con nuestros padres. Por el contrario, si el recuerdo de nuestros progenitores viene acompañado de dolor, juicios o asco, nos sumimos en el rechazo a nosotros mismos y en la vergüenza. Todos nos parecemos a nuestros progenitores de alguna manera y, si somos capaces de asumirlo, ahondamos en el camino a la autoaceptación.

Antes de sanar mi herida materna, cada vez que me miraba en el espejo y veía el reflejo de sus facciones se me hacía un nudo en el estómago. Tengo sus ojos y su nariz, y me aterraba. No porque mi madre me pareciera poco atractiva (lo es, y mucho). Es porque al ver mi reflejo pensaba en ella y aún no la había perdonado.

A medida que empecé a ahondar en mí misma, pude acceder a emociones nuevas respecto a mi madre. Poco a poco, fui tomando conciencia de todas las maneras en que me parecía a ella y, en lugar de rechazo o de nudos en el estómago, hallé ternura. Empecé a ver cualidades que había heredado de ella y que quería y admiraba. Una vez estuve dispuesta a enfrentarme a la oscuridad del rechazo a mí misma y del rechazo a mi madre, pude acceder a una sensación más profunda de amor hacia mí misma y de autoestima.

De mi madre aprendí a no preocuparme por lo que no importa. A ser generosa, a jugar y a hacer tonterías. A celebrar por celebrar. A creer en mí y a perseverar. Cuando por fin dejé de estar enojada con ella por todas las cosas que ella no era, pude celebrar todo lo que sí era.

Tomar conciencia de los rasgos, las características y los patrones de tus padres es el primer paso en el camino que te llevará a ver cómo se expresa en la actualidad tu relación con ellos. En concreto, cómo te ves a ti misma, lo dispuesta que estás a integrar aspectos concretos de tu naturaleza, y qué rechazas más en ti misma y en los demás.

Cuando te sientas equilibrada y abierta, busca un lugar tranquilo, enciende una vela y escribe en tu diario siguiendo estas indicaciones:

Madre

Algo que no me gusta de mi madre:
Las cualidades de mi madre que rechazo en mí:
Algo que siempre he querido recibir de mi madre:
Las cualidades de mi madre que me gustan en mí:

Padre

Algo que no me gusta de mi padre:
Las cualidades de mi padre que rechazo en mí:
Algo que siempre he querido recibir de mi padre:
Las cualidades de mi padre que me gustan en mí:

Qué buscar en el proceso de escritura del diario

Es muy probable que los rasgos que te disgustan o que rechazas en tus padres sean los mismos que te cuesta aceptar en ti misma. La clave reside en practicar la toma de conciencia cuando esas cualidades, como la tendencia a culpar y hacer sentir culpables a los demás, se expresen en ti. Entonces, en lugar de reprimirlas, permanece con ellas. Si tomas conciencia de estas conductas, te darás cuenta de cómo se manifiestan y las podrás cambiar.

Sintoniza con tu cuerpo mientras escribes en tu diario. A veces, verás cosas en tus padres que te desagradan profundamente y tendrás que contener el impulso de ir al extremo opuesto del péndulo. Esto indica que ahí tienes un área de crecimiento. Por ejemplo: «Mi madre era artista y yo detesto a mi madre, por lo que jamás cedo al impulso de dibujar y pintar». Esta herida te impide expresar tus dones y convertirte en tu máxima expresión. Conectar con la herida significa aceptar los parecidos con nuestros padres aunque nos lo pusieran muy difícil. Al hacerlo, creamos espacio para nuestra propia integración, porque dejamos de intentar ser «lo más posible» o «lo menos posible» como nuestros padres y nos centramos en ser quienes somos, sin más.

Fíjate en las cosas que dijiste que hubieras querido recibir de tu padre o de tu madre y que no recibiste nunca. ¿Ves algún indicio de ello en tus relaciones de pareja? ¿Eliges a parejas que reactivan ese antiguo anhelo en tu interior? ¿Podría ser que el amor que deseas esté justo delante de ti, pero que no lo puedas ver desde tu perspectiva actual? Si te resuena, te invito a que conectes con tus recursos internos mediante la relajación, el trabajo con la niña interior y la naturaleza.

Reconocer el parecido entre tus padres y tú es una oportunidad para profundizar en la autoaceptación y en el amor por ti misma. Fíjate en las cosas positivas que puedes haber heredado también de tus progenitores. Estás ante una oportunidad de ablandarte.

Ver la inocencia de nuestros padres

Cuando tenía veintipocos años, leí acerca de la ayahuasca,* una potente terapia basada en plantas que se practica en el Amazonas. Me sentí impulsada a trabajar con ella, aunque al mismo tiempo me aterraba. Sabía que me quedaba mucho trabajo de sanación interior por hacer antes de estar preparada para emprender ese camino.

* Aunque la ayahuasca ha sido un elemento crucial en mi historia, no te recomiendo en absoluto que trabajes con ella a no ser que estés absolutamente segura de que ese es tu camino y cuentes con un guía integral de confianza. Las terapias basadas en plantas, como la ayahuasca, exigen que trabajemos con el máximo respeto y humildad. Nunca recomiendo ir a Perú y hacer la ceremonia con un chamán que se anuncie en un mercado o con un sanador local que no se haya formado con un linaje de chamanes. El turismo espiritual es muy dañino no solo para la planta, sino también para las personas de las culturas tradicionales y para los lugares en que se cultiva. Si decides trabajar con la ayahuasca debes ser profundamente consciente y muy intencional y saber que no es un atajo o una solución rápida. En muchos aspectos, es muy intensa y puede resultar profundamente abrumadora. Ir poco a poco también es terapéutico, así que confía en tu instinto.

Durante los años que siguieron, sentí en mi interior un susurro silencioso que me empujaba a participar en la ceremonia de la ayahuasca, pero esperé y seguí haciendo mi trabajo interior y aprendiendo de otras terapias basadas en plantas. Entonces, cuando estaba en pleno divorcio, recibí un mensaje alto y claro: «Es momento de que desnudes tu alma». Supe que había llegado la hora de derribar los muros que rodeaban mi corazón. Había llegado la hora de desprenderme de mi ego y de descubrir qué me aguardaba al otro lado.

Conocí a Ben poco después de esta experiencia intuitiva. Él había iniciado su propio camino de trabajo con la ayahuasca y me invitó a unirme a él y a su chamán de confianza. Seis meses después de comenzar nuestro viaje juntos, participamos en nuestra primera ceremonia como pareja.

En esas tres primeras noches, me enfrenté cara a cara a mi herida materna. Mientras estaba ahí tendida en el oscuro espacio ceremonial, de repente, el efecto de la ayahuasca me alcanzó y me catapultó a una jungla verde y pantanosa, ruidosa y desconcertante. Se me apareció una espíritu guía que me entregó un machete y me dijo: «¿Estás lista? Vamos a cortar tus cordones ancestrales».

Durante tres noches seguidas, tuve visiones de la vida de mi madre, del dolor y del trauma que había sufrido antes de que yo naciera, y entonces aparecieron dos burbujas, como si mi mente se hubiera convertido en un proyector: a la izquierda estaba mi madre, la mujer que había sufrido experiencias traumáticas durante su infancia, la mujer que estaba perdida y que luchaba para sobrevivir con casi nada y sin nadie que la guiara. A la derecha estaba la madre que me debía algo, la que se suponía que me tenía que querer de un modo concreto pero no lo había hecho, la madre que cargaba con el peso de mis expectativas y de mi decepción. Mi corazón se ablandó, aflojé la tenaza con que me aferraba al resentimiento y pude ver la diferencia entre la mujer y la madre. Pude aceptar que en esta vida no se le había concedido la oportunidad de encarnar el arquetipo de la madre divina. Vi que la mujer no se había iniciado en la maternidad y que aún tenía la capacidad emocional de una niña pequeña. Mi corazón se abrió y me sumergí en la aceptación de lo que me había faltado durante la infancia al tiempo que profundizaba en la compasión respecto a por qué mi madre no me había podido ofrecer esas cosas.

En seis años participé decenas de veces en la ceremonia de la ayahuasca y mis heridas ancestrales se siguieron desvelando en cada una de ellas. La oscuridad me envolvía mientras me enfrentaba al dolor de sentirme sola y al miedo que recorría mi sistema nervioso, ya que la ayahuasca me obligaba a reconocer y a validar mi dolor. Solté la ira y el anhelo de tener un pasado distinto y me dejé abrazar por la divina energía universal superior. Sentí la energía paterna en todos los hombres buenos que se presentaron ante mí durante la ceremonia para ayudarme a volver a la esterilla o que se sentaron junto a mí cuando el miedo me embargaba. Encontré a la madre interior, y encontré a la madre en las plantas, en los árboles y en el agua. A medida que yo sanaba, la herida materna se empezó a cerrar también, sin exigencias y sin expectativas. Vi el poder que surgía de mi compromiso de forjar mi propio camino en solitario.

Hay personas que hemos llegado a este mundo para romper patrones ancestrales de trauma, para poner fin al ciclo de transmisión de dolor, maltrato, adicción y violencia, y para comenzar a transmitir amor, humildad, compasión y verdad. Si tú estás en ese camino ahora, te felicito. Estás haciendo el trabajo más importante. Tus ancestros guía están junto a ti.

Encarnar la energía del arquetipo materno-paterno divino

Tanto si crees que elegimos a nuestros padres antes de nacer en este mundo como si crees que todo es aleatorio, o cualquier otra cosa, el proceso de separación de los cuidadores es una de las vías cruciales al empoderamiento y a la confianza en una misma. Esto significa salir del papel de hija de tus padres y adoptar el de adulta con una capacidad integrada para cuidar de ti, demostrarte amor y confiar en tu instinto.

La energía materno-paterna divina hunde sus raíces en el amor incondicional y está en todas partes; está en la conexión con el Espíritu y con la naturaleza: la tierra, el viento y el fuego, los océanos, los ríos y las montañas… Los seres de cuatro patas, los seres alados, las plantas y los árboles… Todos trabajan para nutrirnos y, algún día, nosotros también volveremos a la tierra. La energía materno-paterna divina está en recordar que el amor no es algo que existe fuera de ti, sino que es todo lo que eres y todo aquello de lo que estás hecha. Puedes conectar con esta energía divina tanto si creciste en una familia monoparental como si lo hiciste con dos madres, dos padres o progenitores no binarios.

Un cálido día de verano, mi amiga Anya se sentó junto a mí en mi cochera, que da a un amplio jardín y a un paisaje arbolado. Empezamos a hablar de nuestros respectivos viajes con la herida materno-paterna y me explicó su historia.

El padre de Anya murió de una enfermedad cuando ella aún era joven. Todo se volvió extremadamente caótico y hablar le resultaba muy difícil. A veces, durante las pausas en la escuela, se alejaba de sus amigas y se sentaba junto a un tulipanero africano, que es un árbol tropical de gran tamaño y con flores de un rojo encendido. Se acostaba bajo las ramas del árbol, entre las raíces, y se sentía abrazada. «Solo tenía trece años, pero era un momento memorable en el que encontraba la paz», me dijo. Me explicó que la naturaleza había sido el templo de su padre y que acostarse bajo las tulipas le «daba la sensación de estar con él».

En casa sentía que no podía expresar ni tristeza, ni ira, ni lo mucho que extrañaba a su padre. Su madre era una persona muy afectuosa, pero estaba tan conectada con sus propias emociones que le resultaba muy difícil ver llorar a su hija. «Mi familia estaba procesando su propio dolor y no creo que tuvieran la capacidad de soportar también el mío, por lo que ese árbol se convirtió en el lugar donde encontrar serenidad de pensamiento y cierta privacidad para estar con mi dolor», dijo.

Anya pasó gran parte de su juventud adulta sumida en la ira y la tristeza de tener que ser «la fuerte» cuando lo que necesitaba más que cualquier otra cosa era un espacio en el cual expresar su dolor. Durante su propio viaje de sanación, fue consciente de la inocencia de su madre y se dio cuenta de que su incapacidad para estar ahí para ella no surgía de la maldad, sino del amor. Y que nunca estuvo sola, ni siquiera en sus momentos más oscuros, cuando estaba en la naturaleza.

De pequeños nos encanta jugar y estar en la naturaleza. Sabemos instintivamente cómo conectar con la energía divina de los elementos. De adultos olvidamos con frecuencia cómo volver a esa fuente innata de sanación. Tanto si lo que nos sostiene durante un momento importante es un tulipanero africano como si son los dedos de los pies que se hunden en la arena, la naturaleza nos recuerda que seguimos aquí y que todo irá bien. La naturaleza es el espacio en el que nos liberamos de la herida materno-paterna y hallamos la paz. Si liberamos a nuestros padres de sus funciones, podemos aceptar que no son más que seres humanos y recuperar nuestro instinto de sanación.

Cómo cultivar la energía materno-paterna divina

Comunícate con tu niña interior

Imagínate en la posición de un padre o madre afectuoso y tierno. Escucha las necesidades y los deseos de tu niña interior. Habla con ella con amor, amabilidad y ternura. Permítele sentir, jugar y expresar libremente su vulnerabilidad.

Usa tu energía con criterio

¿De verdad quieres hacerlo? ¿Estar con esa persona? ¿Mantener relaciones sexuales? ¿Comer esa comida? ¿Necesitas orinar? Son esos pequeños momentos de sintonía con el cuerpo y de satisfacción de las propias necesidades lo que nos ayuda a conectar con esa energía.

Experimenta la energía materna divina en la naturaleza

Todos los elementos son una representación de la madre divina: los océanos y los ríos, los árboles, la hierba y las flores, el viento y el fuego, la tierra y las raíces. Conectar con la energía universal de la madre divina a través de la naturaleza es una manera muy potente de reclamar tu sensibilidad y de sentirnos conectados. Sal a pasear al aire libre y detente a escuchar los sonidos que te rodean. Cierra los ojos y escucha el susurro de la brisa entre las hojas, la danza de los árboles y el canto de los pájaros. Siente las gotas de lluvia, el beso del sol sobre la piel, la nieve en las mejillas. Mete los pies en el río, nada en el mar y siente la tierra bajo los pies descalzos y la conexión con la tierra que te alimenta.

Invoca la energía protectora

La protección es una característica clave tanto de la madre como del padre. Aunque acostumbramos a asociar las cualidades protectoras más con el padre, en la naturaleza, lo último que quieres hacer es molestar a una madre con sus crías. Los protegerá con ferocidad y no se andará con rodeos. El padre y la madre protectores encarnan el fuego. Conecta con tu propia ferocidad para instaurar límites o proteger tu energía.

Pon límites a tu niña interior

Cuando tu niña interior se quiera imponer, contenla con afecto mientras activas tu versión de adulto maduro y no dejes que tu yo infantil tome las riendas de tu experiencia.

Asume la responsabilidad que te corresponde

Toma conciencia del impulso de culpar a otros. Asume la responsabilidad sobre tus pensamientos, tus emociones y tus actos, y guíate hacia la acción intencional.

Sé la autoridad de tu propia vida
No necesitas el permiso de nadie para vivir como quieres vivir. Es tu vida. Puedes pedir opiniones sin dejar de estar conectado con tu verdad personal.

Da prioridad al juego y a la risa
Los seres humanos aprendemos más y mejor cuando reímos. Integrar tu alegría interior y dar prioridad al juego es una de las cosas más importantes que puedes hacer por tu bienestar.

Es posible que cuando conectes con la energía materno-paterna divina, sientas la necesidad de expresar y resolver emociones respecto a tus padres. En este caso, te recomiendo que hagas el siguiente ritual de escritura de cartas. Recuerda que el propósito de este proceso es que asumas la responsabilidad y aceptes la ira, el resentimiento o el dolor que sientes para que los puedas soltar.

No hay atajos a la autoaceptación, así que date permiso para expresarte plenamente en este ritual.

Ritual de escritura de cartas
Escribe una carta a tus padres. Díselo todo, háblales del dolor que te han causado, de todas las cosas que desearías poder decirles y de todas las necesidades que querrías que satisficieran, de todas las maneras en que te han decepcionado, de lo que adoras de ellos y de lo que odias. Sácalo todo. La carta es para ti, no para ellos. Cuanto más profundices, más obtendrás del proceso. Nota: no les envíes la carta bajo ningún concepto. La carta es única y exclusivamente para ti.

Visualización para abrir el corazón. Cuando hayas terminado la carta, siéntate con los ojos cerrados y conecta con la energía de tus padres. Imagínatelos de pequeños, siente su inocencia. Visualiza una neblina verde y rosa que llena el espacio en el que estás y observa cómo emana de tu corazón y se dirige hacia el suyo. Abre un espacio para su inocencia y para la tuya. Permite que la ternura y la compasión surjan de ti con naturalidad y, si lo hacen, deja que permeen todo tu cuerpo energético.

Ritual del fuego. Puedes dejar la carta en tu altar y, cuando estés preparada (quizás en una luna nueva o llena), quémala o métela en una bandeja de agua hasta que se disuelva.

Oración de cierre. Coloca las manos sobre el corazón y llama a la energía materno-paterna divina. En voz alta o mentalmente, di: «Te libero del peso de mis expectativas y de los roles que te he asignado. Estoy dispuesta a ver tu inocencia». Mientras permaneces en este espacio de serenidad, toma conciencia de tu energía y visualízate anclada en la tierra. Invita al divino abrazo del Espíritu para que te sostenga y te cuide. Esta conexión amorosa siempre estará ahí para ti.

COSAS QUE RECORDAR

- Reconocer la herida materno-paterna no significa culpar a los padres.
- No es necesario que compartas el proceso con tus padres. El propósito de este trabajo es que seas tú quien alcance la sanación y la liberación.
- El cierre de la herida materno-paterna es un trabajo lento y gradual que exige que sientas tus emociones y que acabes encontrando el camino a la aceptación y al perdón.
- Muy pocas personas crecen con padres comprometidos con su propio trabajo interior. Por lo tanto, la mayoría de los padres carecen del lenguaje necesario para mantener conversaciones difíciles contigo.
- Tus padres son seres humanos con sus propias carencias, traumas pasados y bloqueos. Que fueran incapaces de estar ahí de la manera en que necesitabas que estuvieran no es un reflejo de tu valía.
- Puedes experimentar sanación, transformación e incluso una mejora en la relación con tus padres si cambias tu relación con ellos en tu corazón y en tu mente.
- Puedes conectar con la energía materno-paterna más allá de tus padres. La hallarás en la naturaleza y en tu interior si aprendes a cuidar de ti misma y de tu corazón, a poner límites y a respetar a tu voz interior.
- Conectar con la energía materno-paterna divina es una maravillosa manera de conectar con el amor universal y con la naturaleza. Recuerda que no estás sola.
- Puedes hacer el ritual de la escritura de cartas tantas veces como sea necesario. No esperes sentirte completa haciéndolo una sola vez.

El perdón es para ti, no para ellos.
Tu experiencia emocional es válida, pero es posible
que nunca recibas la validación externa que anhelas.
Sánate igualmente.
Tú escribes tu historia.
Y nunca es demasiado tarde para escribir algo nuevo.

CAPÍTULO 7

El perdón y la aceptación

De pequeña, Dakota tuvo una relación muy estrecha con su padre. Al salir de la escuela, le encantaba pasar la tarde con él, explicarle cómo le había ido en el día y que él le explicara historias de sus años trabajando en una granja. Muchas veces, en lugar de salir a jugar con los niños del barrio, prefería quedarse con él y arrancar juntos las hierbas malas del jardín.

Sus padres no tuvieron un matrimonio muy feliz. No se peleaban, pero tampoco se tocaban, apenas pasaban tiempo juntos y ni siquiera dormían en la misma habitación. Cuando Dakota tenía nueve años, su padre hizo una maltrecha maleta azul, llenó su camioneta de cajas de cartón y se fue. Durante unos meses, la llamó para preguntarle cómo le iba en la escuela, pero, al final, las llamadas se fueron espaciando hasta que perdieron por completo la relación tan estrecha que habían mantenido hasta entonces.

A los veintiocho años, Dakota salía con Jacob, que viajaba con frecuencia por trabajo y se ausentaba durante semanas seguidas. Todas las vísperas de cada viaje de trabajo, ella lo atacaba y, con frecuencia, provocaba peleas importantes. Odiaba que tantas de sus últimas noches juntos acabaran en conflicto, pero, a pesar de que anhelaba sentirse conectada con él, el orgullo la llevaba a encerrarse en sí misma y a no dirigirle la palabra hasta que se iba a la mañana siguiente.

Era un patrón destructivo y quería ponerle fin. Con el tiempo se dio cuenta de que el pánico embargaba a su niña interior cuando veía a Jacob prepararse para el viaje, porque la herida del abandono de su padre se reabría cada vez que él se preparaba para viajar. Si quería estar presente con su pareja, Dakota tenía que hacer las paces con su padre y dejar ir el resentimiento del pasado, un peso con el que había estado cargando hasta el momento. Empezó a trabajar con su niña interior, aprendió a calmarse sola y le escribió varias cartas a su padre, que luego puso en el altar y quemó. Con el tiempo pudo perdonar a su padre por haberse ido del modo en que lo hizo y, aunque aún se emocionaba cuando pensaba en él, ya no sentía la necesidad de abandonar su propio cuerpo. Ahora aceptaba su propia historia y, en ocasiones, incluso sentía agradecimiento por la oportunidad de forjar una conexión tan maravillosa consigo misma a medida que sanaba.

Poco a poco, Dakota aprendió a mostrarse vulnerable y a centrarse en la relación con Jacob las noches previas a sus viajes de trabajo. En lugar de atacarlo y alejarlo, descubrió que en aquellas noches que pasaban juntos reinaba la intimidad y la conexión entre ambos. Perdonar a su padre le permitió encontrar un espacio de seguridad y de profundidad en su interior. Al cabo de un tiempo, Dakota bajó sus barreras y empezó a confiar en la vida, sabiendo que, en tanto que adulta, ya no la podían abandonar. Ahora sabía que estaría bien incluso si su pareja decidía emprender otro camino.

«Perdonar» es una palabra con una gran carga emocional y significa algo distinto para cada persona, en función de las experiencias pasadas y de la gente con la que estemos. Consiste en ver la inocencia debajo de cada una de las capas de dolor. El perdón es un camino de comprensión espiritual y de aceptación. No se trata de perpetuar o aceptar una mala conducta ni de justificar los actos de los demás, sino que nos aporta un contexto más profundo de la experiencia humana y nos ofrece una manera de liberar el corazón: liberarlo de la ira, de la amargura y del resentimiento.

Sin embargo, cerrar esas heridas requiere tiempo. Es un proceso lento y no lineal que exige mucho valor a quien lo emprende. Es normal sentir resistencia a esa parte del trabajo y tener miedo a soltar. El camino al perdón puede dar miedo porque significa que, inevitablemente, tendremos que sentir todo el dolor y la tristeza en lugar de parapetarnos detrás de la ira y de la culpa.

Aunque la ira justa es un elemento necesario y vital para el proceso de duelo, no podemos permanecer en esa energía para siempre. Sin las últimas etapas en que nos ablandamos, regresamos al corazón y encarnamos el perdón, permanecemos atrapadas en nuestra historia y el sufrimiento no termina jamás. La vulnerabilidad es la puerta que nos empodera.

El perdón es una puerta a la libertad

¿Alguna vez pasaste la noche en vela, acostada en la cama dándole vueltas a algo que otra persona te hizo durante el día y que te molestó o te dolió? ¿Alguna vez te quedaste bajo el agua de la regadera y pensaste en todo lo que le dirías a esa persona si pudieras?

Si queremos mantener relaciones sanas, tenemos que ser capaces de perdonar las faltas menores. Las personas nos hacemos daño sin querer todo el tiempo y es vital que sepamos cuándo perdonar. Muchas veces hay una historia detrás de la dificultad para perdonar las cosas de poca importancia. Cuando nos resulta más fácil criticar a los demás o rendirnos que intentar reparar la relación, es muy probable que nos estemos aferrando a la ira del pasado, que nos impide forjar relaciones armoniosas en el presente. Quizás hacemos afirmaciones generales como que «todo el mundo» es de esta o aquella manera, o vemos a los demás desde un prisma cínico y esperamos que todo siga saliendo siempre como ha salido hasta ahora.

La sensación de traición o la ira derivadas de situaciones pasadas pueden dominar nuestra existencia presente y mantenernos en un patrón de culpa, resentimiento y caos interno. Y aunque quizás querríamos que el otro se hiciera responsable de sus actos antes de soltar la ira que nos ha provocado, lo cierto es que, por duro que sea, somos nosotras, y no los demás, quienes pagamos un precio muy elevado por aferrarnos al resentimiento. **Las relaciones aún sin sanar y sin resolver con nuestros progenitores, hermanos, exparejas y examigos permanecen, acechantes, en las profundidades de nuestro mundo emocional.**

Al igual que Dakota con su padre, cuando nos aferramos a la ira hacia alguien, le abrimos las puertas de nuestra mente, que ocupa sin pagar renta y desde donde afecta a nuestra vida externa sin que nos demos cuenta. Así que seguimos sufriendo, mientras él o ella es totalmente ajeno a cómo nos ha afectado. Piensa en el proceso de perdón y aceptación como en un desalojo. No seremos libres mientras sigamos aferrados al resentimiento y revivamos una y otra vez los eventos pasados en nuestra mente.

A veces, en el proceso de seguir adelante, empujamos a la oscuridad a nuestros enemigos y a los recuerdos que los acompañan y, en realidad, no los dejamos ir. Si cada vez que piensas en una persona o en una experiencia te sientes invadido por emociones negativas, es porque se trata de un recuerdo «cargado». Y lo que esa «carga» te dice es que la persona o la situación sigue ejerciendo cierto poder sobre ti. Sin que lo sepas, es muy posible que esa persona siga influyendo en tu realidad actual. El resultado de darle esa energía inconscientemente puede ser ansiedad, agotamiento y tensión corporal.

Perdonar es más que hacer las paces con el pasado. A veces, el perdón es, y debe ser, egoísta. El propósito de perdonar es recuperar nuestra energía y dejar de dársela a alguien que no merece que le demos ni los buenos días. Se trata de deshacernos de todo lo que nos pesa y de abrir espacio en nuestra conciencia a algo o a alguien que lo merece mucho más.

Cuando tomes conciencia de las relaciones sin resolver en tu historia, recuerda que no necesitas nada de esas personas para sanar la relación. No es necesario que te pongas en contacto con tu ex ni con tus padres para pedir respuestas, dar explicaciones o darle vueltas al pasado con personas a las que no ves o con las que no hablas desde hace tiempo. Acude a personas de tu pasado solo si hay una oportunidad clara para ello y si realmente te parece congruente hacerlo. Recuerda que vas a soltar el pasado por ti, no por ellos. El perdón es el camino a la libertad interior y amplía nuestra capacidad para abrirnos al amor, para confiar en nosotras mismas y para experimentar la profundidad y la belleza que la vida nos ofrece.

Sesión de escritura en el diario: ¿A quién llevas contigo?

Busca un lugar tranquilo y reflexiona durante diez o quince minutos. Haz una lista con todas las personas que aún te provocan ira, resentimiento o sentimientos sin resolver. ¿Hay alguien que te haya hecho daño y a quien sigas llevando contigo en el corazón y en la mente? Guárdate la lista, porque la necesitarás para el ritual de perdón que encontrarás más adelante en este mismo capítulo.

Aceptar lo imperdonable

A medida que mi perspectiva fue madurando, se me hizo más fácil perdonar y sentir compasión por mi madre. Pude ver el trauma y el maltrato que cargaba en su cuerpo desde la infancia y, en lugar de lamentar lo que no había recibido de ella, empecé a lamentarme por ella. Sentí dolor por todas las maneras en que su propia madre le había fallado, maneras que iban mucho más allá de cualquiera de las experiencias que había vivido yo. Entonces, me di cuenta de que, a pesar de que había podido perdonar a mi madre, me seguía aferrando a la rabia y al resentimiento hacia mi abuela, por todo el dolor que había causado.

Mi abuela era una maltratadora cruel y mentalmente desequilibrada que había cometido actos indescriptibles. Me era imposible entender las atrocidades que había perpetrado contra su propia hija y no podía conectar ni con la compasión ni con la comprensión con respecto a ella. Había perpetrado actos demasiado atroces. Me era absolutamente imposible encontrar sentido alguno a lo que había hecho.

Hay cosas imperdonables. Es legítimo enojarse cuando alguien cruza los límites. Es legítimo buscar justicia. Y es legítimo eliminar de nuestra vida la energía de las personas que nos han hecho daño. No tenemos por qué curarlas con nuestro amor ni salvarlas de su dolor. Ese trabajo les corresponde a ellas, no a nosotras. Desde esa postura, podemos avanzar hacia la aceptación.

La aceptación es clave porque, sin ella, nos ponemos trabas a nosotras mismas. Rumiamos, deseamos volver atrás, nos sumimos en el remordimiento o en el deseo de venganza, y vemos el mundo desde una perspectiva muy negativa. Cuando reconocemos que lo que sucedió no estaba bien al tiempo que elegimos abrirnos a nuevas posibilidades, nos regalamos la oportunidad de volver a vivir con el corazón abierto.

La aceptación no es tanto ver la inocencia del otro o entender el origen de sus actos como la voluntad de reconocer el pasado por lo que es, sabiendo que no podemos reescribir la historia ni cambiar cómo son las cosas. Con la aceptación podemos integrar la realidad y tomar la decisión consciente de ver lo bueno que hay en el mundo.

PERDONAR O ACEPTAR NO SIGNIFICA...

- Que tengas que volver a dejar entrar en tu vida a esas personas.
- Que les tengas que dar una segunda (o tercera, o cuarta) oportunidad.
- Que lo que hicieron está bien y ya no son responsables.

- Que minimices el incidente doloroso.
- Que no tengas derecho a sentir lo que sientes por lo que sucedió.

PERDONAR O ACEPTAR SÍ SIGNIFICA...

- Que aceptas que no se puede cambiar lo que ya ha pasado.
- Que tus sentimientos son válidos y que ahora puedes sentir algo distinto.
- Que te quieres liberar de seguir reproduciendo el incidente una y otra vez en tu mente y en tu sistema nervioso.
- Que quieres dejar de dar poder a esas personas, aferrándote a la ira y al miedo en el cuerpo.

NO HACE FALTA QUE SUELTES EL RESENTIMIENTO HASTA QUE NO ESTÉS PREPARADA

Vivimos en una cultura que corre acelerada hacia la línea de meta y que limita el tiempo que concede al dolor.

Sin embargo, no tienes por qué avanzar y sentir nada que no sea lo que está presente para ti ahora.

Te puedes aferrar hasta que estés preparada para dejarlo ir.

Deja espacio a la ira, a la rabia y a la tristeza.

No hay objetivos ni metas que alcanzar en el proceso de dejar ir.

Lo único que has de hacer es sentir hasta lo más profundo de tu ser.

Buscar de la manera en que tu alma quiera buscar, explorar lo que quieras explorar.

Y descansar hasta que el corazón y el cuerpo no necesiten
el silencioso invierno que el dolor trae consigo.

No escuches a los idealistas espirituales que te dicen
que las emociones de «baja vibración» crean tu realidad y que tienes
que pensar en positivo, que tienes que «soltar».

Aférrate.

Aférrate y permítete vivir esta experiencia.

Deja ir poco a poco, suelta con intención, con cuidado.

Soltar es una ceremonia. Es dejar ir las esperanzas, los sueños,
el amor y la vida que hemos perdido.

Aborda el proceso con respeto. Suelta poco a poco.

La paz llegará.

Las ocho etapas del perdón

Al igual que el duelo y el dolor, el perdón llega por fases. En cierto modo, cuesta separar el proceso de duelo del proceso de perdón, porque también pasamos por la negación, la ira, la negociación, la depresión y la aceptación antes de poder hacer las paces con nuestro pasado.

Etapa 1. Aceptar lo que ha pasado
¿Vives en tu cabeza o en tu cuerpo? A veces, cuando nos hacen daño, abandonamos el cuerpo y nos encerramos en nosotras mismas para evitar sentir el dolor y la ira. Cuando emprendas el cami-

no hacia el perdón, tendrás que regresar al cuerpo y aceptar cómo te sientes en relación con lo sucedido.

Etapa 2. Sentir la ira y el dolor

No nos podemos saltar el proceso de sentir las emociones que suscita aquello que nos ha ocurrido. La ira y el fuego son tan aceptables y merecedores de atención como el amor y el perdón. Conectar con lo que sentimos es lo que nos permite avanzar por el túnel de sanación. No podemos dejar piedra sin levantar. Estés donde estés en tu viaje de sanación, debes saber que:

Tu ira es importante.
Tu tristeza es bella.
Tu voz merece ser escuchada.
Tu corazón es inocente.
Puedes volver a tu yo real con total seguridad.

Etapa 3. Conectar con el dolor subyacente

En el capítulo 3 hablábamos de conectar con la emoción que subyace a otra. Lo más probable es que haya capas de realidad emocional con las que debas conectar y que debas reconocer antes de poder soltar. Cuando sientas emociones defensivas, como la ira o el resentimiento, explora qué puede haber debajo de ellas hasta que alcances un estado de vulnerabilidad.

Etapa 4. Conectar con el pasado

Explora en qué medida esta situación te recuerda a algo que sucedió en el pasado, quizás durante la infancia. De ser así, ¿podría ser que soltar te resulte más difícil porque el dolor de la traición hunde sus raíces en lo más profundo de tu historia? ¿Qué representa esa persona para ti? Si necesitas más ayuda para explorar estas cuestiones, la encontrarás en el siguiente capítulo, que trata de cómo entender tus proyecciones.

Etapa 5. Empatizar con tu propio dolor

Cuando alguien nos hace daño o nos traiciona, anhelamos contar con alguien que empatice con nuestra experiencia. Queremos que nos vean, que nos entiendan. En el proceso de encontrar el perdón, tenemos que practicar la empatía hacia nosotras mismas y prestar atención a nuestra niña interior. Para entablar este diálogo contigo misma, puedes colocar las manos sobre el corazón y preguntarle a tu niña interior: «Si pudieras hablar conmigo, ¿qué me dirías?». Deja hablar a tu corazón y escucha atentamente.

Etapa 6. Validar tu realidad

Avanzar puede resultar extraordinariamente difícil si nos hemos sentido invalidadas en nuestra experiencia. Puede ser valiosísimo trabajar con un guía o un terapeuta en quien confiemos y que nos pueda ofrecer empatía y validación durante el proceso. Sin embargo, si no tienes a alguien así en tu vida, quizás sea porque esperas recibir la validación de alguien que, sencillamente, no te la puede ofrecer. Aprender a validar nuestras propias experiencias es importante, porque nos permite confiar en nosotras mismas y avanzar a nuestro propio ritmo en el camino a la sanación. Practica la autovalidación con algunos de los mantras siguientes:

> «Siento___ y está bien».
> «Puedo sentir ___ y___ a la vez».
> «Tengo derecho a sentir lo que siento en esta situación».
> «Hice lo mejor que pude en esta situación».
> «Acepto la ira».
> «Acepto el dolor de la pérdida».
> «Acepto la tristeza».
> «Merezco sentirme en paz».

Etapa 7. Aceptar la nueva realidad

Todo conflicto, cambio significativo o alteración en nuestra vida viene acompañado de una nueva realidad. Eso es lo único seguro, tanto si aceptamos el cambio como si lo rechazamos. Cuando hayas superado las fases anteriores, aceptar la nueva realidad te será mucho más fácil. Si detectas una gran resistencia a aceptar la realidad presente, es posible que necesites trabajar más las fases anteriores para darte más espacio en donde puedas procesar la ira, el resentimiento o el dolor residuales. Recuerda que no hay prisa. No eres ni mejor ni peor que nadie si tardas más que esa amiga que lo superó en una semana.

Etapa 8. Encontrar la paz

Cuando hayas superado de verdad las fases anteriores, hallarás la paz de forma natural. Es muy posible que, a medida que avanzas, te des cuenta de cierto vaivén entre sentir que has completado el proceso y el regreso de brotes de ira o de dolor. Es normal y no significa que estés retrocediendo. Son muchos los motivos por los que pueden aflorar nuevas capas para que las puedas liberar, así que date espacio para que eso suceda y observa con curiosidad cómo se desenvuelve el proceso.

El ritual de perdón

Este ritual te ayudará a avanzar en el proceso de perdón. *(Como todos los rituales basados en cartas que encontrarás en el libro, esta carta es solo para ti. No se la envíes al destinatario.)* Recupera la lista de personas con las que aún tienes que trabajar el perdón. Elige a una para llevar a cabo este ritual.

Escribe una carta a esa persona del pasado

- Dile todo lo que le quieras decir; no te contengas, ni siquiera si son palabras llenas de rabia.
- Sé tan realista como te sea posible. Recuerda que es un proceso terapéutico para TI y para nadie más que tú.

- Es posible que la carta refleje una combinación de ira y de tristeza intensas. La traición duele más cuando le hemos abierto el corazón a alguien (expareja, padre, madre, amigo) y nos arrojan ese amor a la cara.
- Escribe todo lo que querías de él o ella y todas las maneras en las cuales te ha decepcionado.

Completa estas frases
Aunque puedes escribir la carta siguiendo tu propio formato, las frases siguientes te pueden ayudar mucho a profundizar.

Estoy enojada contigo porque…
Te odio porque…
Te quiero porque…
Lo que quiero de ti es que…
Tengo miedo de…
Te quiero decir que…
Mi papel en la relación fue…
Te culpo de…
Asumo la responsabilidad de…
Estoy dispuesta a aceptar que…
Me perdono por…
Estoy dispuesta a liberarte de…

Al igual que sucede con la carta que escribiste en el capítulo seis, puedes esperar a estar preparada y quemar la carta en una ceremonia de purificación. La puedes depositar en el altar hasta que sientas una auténtica sensación de paz, aceptación y voluntad de dejar ir.

COSAS QUE RECORDAR

- El perdón es para ti, para nadie más.
- El perdón puede mejorar tu bienestar físico: dormirás mejor, tendrás más energía y habrá más apertura en tu cuerpo.
- El perdón te devuelve el timón y te proporciona libertad interior.
- El perdón no siempre equivale a la reconciliación.
- A veces, el perdón se parece más a la aceptación, para que puedas avanzar.
- No te puedes saltar etapas en el proceso de perdón. Todas las etapas en el camino son valiosas (dolor, ira, aceptación, paz).
- No hace falta que sueltes nada antes de estar preparada. Te puedes tomar tu tiempo.
- El perdón es un proceso orgánico, no lo fuerces.
- La paz es el resultado final de avanzar auténticamente por las etapas del perdón.

TERCERA PARTE

EXPLORA TUS PATRONES DE RELACIÓN

Nuestra pareja no es nuestro padre o madre,
y tampoco nuestro hijo o hija. Para ascender al amor,
lo tenemos que liberar de nuestros patrones
y de nuestras etiquetas y dejar espacio al misterio.

CAPÍTULO 8

Entender las proyecciones

Aprender a confiar y abrir las puertas al amor no es fácil si, históricamente, hacerlo no ha sido seguro. Por ello es absolutamente normal que actuemos con precaución si en el pasado nos hicieron daño o nos traicionaron. De no ser por la capacidad de protegernos, no habríamos evolucionado ni llegado a donde estamos hoy. Sin embargo, ese mismo instinto de conservación nos puede alejar de la intimidad y de la conexión verdaderas.

Mantenemos a distancia al amor cuando proyectamos a las personas que nos hicieron daño en el pasado en las personas que nos intentan amar en el presente. Cuando el dolor del pasado tiñe la realidad actual, quedamos atrapadas en las proyecciones. Para liberarnos, tenemos que aprender a bajar el volumen de las falsas alarmas de modo que nos permitan ver las cosas con claridad. También tenemos que aprender a generar la sensación de seguridad en el cuerpo, para que nos podamos sentir cómodas al bajar las barreras defensivas.

Aunque tengamos al amor delante de nuestras narices, nos será imposible verlo si seguimos atrapadas en nuestras proyecciones. Cuando proyectamos, las demostraciones de amor pueden resultar asfixiantes, los intentos de conectar nos pueden parecer intentos de controlar, el menor malentendido resulta devastador y el clima general de la relación es inestable. Por otro lado, es posible que hayamos normalizado las relaciones disfuncionales y que nos sintamos atraídas por personas peligrosas o que nos hacen daño, porque eso es lo que conocemos. También podemos tener dificultades para gestionar el conflicto o superar dificultades sin que el peso del pasado nos arrastre de nuevo al territorio del caos emocional.

La manera de escapar de este patrón no es evitar las relaciones en general, imponer límites rígidos que impidan la intimidad o poner a prueba al otro hasta que le colmamos el vaso. La salida está en nuestro propio proceso de sanación. Evitar el dolor no es la manera de dejarlo atrás, sino que nos curamos sentándonos en el fuego y permaneciendo con la intensidad que surge en nuestro interior a medida que aprendemos de nuevo qué significa volver a abrir el corazón y confiar.

El pasado conforma gran parte de nuestra identidad presente. Sin embargo, este proceso consiste en aceptar el misterio de la vida retirando las capas de la realidad conocida para dejar espacio a algo más amplio. Permite que este proceso reorganice tu condicionamiento para que seas tú, y no tu pasado, quien está a cargo de tu futuro.

Cómo afectan las proyecciones a nuestras relaciones

¿Qué son las proyecciones, exactamente? Son el desplazamiento de una emoción y, con frecuencia, se ocultan en nuestra conciencia, de modo que identificarlas puede ser complicado. Proyectamos cuando vemos una cualidad que existe en nosotras o en alguien del pasado y se la atribuimos a otra cosa o persona.

Con las proyecciones vemos lo que estamos programados para ver. Por ejemplo, quizás saltamos con facilidad cuando nuestra pareja dice o hace algo que nos recuerda a algo de nuestra historia y, entonces, le atribuimos todas las señales de alerta. Nuestra pareja afectuosa se esfuma en un abrir y cerrar de ojos y vemos en él o ella a todas las personas que nos han hecho daño a lo largo de nuestra vida. Si crecimos con un padre o una madre que manifestaba la ira de formas peligrosas, es posible que nos volvamos hipervigilantes cuando personas próximas a nosotras expresen ira. Cuando proyectamos, incluso ver a alguien que nos recuerda a nuestra expareja puede hacer que sintamos un rechazo inmediato o, por el contrario, que sintamos una atracción irrefrenable. Cuando discutimos con nuestra pareja, quizás resulte que las quejas que le dirigimos sean aplicables a situaciones que vivimos con nuestros padres en el pasado. Quizás tengamos delante a alguien comprometido y honesto, pero nos resulte imposible confiar en él o ella porque otra persona nos hizo daño en el pasado.

Gran parte del caos y del dolor que sentimos en las relaciones tiene su origen en el dolor sin procesar de nuestra historia anterior.

Mantener alejado el amor

La primera novia de Harley le fue infiel cuando las dos aún iban al instituto. Ahora, y a pesar de que su novia actual, Kim, era una persona segura y digna de confianza, Harley tenía arrebatos de celos cada vez que Kim hablaba con otra mujer. La situación era muy frustrante para Kim, que no había hecho nada que justificara la falta de confianza en la relación y que sentía cómo se reactivaba la antigua sensación de no ser entendida y sí ser acusada de cosas que no había hecho, un patrón recurrente en su propio sistema familiar. Cuando Harley tomó conciencia de que proyectaba sobre Kim la ruptura de la relación en el instituto, se abrió una puerta que les permitió hablar acerca de sus respectivas historias familiares. En consecuencia, ambas se sintieron más comprendidas y pudieron entender la proyección tal como era y desarrollar la capacidad de responder en lugar de reaccionar en los momentos complicados. Harley aprendió a pedir que la tranquilizaran con afecto cuando lo necesitara y Kim pudo practicar estar presente en lugar de ponerse a la defensiva cuando Harley manifestaba sus miedos.

Cuando no perdonamos o no hacemos las paces con nuestras heridas, nuestra pareja puede representar inconscientemente una figura del pasado, que normalmente es un cuidador, como nuestros padres, pero que también podría ser un hermano o un maestro. Proyectamos la creencia de que no podemos confiar en las personas que hay en nuestra vida, de que no son de fiar o de que no están disponibles emocionalmente, como sucedió con esas personas en nuestro pasado.

Las proyecciones son un mecanismo de defensa, una de las maneras en que el ego nos protege de las emociones dolorosas. Sin embargo, las proyecciones también nos protegen del amor.

Si el objetivo del corazón es la proximidad y la unión, el del ego es la separación. Piensa en el ego como en un perro guardián interior. Si conociste a perros rescatados que sufrieron situaciones traumáticas, es posible que te hayas dado cuenta de que son o extremadamente tímidos o extremadamente agresivos, y ladran y muerden aunque no haya ninguna amenaza real. Necesitamos paciencia y tiempo para enseñarles que no hace falta que estén continuamente en tensión ni en una actitud reactiva. Y eso es exactamente lo que nos sucede cuando entramos en una relación cargadas con el peso de traumas no curados a nuestras espaldas. En cierto sentido, trabajar con el ego es como educar a un perro guardián interior para ser protector cuando es necesario y mostrarse afectuoso, tranquilo y acogedor el resto del tiempo.

El ego no es malo. De hecho, es fundamental para la supervivencia, porque es lo que nos permite relacionarnos con la realidad de un modo funcional. Durante la infancia, no empezamos a tener conciencia del tiempo y del espacio ni a formarnos una identidad propia hasta que el ego se empieza a desarrollar. Sin embargo, cuando nos hacen daño, el ego se excede en sus funciones y adopta el papel de defensor, protector y competidor a ultranza. El objetivo no es erradicarlo ni destruirlo, sino integrarlo y darle espacio para existir, pero sin darle un cargo de liderazgo ejecutivo en nuestra vida y en nuestras relaciones.

Cuantas más evidencias hayamos acumulado en el pasado de que la vulnerabilidad es peligrosa, más nos defenderá el ego, alejando a los demás y cerrándonos el corazón. Si nos damos cuenta de que nos estamos autoprotegiendo, tenemos que practicar la toma de conciencia y detenernos un instante antes de actuar. Hay veces en que protegernos es vital, pero en las relaciones íntimas, cuando nos hemos comprometido con el amor, el ejercicio devocional consiste en ahondar en ellas abriendo el corazón.

Ver la realidad a través de un cristal guionizado
El hijo pequeño de Yasuko hacía berrinches que a ella le recordaban a la ira de su propia madre. Eso la afectaba muchísimo y le impedía mostrarse tan afectuosa y comprensiva como hubiera deseado. Cuando el niño hacía un berrinche, Yasuko reactivaba dinámicas pasadas con las que solo conseguía distanciarse más, y lo criticaba y rechazaba. Durante nuestras sesiones juntas hizo un trabajo interior en relación con su herida materna. Con el tiempo pudo mantener la calma cuando su hijo hacía un berrinche y verlo como un niño pequeño que necesitaba ayuda en lugar de proyectar a su madre en él. Yasuko recuperó su papel de adulta en lugar de colocarse como una niña en la situación, y aunque su hijo siguió haciendo uno que otro berrinche, lo pudo ayudar a calmarse en lugar de reaccionar como había hecho hasta entonces.

Cuando proyectamos, imponemos a la otra parte un «papel» que encaja en la historia que nos estemos contando. Podría ser el papel de Acosador, de Madre Airada, de Padre Ausente, de Maestro Desaprobador o de cualquier otra figura de nuestra historia. En nuestras relaciones, muchas veces creemos que discutimos por algo, pero, en realidad, nos peleamos por algo mucho más antiguo y profundo: la sensación de no ser escuchadas o de que nos faltan al respeto, de no ser importantes o de que nos dejan al margen, como cuando éramos pequeñas.

Mientras sigamos intentando cerrar ese ciclo inconscientemente, reviviremos la experiencia una y otra vez, con la esperanza de que, quizás esta vez, el final será distinto. Sin embargo, si queremos que el final sea distinto, tenemos que estar en el presente y ver a las personas tal como son en lugar de castigarlas por el dolor que nos infligieron otros.

CÓMO SE PUEDEN MANIFESTAR LAS PROYECCIONES

- Asumir que tu pareja actual se comportará como lo hizo alguien de tu pasado, como tu madre, tu padre o un ex.
- Miedo a ser controlada en las relaciones porque un cuidador fue controlador en el pasado.
- Reacciones intensas o negativas ante algo que hace el otro porque conecta con una experiencia pasada dolorosa.
- Esperar inconscientemente que tu pareja te rescate o te cuide (proyección de un cuidador ausente sobre la pareja).
- No tolerar la tristeza de un amigo o de tu pareja porque la depresión impidió que tu padre o tu madre estuvieran disponibles emocionalmente.
- Castigar inconscientemente a tu pareja actual o a un amigo por algo que sucedió en el pasado con otra persona.
- Reactividad ante alguien que te recuerda a una persona que te hirió en el pasado.
- Poner a otros en un pedestal. Pensar que eres mejor o peor que los demás.

¡No es por la Nespresso!

Te contaré una anécdota divertida acerca de una gran pelea que tuve con Ben por Navidad hace unos años. A lo largo de la relación ya habíamos tenido que superar varios malentendidos respecto a los regalos, y lo cierto es que todos tienen su historia. Aunque ahora nos reímos al recordarlo, como seguramente ya sepas, estas anécdotas no siempre parecen tan divertidas en el momento en que suceden.

Faltaban unos meses para Navidad y estaba sentada a la mesa cuando le dije a Ben: «Creo que quiero una cafetera buena para Navidad. —Busqué una Breville maravillosa (y a un precio razonable) en internet y se la enseñé—. ¡Como esta!».

Ben me preguntó si no me parecía bien una Nespresso y le respondí que no me regalara una Nespresso jamás de los jamases. «¡Las odio!», exclamé.

Pasaron los meses y, para ser sincera, no volví a pensar en la conversación. Entonces, el día de Navidad, le sugerí que abriéramos los regalos mientras esperábamos a que llegaran sus padres. Tenía la sensación de que sería mejor que lo hiciéramos sin testigos. Insistió en que esperáramos y que los abriéramos todos juntos, así que acepté a regañadientes.

Llegaron mis suegros, cenamos y, entonces, abrimos los regalos. Ben me había escrito una postal maravillosa y, mientras la leía, sentí que el corazón se me inundaba de amor. Si ese hubiera sido mi único regalo, habría sido perfecto. No habría necesitado nada más. A continuación, puso una caja enorme sobre la mesa. Desgarré el papel de regalo y... adivinaste. ¡Era una Nespresso! Lo primero que pensé fue que tenía que ser una broma, porque era imposible que me hubiera comprado justamente lo que le había dicho que no quería ver ni en pintura. Sin embargo, al ver cómo me miraba con los ojos brillantes y una gran sonrisa en el rostro, me di cuenta de que, efectivamente, lo que había dentro de la caja era una Nespresso. Me desplomé e intenté actuar sorprendida delante de mi público.

Justo cuando pensaba que la parte de los regalos de la noche había llegado a su fin, se levantó y, cuando miré a mis espaldas, vi que en el suelo había una cobija que cubría aún más regalos. Retiró la maleta y… ¿adivinas qué había debajo? Cajas y cajas de decenas de cápsulas de Nespresso… ¡Decenas! No supe qué decir, así que me limité a salir de la sala mientras Ben y su padre armaban la máquina.

Más tarde esa noche salimos a pasear y peleamos… o, para ser más precisa, peleé yo solita. Estaba tan enojada que no podía parar de llorar por el regalo, estaba furiosa. Aunque sabía que sus intenciones eran buenas, en ese momento estaba muy distraída por mi propia historia interior.

¿Por qué te lo cuento? Porque mi furia no tenía nada que ver con la Nespresso. Como dije antes, me hubiera quedado encantadísima solo con la postal. No era por el regalo, sino por la sensación antigua y dolorosamente familiar de ser invisible, de no sentirme escuchada.

Cuando me regaló algo que le había pedido específicamente que no me regalara, me sentí invisible, lo que despertó a mi niña interior que no se había sentido escuchada durante la infancia. Pasar de una casa de acogida a otra cuando era pequeña, que los maestros me dijeran que era «mala» por estar en esos centros de acogida o no poder jugar con algunos amigos porque sus padres pensaban que era una mala influencia había dejado una huella profunda en mí. Incluso ahora, después de haber hecho tanto trabajo de sanación, soy sensible a la sensación de no ser entendida, de no ser vista y de no ser escuchada.

De no ser por todo mi bagaje, quizás me habría reído, le habría dado las gracias y después le habría dicho que el regalo no me gustaba nada. Sin embargo, la situación conectó con una herida muy antigua que, evidentemente, seguía muy viva en mí. Me suscitó emociones tan intensas que me hicieron perder de vista la realidad y me llevaron a creer que teníamos un problema muy grave en la relación cuando la verdad es que Ben me quiere. A veces se olvida de cosas, como nos sucede a todos, pero eso no es un reflejo de lo que siente por mí ni de su voluntad de seguir cultivando el amor entre nosotros.

La Nespresso confirmó mi guion de que las personas más próximas a mí no me ven y encajó a la perfección en mi historia. Durante la pelea, creo que repetí en varias ocasiones: «Nunca me escuchas» y «siempre me…». Y no es que no tuviera razón al enojarme porque Ben no me hubiera escuchado, sino que, cuando proyectamos, la carga emocional que acompaña al conflicto acostumbra a ser desproporcionada, genera desconexión y nubla nuestra capacidad para expresar lo que sentimos en realidad. Si queremos gestionar los conflictos de buena manera y comprensión, tenemos que llevar conciencia a nuestra historia y a la de las personas que amamos, para podernos relacionar desde un corazón claro.

Qué hacer con las proyecciones

Cuando proyectamos, el sistema nervioso se activa y el ego nos apresa con fuerza. Nos ponemos a la defensiva, nos empecinamos, desconectamos, despreciamos, evitamos, nos angustiamos e incluso somos crueles. Da igual lo que diga o haga el otro. Si lo miramos a través de una lente del pasado, no hay nada que hacer. Esto significa que podemos transformar mentalmente a alguien en nuestro enemigo y alejarlo de nosotros cuando lo que queremos en realidad es que se acerque.

El primer paso para sanar las proyecciones es cultivar la capacidad de permanecer con el malestar cuando surja. Detectar la proyección en el acto acostumbra a ser complicado, porque el detonante nos parece tan real que justificamos nuestra reacción. Cuando la intensidad de la emoción nos supera, intentamos aliviarla o hacer que sea problema del otro. Por el contrario, si permanecemos con las sensaciones corporales y les ponemos nombre en lugar de proyectarlas con un lenguaje acusador, con críticas o con una actitud defensiva, podemos transformar un recuerdo doloroso en un momento terapéutico. Un momento en el que podemos dejar ir el pasado y crear la conexión y la intimidad que queremos en realidad.

Detenernos unos instantes nos puede dar el nivel de conciencia necesario para darnos cuenta de que estamos proyectando y así volver a centrarnos. De este modo, tendemos un puente entre nuestro yo pasado y nuestro yo futuro y les decimos al cuerpo y al cerebro que estamos a salvo. La persona que tenemos delante hoy no es nuestro padre, madre, maestro o cuidador. Es posible que refleje conductas o cualidades similares a alguien de nuestro pasado, pero incluso así son personas distintas, con su historia, sus traumas y sus narrativas propias.

Cuanto más veamos a los demás tal como son en realidad, más claridad tendremos y con más sabiduría podremos elegir a nuestros amigos y a nuestras parejas.

Una vez, durante una discusión con Ben, lo empecé a sermonear acerca de todas las veces que no había estado ahí para mí y, de repente, me detuve, porque me di cuenta de que le hubiera podido decir a mi madre todo lo que le estaba diciendo a él. Cuando conecté con la realidad, vi que lo que le estaba diciendo a Ben no iba dirigido a él, sino a mi madre. Mi orgullo me impidió reconocerlo en ese momento, pero unas horas después tuve que asumir la responsabilidad y admitir que le había estado recriminando injustamente lo que en realidad eran mis heridas. A veces, eso es todo lo que podemos hacer. Lo importante es que seamos constantes en el esfuerzo de hacernos responsables de nuestra realidad emocional.

Sanar los patrones no significa que no nos volvamos a encontrar de nuevo en la misma situación (lo más probable es que sí, porque los patrones antiguos son muy resistentes). Sin embargo, sí que significa que tendrás la oportunidad de responder con más gracia y de actuar desde tu verdad en lugar de desde tu herida.

CÓMO SABER QUE ESTAMOS PROYECTANDO

- Sentimos que no controlamos nuestras reacciones.
- La ira parece desproporcionada respecto a la situación.
- Nos negamos a tener en cuenta realidades alternativas.
- Estamos convencidos de que conocemos las intenciones del otro.
- Creemos que sabemos exactamente cómo acabarán las cosas.

Gestionar momentos de gran carga emocional

Cuanta más carga emocional tenga una situación para ti, más probable es que la intensidad emocional tenga que ver con algo más allá de lo que resulta evidente a primera vista. Tus emociones son válidas y tu experiencia emocional es importante, pero es importante que no te centres exclusivamente en la primera reacción que te surja.

Si rechazas el amor en un momento en el que lo que anhelas es conexión, es posible que te estés autosaboteando y que tu niña interior te esté llamando a gritos, pidiendo que la escuches. Aunque ignorar la función que desempeñamos en nuestros patrones y depositar toda la responsabilidad en el otro puede parecer más fácil, al final, esto solo lleva a más decepciones, porque lo que la mayoría de las personas queremos es que se nos vea y se nos valore.

Detrás de nuestras proyecciones y actitudes defensivas siempre hay una vulnerabilidad subyacente. Tu misión es empezar a entablar amistad con tu vulnerabilidad y atenderla a diario, sobre todo en momentos de gran carga emocional. Puedes atender a tu vulnerabilidad de varias maneras, como dirigirte palabras de afecto, permitir que tus seres queridos te vean en situaciones en que no lo tienes todo controlado o darte permiso para acceder al poder purificador de un buen llanto. Cuando bajamos las defensas y dejamos espacio a nuestra humanidad, podemos desarrollar un diálogo interno sincero con nosotros mismos.

Aumentar la conciencia en momentos de alta intensidad emocional

La próxima vez que te descubras en pleno conflicto o veas que te pusiste a la defensiva, distánciate de la situación en que te encuentres. Resolver problemas es imposible cuando activamos el modo reactivo. Da un paso atrás y haz este ejercicio de autocentramiento para llegar al meollo de la cuestión.

1. Respira hondo dos o tres veces. Ponte una mano sobre el corazón y la otra sobre el abdomen.
2. Conecta con tu cuerpo y da nombre a las emociones y sensaciones que percibas. Esto te ayudará a estar en el momento presente.
3. Ahora, conecta y pregúntate:

    - *¿Qué estoy sintiendo ahora?*
    - *¿Con qué me conecta?*
    - *¿A quién o a qué me recuerda esta persona?*
    - *¿Qué emociones estoy intentando reprimir en este momento?*
    - *¿Qué necesito pero me da miedo pedir o no creo merecer?*
    - *¿Qué me da miedo decir? ¿Qué me da miedo sentir?*

4. Fíjate en las sensaciones del cuerpo, como cosquilleos, tensión, calor, contracciones o palpitaciones.
5. A medida que detectes las sensaciones, limítate a respirar y permanece con ellas durante unos instantes.
6. Identifica una zona del cuerpo que esté tranquila, relajada y abierta.
7. Respira en ese espacio tranquilo, relajado y abierto y permanece en esa experiencia.

A continuación te muestro un ejemplo de la toma de conciencia que se puede conseguir cuando nos detenemos y reflexionamos sobre el origen de las emociones intensas que sentimos: «Ahora estoy culpando y atacando, pero por debajo de la culpa y del ataque hay una tristeza y una ira profundas. Lo que de verdad necesito ahora es saber que me quieren y que mi pareja no se va a ningún otro lado. Tengo miedo al abandono. Esta situación me recuerda a cuando era pequeña y no me hacían caso cuando expresaba emociones intensas».

Cuantas más capas destapes por debajo de la emoción superficial, más te acercarás al meollo de la cuestión. Intentar razonar no basta para salir de un momento muy activador o que detona emociones intensas. Tu perro guardián interior necesita saber que estás segura o no bajará la guardia, y solo lo sabrá si tu sistema nervioso hace su parte.

La sabiduría de nuestras proyecciones

Tendemos a simplificar demasiado el concepto de proyección argumentando que lo que sea que veamos en nuestras relaciones no es válido porque es una proyección. Sin embargo, es posible proyectar y a la vez estar en una dinámica poco saludable. A medida que avances por los capítulos siguientes, exploraremos la diferencia entre una señal de peligro y una falsa alarma para que te sea más fácil decidir cuándo instaurar un límite y cuándo persistir.

Sanar nuestras proyecciones nos permite ver las relaciones tal como son. Por ejemplo, nos permite darnos cuenta de cuándo intentamos inconscientemente conseguir que alguien nos quiera solo porque nos recuerda a nuestro padre o nuestra madre en lugar de decidir alejarnos. A veces vemos dónde nos abandonamos una y otra vez, o dónde permitimos que los demás crucen los límites, o las áreas en que nos contorsionamos para encajar en la vida de otro, en lugar de ser quienes somos en realidad. A veces, las proyecciones nos muestran las áreas en las que podemos crecer.

Todos proyectamos en nuestras relaciones. Forman parte de ser humano y nunca desaparecen del todo.

La mejor manera de abandonar el hábito de proyectar en exceso en las relaciones es aprender a detectar cuándo estamos atrapadas en la proyección y salir de la misma. Para hacerlo, tenemos que ser honestas con nosotras mismas y estar dispuestas a aceptar que estamos atrapadas en una historia.

Sanar nuestras proyecciones nos permite dejar atrás el dramatismo y avanzar hacia un mundo en el que podemos ayudar a otros. En algún momento de nuestro viaje de sanación tenemos que ir más allá de nosotras mismas y empezar a aportar nuestro granito de arena a los demás. Este viaje te prepara para que regreses a ti misma, para poder compartir tu energía con el mundo, dejando huella, actuando desde el corazón y alineada con el propósito de tu alma.

COSAS QUE RECORDAR

- Proyectamos cuando experimentamos una herida o traición del pasado como si estuviera sucediendo ahora.
- Si estás atrapada en una proyección, es posible que sientas una carga emocional muy intensa hacia otra persona y que te cueste ver las cosas desde su punto de vista o gestionar el conflicto de una manera saludable.
- Los momentos de alta intensidad emocional no son los indicados para llegar al origen de las cosas. Céntrate en calmarte y en procesar la experiencia y, una vez que lo hayas hecho, vuelve al problema.
- Tomar conciencia de las proyecciones es uno de los pasos clave a la hora de romper ciclos tóxicos en nuestras relaciones.
- Todos proyectamos y no es nada de lo que avergonzarse, pero a medida que avancemos en el viaje de sanación, empezaremos a gestionar las proyecciones de otra manera.

Algunos de nosotros estamos aquí para cambiar nuestro sistema familiar. Estamos aquí para poner fin al trauma generacional y para empezar a transmitir amor en lugar de dolor.

CAPÍTULO 9

Transforma tus patrones de relación

Muchas personas se inician en este proceso con la expectativa de que eliminarán algo por completo, ya sea una manera de ser, una conducta o una creencia. Esperamos romper los patrones y dejarlos atrás para siempre. Y creemos que si podemos dejar de hacer eso, nos sentiremos amadas y completas. «Si pudiera dejar de salir con los tipos que no me convienen... Si pudiera dejar de ser tan crítica con los demás... Si pudiera dejar de ser tan dependiente...» Sin embargo, eliminar nuestros patrones no es la manera de transformarlos. De hecho, cuando lo intentamos, lo único que conseguimos es reforzarlos aún más.

Todo es energía, y alimentamos o matamos de hambre a nuestros patrones en función de cómo decidimos dirigirla. Si de verdad queremos cambiar un patrón, tenemos que aprender a canalizarla de un modo consciente. Las emociones y los patrones operan en una frecuencia energética y, cuando no contenemos la energía, es más fácil que la gestionemos mal y la desperdiciemos en cualquiera que sea el drama que se nos presente en la vida. Buscamos venganza, nos aferramos al resentimiento, nos comportamos de un modo reactivo... Nos enredamos en discusiones absurdas o provocamos fricción en nuestras relaciones solo para sentir algo. Si pensamos en la energía como si fuera una escalera, el peldaño inferior sería nuestra forma de expresión más baja: falta de conciencia, odio y destrucción; en el peldaño más alto encontraríamos la conciencia, el amor y la expansión. A medida que evolucionamos y ascendemos por la escalera, transformamos la energía a una octava superior dirigiéndola conscientemente en lugar de derrocharla sin sentido.

Los patrones se transforman de manera natural a medida que aprendemos a gestionar nuestra energía de forma responsable. Todo tiene dos caras: amor y odio, luz y oscuridad, positivo y negativo, interno y externo. Son uno y lo mismo, a pesar de que su efecto varía drásticamente en función de la frecuencia en que se expresen. Y es eso lo que vamos a trabajar en este capítulo. Aprenderás a ver los patrones y las respuestas en tu vida como energía, y desarrollarás la conciencia necesaria para dirigirla hacia conductas, respuestas y decisiones que mejoren tu vida e inviten a más armonía. Siempre, en cada momento, te enfrentas a una decisión: *¿Quieres alimentar este patrón con tu energía? ¿O quieres dejar de alimentarlo y dirigir toda esa energía hacia otra cosa?* Si queremos transformarnos, tenemos que dejar de alimentar las pautas que estamos dispuestas a trascender.

¿Qué es un patrón de relación?

Kenya tenía la impresión de que solo atraía a los tipos «duros» y no disponibles. Durante una sesión juntas, agotada tras meses de citas que no iban a ninguna parte, me explicó lo contenta que estaba, porque había conocido a Jacq. Su mente ya había empezado a dar forma al maravilloso futuro que los aguardaba mientras Jacq la inundaba de amor, regalos y afecto. Tenían citas muy románticas y la química sexual entre ellos era explosiva.

Entonces, de un día para otro, Jacq se empezó a alejar y a no decirle nada durante días. Kenya se quedaba destrozada y con la ansiedad disparada. No sabía qué había hecho mal. Luego, Jacq reaparecía días o incluso semanas después, dándole miles de excusas y diciéndole lo mucho que la había extrañado.

Ella aceptaba la situación, decidida a ponerle a Jacq las cosas tan fáciles como fuera posible para que no se volviera a ir. Así que cocinaba, le prestaba dinero, se mostraba afectuosa y lo dejaba todo cuando la llamaba. Nunca daba su opinión y nunca rechazaba una invitación a salir, con la esperanza de que, esta vez sí, sería distinto y Jacq no se marcharía. Tras meses de este vaivén, Jacq desapareció por completo. Por desgracia, no era la primera vez que una relación terminaba así para Kenya. No fue hasta que tomó conciencia de su pauta de autoabandono que pudo empezar a cambiar su energía.

Ahora, cuando detectaba ansiedad en el cuerpo, en lugar de reaccionar como hasta ese momento y darse a los demás, redirigía toda esa energía hacia sí misma, para cuidarse. Se preparaba la cena, salía a pasear o se ocupaba de algo en su vida cotidiana que la ayudara a sentirse más segura y en paz consigo misma. También se esforzó en superar las reticencias a decir que no y en ser más selectiva a la hora de decidir con quién compartía su tiempo. Gracias a este cambio pudo interrumpir el ciclo y atraer a una pareja disponible con la que podía ser ella misma, con límites incluidos.

Aunque mantengamos relaciones con distintas personas, muchas veces acabamos en la misma situación y con la misma sucesión de conflictos, decepciones y dificultades. Por mucho que nos esforcemos, no podemos escapar de nuestros patrones de relación. Nos acompañan allí adonde vayamos y hacen su aparición en todas y cada una de las relaciones de pareja que tenemos. Al principio nos enamoramos y nos enganchamos a la emoción inicial de entablar una relación nueva, pero la realidad se impone antes o después y acabamos de nuevo en el mismo lugar. De nuevo nos encontramos inmersas en la misma lucha de poder y nos enfrentamos a frustraciones desesperadamente similares a las que experimentamos en relaciones pasadas.

Estos patrones son nuestro espacio de crecimiento en las relaciones y nos muestran el trabajo que nuestra alma ha venido a completar en esta vida. Sin embargo, una vez que detectamos el patrón («me cierro al amor», «tengo miedo a mostrarme fuerte ante las personas que quiero» o «me pierdo en el otro», o cualquier otro), podemos dar por iniciada la evolución de dicho patrón. Ser conscientes de nuestros hábitos nos da la oportunidad de ser más conscientes a la hora de elegir desde qué canal queremos funcionar.

PATRONES DE RELACIÓN HABITUALES EN LOS QUE SOLEMOS CAER

- Enredarnos en el baile ansioso-evitativo.
- Salir corriendo a la primera señal de conflicto.
- Provocar el conflicto y el caos cada vez que las cosas empiezan a parecer seguras.
- Ser dejado con frecuencia por los demás.
- Ser infiel, o víctima de infidelidad, repetidamente.
- Perseguir a personas que no están disponibles o no son seguras emocionalmente.
- Perder el contacto con nosotras mismas cuando estamos en una relación.
- Pasar de parejas peligrosas a parejas muy seguras, pero no tener nunca pasión e intimidad emocional a la vez.
- Miedo a la intimidad (contacto visual, proximidad emocional).
- Reprimir nuestra expresión verdadera.
- Ser un camaleón («seré quien quieras que sea»).

Cuando empezamos a sanar nuestros patrones de relación, lo que hacemos en realidad es «desaprender» las maneras en que hemos defendido nuestro corazón hasta entonces. Aprendemos a avanzar hacia un lugar seguro en nuestro interior, reconstruyendo una conexión segura con el cuerpo, las emociones y el mundo interior. Los indicadores de esa conexión segura son la capacidad para mantener relaciones estables, para recibir ayuda cuando es necesario, para confiar en los demás y para gozar de una autoestima elevada.

En cierto sentido, quedarnos con el patrón que tenemos ahora (aunque nos duela) puede parecer más seguro que dejar ir el condicionamiento y tolerar la incertidumbre ante lo desconocido. Desaprender no es fácil. De hecho, es desconcertante y, con frecuencia, decepcionante. Ver cómo perpetuamos nuestro propio caos en las relaciones puede ser muy perturbador. En realidad, el poder de la sanación reside en reconocer que merecemos conocer el amor saludable a pesar de los errores que hayamos podido cometer. La amistad es una de las mejores maneras de practicar la seguridad en una relación. Son contenedores en los que podemos mostrarnos vulnerables, curiosas y abiertas, además de practicar cómo poner límites. Cuando empieces a vivir en primera persona este proceso, recuerda que puedes llevar estos principios a todas las relaciones de tu vida.

¿Cuál es tu firma de relación?

Todas tenemos una «firma de relación» única que nos sigue a lo largo de toda la vida. Está modelada a partir de nuestros primeros vínculos de apego y es la estructura desde la que nos relacionamos con los demás en el plano amoroso y de la que manan nuestras tendencias cuando empezamos a sentirnos cerca de otra persona. Hay quien se aleja de la conexión y hay quien se acerca a ella, a veces hasta el punto de perderse a sí misma en el proceso.

Quedamos atrapadas en patrones antiguos cuando seguimos operando desde la creencia de que el problema reside íntegramente en nuestra pareja o en la relación y no reconocemos que somos el denominador común en todas nuestras experiencias. En realidad, eso es una invitación a mirar hacia dentro y hacernos preguntas complicadas. **La primera y más importante es:** *¿Qué me quiere enseñar este patrón?*

Si prestamos atención y somos conscientes, empezamos a ver cómo nuestras parejas y las relaciones que elegimos revelan las partes de nosotras que quieren salir a la luz, ser vistas y sanarse. Son los puntos donde se activan los temores inconscientes y las heridas más profundas.

A veces, el patrón nos muestra que tenemos que expresar más nuestras necesidades e instaurar límites más firmes. A veces nos revela la tendencia a ser codependientes y a complacer a los demás. O el miedo a la intimidad, a que nos hagan daño y nos abandonen, o el terror existencial de estar rota por dentro. Para algunas personas, la lección es aprender a afrontar las dificultades y dejar de huir de la intimidad. Para otras, la lección es aprender a decir «basta» y marcharse. Todos estamos aquí para aprender y las lecciones que surgen son únicas para cada persona y para cada trayectoria vital.

Entender tu firma de relación te ayudará a descodificar tus patrones de apego y determinar cuáles son las lecciones que te quieren enseñar tus relaciones. Hay tres arquetipos principales (océano, montaña y viento), pero tu firma de relación no es una casilla en la cual meterte ni una identidad a la que apegarte. Somos seres humanos y, por lo tanto, seres increíblemente dinámicos, y el apego tiene muchísimos matices. Es posible que reconozcas distintos aspectos de ti en todos los arquetipos, y es normal. De todos modos, lo más probable es que te reconozcas más en un arquetipo que en el resto.

Lee la descripción de las firmas y determina cuál resuena más en ti (si quieres hacer el test *online* en inglés, visita BTOQuiz.com.)

OCÉANO

Expresión empoderada: afectuosa y cariñosa, expresiva, atenta, intuitiva, sensible, ama plenamente, reflexiva, soñadora.

Mayor dificultad: es posible que en las relaciones te sientas ansiosa y sin equilibrio, u obsesiva y con una necesidad constante de que te aseguren que todo va bien. Tiendes a abandonar a tus amistades y tus intereses personales por tu pareja. En tu búsqueda de control, puedes ser muy crítica con tu pareja e imponer expectativas imposiblemente elevadas a los demás.

Tu ejercicio: aprender a ser fiel a ti misma en las relaciones, estar presente y manifestar tus necesidades incluso en momentos de conflicto. También debes aprender a calmarte para evitar la desesperación, la ansiedad o el miedo durante el conflicto o cuando sales con alguien.

MONTAÑA

Expresión empoderada: estable, sincera, de fiar, leal, comprometida, fiel, afectuosa, sabia, paciente, constante con las amistades y con las aficiones incluso cuando mantiene relaciones románticas.

Mayor dificultad: las montañas tienden a dar en exceso, a convertirse en cuidadoras, a ser «la fuerte» y a anteponer las necesidades de los demás a las propias. Atraen a parejas evitativas o dependientes y, con frecuencia, se sienten solas porque pocas personas las entienden en profundidad. También pueden adoptar la función de maestro o *coach* en las relaciones y, con el tiempo, acaban agotadas por la dinámica de relación.

Tu ejercicio: abandonar la función de cuidadora y dejarte cuidar de vez en cuando. Pide ayuda, aunque sepas hacerlo sola. Da a los demás la oportunidad de arreglárselas por sí mismos y recuerda que no te corresponde a ti arreglar ni salvar a nadie. Debes saber cuándo cortar el cordón umbilical y poner fin a la relación y cuándo perseverar y hacer el trabajo necesario. Recuerda que una relación es cosa de dos y que no puedes salvar a todo el mundo.

VIENTO

Expresión empoderada: autónoma, le gusta vivir según sus propias normas, orientada a la libertad, disfruta en soledad, la soledad la renueva, con recursos, con habilidad de resolución de problemas, líder natural.

Mayor dificultad: a veces puede desdeñar o afectar a otros sin darse cuenta. Tiende a ser impredecible e intensa y tiene dificultades para mostrar emoción o vulnerabilidad. Evita la intimidad profunda y las conductas «dependientes» hacen que salga corriendo en sentido contrario. También puede experimentar una soledad extrema y sentir que nadie la entiende ni se pone en su lugar.

Tu ejercicio: aprender a estar en una relación con otra persona sin perder la sensación de ser libre. En lugar de evitar el conflicto, los arquetipos de viento han de aprender a tolerar las emociones incómodas durante el tiempo suficiente como para recuperar la armonía con los amigos o la pareja. Tu ejercicio consiste en compartir tus emociones y aprender a expresarte plenamente en lugar de reprimirte u ocultarte.

Las falsas creencias que alimentan nuestros patrones

Si la seguridad, la autoconsciencia y la devoción son el motor de las relaciones conscientes, las falsas creencias alimentan los patrones negativos. Las falsas creencias acerca de las relaciones son tan omnipresentes en nuestra sociedad que ni siquiera nos damos cuenta de que las hemos adoptado e integrado en nuestro concepto de amor.

Creer que tenemos que elegir entre la química o la seguridad en el amor, que el conflicto no es normal, que la relación adecuada hará que todos nuestros problemas se esfumen, que matrimonio y compromiso equivalen a la desaparición del sexo, o que tenemos que hacer pasar a la otra parte por mil pruebas antes de poder confiar en él o ella son falsas creencias muy generalizadas que nos limitan e impiden que consigamos lo que queremos. Sin embargo, no tenemos por qué suscribir estas narrativas antiguas y desfasadas que refuerzan una cultura de desconexión y dramatismo en las relaciones. Con intención y voluntad podemos cocrear relaciones apasionadas, de confianza y espiritualmente vivas.

Los patrones de relación disfuncionales se alimentan de los miedos y de las creencias limitantes interiorizadas. A continuación encontrarás algunos de los miedos que pueden estar ocultos en la mente y que perpetúan las dificultades de relación. Piensa en cómo te ves en las relaciones. ¿Hay alguna creencia que reaparezca una y otra vez en las relaciones?

- No soy suficiente.
- Soy demasiado.
- Todos me dejan.
- Mis emociones no son válidas.
- Necesito que me rescaten.
- No merezco ser feliz.
- Me tengo que esforzar para ganarme el amor de los demás.
- Tengo que rescatar al otro.
- Hay algo que no funciona en mi interior.
- No puedo dejar que nadie se me acerque demasiado.
- Nadie me entiende.

Identificar las falsas creencias con las que cargamos nos otorga la conciencia necesaria para cambiar drásticamente cómo nos relacionamos con los demás. Cuando nos afirmamos como seres completos y valiosos, nuestro cuerpo y nuestra energía transmiten que estamos preparadas para estar presentes en nuestra vida. Cuando dejamos atrás nuestras limitaciones, podemos abrirnos a que nos conozcan en el amor.

Los contratos inconscientes que firmamos con nosotras mismas

Virginia Satir fue una psicoterapeuta muy influyente que hizo una inmensa aportación al ámbito de la terapia familiar. En la década de 1950, su trabajo distaba mucho de ser convencional: descubrió que todas las familias mantienen contratos inconscientes o acuerdos implícitos que se espera que todos los miembros respeten. Con frecuencia, los contratos implícitos eran el modo en que los padres sentían que llevaban las riendas y mantenían las dinámicas en el terreno de lo conocido, incluso si se trataba de dinámicas disfuncionales, desconectadas o limitantes para el resto de la familia.

Todos mantenemos contratos implícitos en nuestras relaciones, pero cuanto más examinamos nuestros valores y nuestro condicionamiento parental, más capaces somos de librarnos de esas «normas» que ya no nos resultan útiles o que nos alejan de nuestro yo auténtico.

Cómo funcionan los contratos inconscientes

Sonja era una madre trabajadora y tenía dos hijos. Sus padres habían emigrado de Taiwán antes de que ella naciera y siempre se había sentido entre dos mundos. Descansar estaba mal visto en su casa: «Te tienes que esforzar y aceptar lo que te ofrezcan» era el mantra de sus padres, que habían tenido que trabajar de sol a sol para sobrevivir en un país nuevo. Sonja trabajaba de la mañana a la noche y llenaba todos los huecos del día con algo que hacer. Quería pasar más tiempo con sus hijos, pero tenía demasiadas cosas que hacer y empezó a sentir que se estaba perdiendo los mejores años de los niños.

A medida que se hacía mayor, se dio cuenta de que no podía parar de hacer cosas y de que no sabía cómo relajarse. De hecho, ni siquiera estaba segura de haber descansado de verdad en toda su vida. Al ir desentrañando el patrón, vio que había trabajado sin cesar para mantener un contrato implícito con sus padres, lo que era realmente gracioso, porque ahora eran ellos quienes le decían que descansara más. Poco a poco empezó a encontrar pequeños huecos en los que practicar el no hacer nada. No daba crédito a la presión a la que se había sometido a sí misma durante tantos años. Sonja se liberó, rompió el contrato antiguo y forjó otro que creó conscientemente para pasar más tiempo jugando y relajándose con sus hijos.

CONTRATOS IMPLÍCITOS Y FALSAS CREENCIAS FRECUENTES

- No muestres tus debilidades a los demás (la emoción es debilidad).
- La ira es inaceptable/peligrosa (no te puedes enojar).
- No digas lo que piensas ni des tu opinión (no molestes).
- Hay que esforzarse, trabajar y afanarse constantemente (no se puede descansar).
- El dinero es malo, no se puede vivir en la abundancia (el dinero te hace egoísta).
- Los trapos sucios se lavan en casa (no puedes mostrarte vulnerable ni pedir ayuda).
- Los límites son una demostración de egoísmo (todos estamos interconectados).
- Tengo que mantener la paz, cueste lo que cueste (soy responsable de todos).
- Mi padre/madre me necesita como apoyo emocional (me corresponde cuidarlo/no puedo recibir).

Es importante recordar que el motivo por el que accedemos a estos contratos implícitos es que nos proporcionan seguridad, así como la sensación de pertenecer al grupo familiar. Salirnos del papel que se nos ha asignado puede parecer peligroso y activa el miedo a que nos rechacen. Todos los seres humanos tenemos una necesidad profunda de pertenecer a un grupo, por lo que la mayoría de nosotros hacemos lo que se supone que debemos hacer, aunque eso signifique abandonarnos a nosotros mismos por el camino. Romper estos contratos antiguos nos da la oportunidad de pensar en los hábitos y rituales que queremos transmitir a la siguiente generación, y esto es algo acerca de lo que vale la pena reflexionar, tanto si se tienen hijos como si no.

¿Por qué perseguimos a personas que no están disponibles emocionalmente?

Si tu patrón consiste en que te sientes atraída por personas con tendencias evitativas o que no están disponibles emocionalmente, tu trabajo interior será reflexionar acerca de todas las maneras en que te abandonas o te alejas *de ti misma*. A veces, los demás nos sirven de distracción para evitar sentir lo que hay en nuestro interior. Si estamos demasiado ocupadas intentando ganarnos la validación o el amor del otro, no tenemos tiempo para detenernos y acompañar a aquellas partes de nosotras mismas que creemos que no merecen ser amadas.

¿Y si redirigiéramos hacia la introspección toda la energía que invertimos en perseguir, competir e intentar forzar una situación? A veces quedamos atrapadas en un bucle con personas que no están disponibles emocionalmente porque, a cierto nivel, tenemos miedo a que nos vean plena y completamente. *Perseguir el amor inalcanzable es lo mismo que evitar el amor disponible.*

Para romper este patrón, tenemos que estar dispuestas a ver cómo nuestros temores más profundos y las heridas del pasado mantienen viva nuestra historia mucho más allá de su fecha de caducidad. Si te das cuenta de que estás persiguiendo una relación o una pareja, mira hacia dentro. ¿Qué emoción quieres conseguir? ¿Amor? ¿Aceptación? ¿Seguridad? ¿Validación? Sé honesta contigo misma. No hay nada de que avergonzarse. Sea lo que sea lo que quieres, debes saber que la persona a la que persigues no te lo puede dar. ¿Qué partes de ti intentas ocultar? Comulga con ellas. ¿Cuáles son tus deseos más profundos? Exprésalos. ¿Qué quieres sentir? Cultívalo. Tu trabajo consiste en autovalidarte y ser fiel a ti misma, así como conectar con tu cuerpo y con tus valores fundamentales.

ELIGE TU CANAL

La persecución puede ser emocionante para las personas que nacimos en entornos caóticos donde el amor era absolutamente condicional o donde no había atención ni cuidados emocionales. Las turbulencias y el dramatismo nos enganchan, pero no porque estemos mal de la cabeza o queramos lo peor para nosotras, sino porque esa es nuestra programación emocional. Es lo que conocemos.

Entiendo muy bien ese patrón. Cuando era más joven, era adicta a la fase de luna de miel, al subidón de neurotransmisores que seguía a un romance nuevo y complicado. Estaba inmersa en una eterna búsqueda en el exterior y siempre me sentía profundamente infeliz en cuanto la relación se empezaba a estabilizar. Pero como no tenía un marco de referencia para el amor sano y no entendía que las relaciones no siempre están repletas de cambios repentinos y de altibajos intensos, cuando la intensidad disminuía, lo interpretaba como que algo iba mal.

De pequeña, fui de una casa de acogida a otra (¡fui a ocho escuelas distintas durante toda primaria!). El caos era mi «normalidad». Mi sistema nervioso estaba programado para el cambio y para los altibajos constantes. No vi el patrón que me tenía atrapada hasta que ahondé en mi propio viaje de sanación. Cuando empezaba a estar inquieta, ponía fin a la relación. Cuanto más rutinaria y estable se volviera una relación, más falta de pasión y aburrida me parecía. Así que cortaba de raíz y volvía a empezar.

Identificar este patrón me dio la oportunidad de aprender a trabajar con él en lugar de intentar erradicarlo. **En lugar de poner mi vida patas arriba, encontré maneras de transmutar la atracción energética hacia el caos aportando a mis relaciones aventura y creatividad.**

Cuando empezaba a sentir esa desazón interna, me lo decía en voz alta para tomar conciencia y le recordaba a mi cuerpo que merezco una existencia serena y segura. Luego, buscaba la manera de ofrecer a mi niña interior lo que anhelaba, pero de una manera saludable. Organizaba un fin de semana de campamento, redecoraba una habitación de la casa o comenzaba un proyecto. Encontraba la manera de dirigir esa energía hacia algo productivo que me ayudara a sanar mi vida en lugar de hacerla saltar por los aires.

A medida que repetía esta nueva manera de hacer, mi relación con el caos se fue transformando hasta tal punto que mi sistema nervioso se reprogramó no solo para disfrutar de la serenidad y de la seguridad, sino para anhelarlas. Si hubiera decidido ignorar el patrón por vergüenza o por miedo, es muy probable que todavía siguiera atrapada en él. La sanación no llegó porque lo erradicara, sino porque reconocí que formaba parte de mí y reflexioné acerca de cómo podía trabajar con su energía.

Algunas de las figuras más destructivas en el mundo y en las redes sociales son también las más creativas. Lo que sucede es que no gestionan bien su energía. Si te fijas en los malos de las películas, verás que, con frecuencia, son muy inteligentes y muy poderosos. El problema es que han cedido su energía a un vacío de consumo, venganza y destrucción. Sin embargo, si esos mismos personajes decidieran canalizar la energía de otra manera, podrían cambiar el mundo para mejor. Todos tenemos esa capacidad, todos podemos elegir nuestro canal. ¿Derrocharemos la energía en los dramas infinitos que nos distraen o veremos la distracción por lo que es y decidiremos desde la conciencia plena hacia dónde queremos dirigir nuestra energía?

Sanar los patrones de relación no significa que desaparezcan por completo. Lo que cambia es la intensidad con que se manifiestan y nuestra capacidad para gestionarlos sin que lo destruyan todo. Reescribimos nuestra historia transformando las conductas que acompañan a los patrones y aprendiendo a responder de buena manera a los miedos, la ansiedad y los conflictos de relación en lugar de reaccionar desde la herida.

Descubre tus patrones de relación

Ahora haremos un ejercicio paso a paso que te ayudará a descubrir el tema subyacente a tus patrones de relación, a tomar conciencia y a prestar atención a cómo puedes instaurar límites saludables y alinearte con tu verdad.

Los patrones de relación son temas comunes que se entretejen y van de una relación a la siguiente. Todos tenemos patrones, tanto en las relaciones como en el resto de las facetas de la vida. Aunque esto no siempre es un problema, cuando el patrón hace que tú o tu pareja se sientan poco valorados o abandonados o que piensen que son demasiado o no lo suficiente, vale la pena detenerse a reflexionar.

Recuerda que cuando aprendes a observar el patrón y a aceptarlo cuando hace su aparición, reduces su poder. Si durante el ejercicio te empiezas a juzgar, redirige la energía hacia la autocompasión. **La autocrítica y el rechazo son el pegamento que garantiza que sigas apegada al patrón.** Cuando aparezca, prueba a abordarlo desde la comprensión y, quizás, obsérvalo con cierto sentido del humor.

Si tienes algún amigo o amiga que también esté leyendo el libro, o si formas parte de un club de lectura de *Tu alma gemela eres tú*, le puedes pedir a tu compañero de entrevista que comparta contigo sus reflexiones y que te haga más preguntas para ahondar en las respuestas.

PASO 1: EXPLORA TU PRIMERA EXPOSICIÓN A LAS RELACIONES, AL SEXO Y AL AMOR

Aquí responderás a preguntas acerca de la relación que mantenían tus padres. Explorarla te dará información acerca de cómo ves y experimentas otras relaciones.

Responde a las siguientes preguntas

- ¿Cómo era la relación de tus padres? ¿Convivían, estaban casados, se divorciaron?
- ¿Cómo se llevaban? ¿Discutían, manifestaban conductas pasivo-agresivas, tenían una comunicación afectuosa y abierta, eran asfixiantes? ¿Había celos, infidelidades, honestidad, secretos?

- ¿Cómo se comportaba tu padre con tu madre?
- ¿Cómo se comportaba tu madre con tu padre?
- ¿Alguna vez viste a tus padres manteniendo relaciones? ¿Había demostraciones físicas de afecto o palabras de afirmación?
- ¿Cuáles fueron tus primeros pensamientos, ideas o creencias acerca del matrimonio o de cómo se suponía que debían ser las relaciones?
- ¿Cuáles fueron tus primeros pensamientos, ideas o creencias acerca del sexo?
- ¿Te hablaron tus padres de sexo? ¿Qué te dijeron?
- ¿Te hablaron tus padres del amor, de la conexión y de las relaciones? ¿Qué te dijeron?
- ¿Cómo te sentías cerca de niños u hombres cuando eras pequeña? Por ejemplo, ¿te sentías segura, insegura, asustada, contenta, incómoda, tranquila o más segura que con las mujeres?
- ¿Cómo te sentías cerca de niñas o mujeres cuando eras pequeña? Por ejemplo, ¿te sentías segura, insegura, asustada, contenta, incómoda, tranquila o más segura que con los hombres?

PASO 2: EXPLORA LA HISTORIA DE TUS RELACIONES

Comienza por tu primera relación romántica importante y avanza de una en una hasta tu última relación, o la que mantengas ahora.

Responde a las siguientes preguntas

- ¿Cómo comenzó la relación?
- ¿Cuánto duró?
- ¿Qué emociones experimentaste con más frecuencia durante la relación?
- ¿Por qué cosas solían estallar los conflictos?
- ¿Cómo era el estado emocional de tu pareja? ¿Era afectuosa, evitativa, ansiosa, agresiva, celosa, atenta?
- ¿Cómo terminó la relación?

PASO 3: DESCUBRE TU PATRÓN DE RELACIÓN

Ahora, repasa todo lo que has descubierto y fíjate en si hay temas que se repiten. Quizás descubras similitudes en cuestiones como demostraciones de afecto físico, profesión o personalidad, o quizás no encuentres ninguna similitud. El tema emocional (la experiencia emocional común a todas las relaciones) será el que te aportará más información acerca de ti misma.

Responde a las siguientes preguntas

- ¿Ibas y venías entre dos tipos de pareja, como el tipo «seguro y aburrido» y el «peligroso y sexi»?
- ¿Experimentaste traiciones de algún tipo (mentiras, infidelidades...) en todas las relaciones?
- ¿Te sentías con frecuencia no vista, no escuchada, frustrada, poco importante? ¿Se repetía con frecuencia alguna otra experiencia emocional?
- ¿Atraes sobre todo a tipos evitativos o ansiosos?
- ¿Te sientes atraída por personas que no están disponibles, ya sea emocionalmente o porque ya tienen pareja?

PASO 4: TRABAJA CON TU ENERGÍA

El trabajo que debes hacer no consiste en rechazar el patrón que haya aparecido, sino en aprender a gestionarlo con más destreza. A la vida le encanta ponernos a prueba, por lo que dispondrás de infinitas oportunidades para practicar cómo redirigir la energía: cuando alguien se salte un ceda el paso, cuando alguien cercano a ti te decepcione, cuando tengas un mal día... Decidimos cómo respondemos momento a momento. A medida que tomes conciencia del impacto que ejerces con tu energía, aprenderás a gestionarla de un modo consciente y a dirigirla hacia la autenticidad y la verdad.

COSAS QUE RECORDAR

- Todo es energía. Tus patrones se transforman cuando aprendes a redirigir tu energía en una dirección más capacitante.
- No es necesario que «arregles» ni elimines tus patrones de relación.
- Integrar tus patrones significa que los aceptas y que puedes responder con madurez en lugar de ceder el timón a tu niña interior.
- Los patrones de relación reflejan los primeros condicionamientos, sistemas de creencias y contratos implícitos familiares.
- En esta vida tendrás que trabajar tus patrones de relación. Es posible que no desaparezcan nunca, pero a medida que sanes y los integres, transformarás cómo se manifiestan y los flexibilizarás.
- Cuando adoptes tu yo más empoderado y encarnes la madurez en tus relaciones, los mismos patrones que antes desestabilizaban tu existencia te ofrecerán oportunidades maravillosas para cultivar la vulnerabilidad y la conexión.

No te castigues por cómo reaccionaste
ante el dolor cuando luchabas por sobrevivir.
Agradece a tus muros la protección que te han brindado.
Confía en tu corazón.
Tu inocencia siempre ha estado ahí.
Permite que otra historia nazca de todo lo que has
aprendido y superado para estar aquí ahora.

CAPÍTULO
10
Toma conciencia con autocompasión

De niñas, muchas experimentamos el modelo disfuncional de crianza basado en el castigo y la vergüenza. Cuando nos expresábamos de un modo inadecuado (berrinches, explosiones, etc.), cuando nos negábamos a terminar todo lo que había en el plato, cuando nos peleábamos con un hermano o cuando nos portábamos mal, nos afeaban la conducta, nos enviaban a la habitación para que estuviéramos solas y nos regañaban por haber sido «malas». A algunas también nos castigaban físicamente, con azotes o golpes. La teoría del apego nos ha enseñado que estas tácticas de control para dar lecciones a los niños dañan gravemente la autoestima y pueden empeorar los problemas conductuales. Los niños sensibles estallan con agresividad, y castigándolos, diciéndoles que son malos o separándolos del resto del grupo solo se consigue empeorar la situación.

El castigo y la humillación no nos enseñan a ser mejores personas. Nos enseñan que hay algo en nosotras que no está bien, y aprendemos a interiorizar los sentimientos, a rebelarnos, a rechazarnos o a ponernos una máscara para encajar. Nos enseñan que no podemos confiar en nuestros cuidadores y que el vínculo está roto, lo que nos obliga a buscar aprobación en el mundo exterior. Llegadas a la edad adulta, muchas de nosotras cargamos aún con estos patrones de conductas autodestructivas, como criticarnos, no darnos margen de error, ignorar nuestro cuerpo y desestimar la necesidad de descanso y de compasión, o proyectar sobre los demás nuestra desconfianza y nuestro miedo al control.

El cambio no surge de la crítica, de los juicios o de la culpa, sino de la conexión, del aliento y del elogio. La sanación será imposible mientras sigamos aferradas a la historia de que estamos rotas o de que no somos lo bastante buenas, porque nuestros patrones están arraigados a la creencia de que merecemos sufrir. La clave para aceptarnos a nosotras mismas reside en abordar los patrones desde una conciencia compasiva, de modo que podamos crecer, tomar las riendas de nuestra vida y empezar a vivir alineadas con nuestro corazón, no solo por nosotras, sino también por nuestra familia y nuestra comunidad.

Echa la vista atrás y piensa en algunas de las maneras en que te condicionaron para callar tu voz, anular tu poder o complacer a los demás. Quizás te dijeron que el problema eras tú, que eras demasiado sensible, demasiado respondona o demasiado tímida; quizás integraste algunas de esas etiquetas externas como si fueran la verdad de tu identidad. Llega un momento en que si queremos encarnar los dones que hemos traído al mundo, tenemos que mirar de frente a ese diálogo interno que mantenemos con nosotras mismas y acallar todo ese ruido.

Cuando empieces a desentrañar tus patrones, es posible que identifiques las maneras en que no te muestras de una manera auténtica en tus relaciones, un hábito que adoptaste hace mucho tiempo para protegerte. En lugar de juzgarte, aproxímate con curiosidad a la persona que eres debajo de la máscara. Cuando abordamos los patrones desde la curiosidad, casi siempre descubrimos que las decisiones que hemos tomado surgen del deseo de amor, de conexión o de seguridad. ¿Cómo nos vamos a juzgar por eso?

Ahora, tu trabajo consiste en deshacer ese condicionamiento, tomar las riendas de tu vida y asumir la responsabilidad por cómo te muestras ante el mundo. Necesitarás tres herramientas en este camino al conocimiento interior: autocompasión, autoaceptación y autoperdón.

Autocompasión

La base de la autocompasión es el desarrollo de un diálogo interno amable y afectuoso. Cuando nos rechazamos, nos criticamos y nos imponemos un estándar de perfección imposible de alcanzar. La autocompasión se puede expresar en cosas como concedernos tiempo para descansar y detenernos a reformular las autocríticas negativas para transformarlas en aceptación y pensamientos más afectuosos.

Autoaceptación

Parte de ser humano consiste en saber que tenemos la capacidad de hacer el bien y el mal. Aceptarse a uno mismo no significa adoptar conductas dañinas o rendirnos en lugar de pasar a la acción para hacer cambios reales, sino dejar espacio a todas las partes que conforman nuestra identidad. Cuando no hay vergüenza, podemos abordar el proceso con más honestidad. Solo entonces podemos encarnar la autenticidad y bajar las defensas.

Autoperdón

La mayor oportunidad de transformación cuando te enfrentes a algún aspecto de tu conducta pasada o al papel que has desempeñado en un patrón reside en tu capacidad para tratarte con amabilidad. Fíjate en las sensaciones corporales que aparecen cuando asumes la responsabilidad sobre tus patrones. Si percibes tensión, vergüenza, calor u otra sensación incómoda, puedes detenerte un momento, centrarte en la respiración y dirigirte pensamientos amables. Un buen mantra que puedes recitar es: «Estás a salvo, estás bien, te perdono».

Desoír al mensajero interior

Cuando tenía diecisiete años, me senté en el sillón de mi nuevo novio. Me referiré a él como Sean. Me acababa de hablar con un tono de voz muy agresivo y emitía una energía cruel y hostil. Vi por la ventana que daba al estacionamiento de su edificio y sentí que me llegaba un mensaje alto y claro: «Esta persona no es segura y te acabará maltratando». Sin embargo, en lugar de levantarme y marcharme o de romper con Sean, me fui a vivir con él durante un año. Me acabó maltratando y, de hecho, fue una persona increíblemente peligrosa.

¿Qué nos lleva a ignorar a nuestro mensajero interior y cómo nos perdonamos por no haberlo escuchado? Quizás te venga a la mente alguna situación, o muchas, en la que cerraste los ojos a la intuición y no atendiste a los susurros o a las punzadas en el cuerpo que te decían que algo no iba bien. Quizás justificaste conductas dañinas o pasaste demasiado tiempo intentando ayudar a alguien a ver la luz cuando, en realidad, te estabas poniendo en una situación de riesgo.

Durante años después de que esa relación terminara, fui muy dura conmigo misma por no haber confiado en mi intuición. La autocrítica y el remordimiento me mantenían atrapada en un ciclo de vergüenza. Hasta que no fui capaz de sentir compasión por mí misma y de conectar con lo que subyacía al impulso de ignorar a mi intuición no pude empezar a cambiar las cosas.

La mayoría de nosotras hemos desoído a la intuición o descartado las señales que nos indicaban que algo iba mal, y una de las partes más duras del proceso de sanación es, precisamente, sentir compasión por nosotras mismas. Por muy convencidas que estemos de que sabemos cómo reaccionaremos o responderemos si nos encontramos en peligro o en pleno conflicto, lo cierto es que no lo sabemos hasta que sucede y, muchas veces, el instinto de supervivencia toma las riendas y reaccionamos de modos que jamás hubiéramos imaginado. Negamos la evidencia, nos anestesiamos, nos bloqueamos, contraatacamos, nos aferramos o, en ocasiones, salimos corriendo. A veces, ni siquiera vemos las señales, pero eso no significa que la intuición no nos funcione o que no podamos confiar en nosotras mismas. Es posible que la otra persona nos recuerde inconscientemente a alguien de nuestra infancia, pero que nos parezca lo «suficientemente distinta» para esperar que, esta vez, conseguirá satisfacer nuestras necesidades.

Cuando una parte de nosotras aún sin sanar toma las riendas, nuestro subconsciente está tan obcecado en cerrar el círculo que tendemos a ignorar o a justificar las señales de que algo no funciona. Siente empatía por esa parte de ti que quería ser amada, esa parte de ti que quería sanar.

Asumir la responsabilidad sobre el papel que desempeñamos en el patrón

Mi dinámica con Sean era una dinámica de ira, inseguridad y caos. Todas mis defensas ocultas afloraban a la superficie y, aunque yo no era responsable de sus acciones, sí que contribuía a la dinámica con mi ira sin calibrar y con mis reacciones emocionalmente inmaduras. En lugar de mirar hacia dentro, la relación que cocreamos era una extensión de nuestras respectivas heridas, que usábamos mutuamente como armas arrojadizas.

Al final, llega un momento en el proceso de sanación en el que debemos mirar hacia dentro para enfrentarnos a cómo hemos perpetuado inconscientemente el patrón o la dinámica que queremos cambiar.

Una de las principales preocupaciones que me transmiten las participantes de mis programas cuando abordo la toma de responsabilidad es que les da la impresión de que consiste en culparse a una misma y les hace sentir que es culpa suya que sus relaciones no hayan funcionado o que alguien les haya hecho daño. Esto no es en absoluto la esencia del trabajo de responsabilidad.

Asumir la responsabilidad sobre nuestros patrones no significa que tengamos que culparnos, sino que estamos dispuestas a despertar y a tomar las riendas de nuestra vida. Así, ya no elegimos vernos como seres indefensos, sino que estamos dispuestas a encarnar nuestro fuego, nuestro poder. Significa que estamos dispuestas a mirar al otro lado del telón y a detenernos durante el tiempo suficiente para ver si en nuestras relaciones estamos representado historias del pasado que tienen que morir para que nos podamos transformar. También significa asumir la responsabilidad sobre nuestra mente, nuestros juicios, nuestros pensamientos airados y las maneras en que proyectamos, criticamos o nos quejamos en lugar de crear un cambio en nuestras vidas, hablar directamente a nuestros miedos/deseos/necesidades o instaurar límites.

Para ser efectivo, el verdadero trabajo de responsabilidad debe venir acompañado de autocompasión. Cuando asumimos la responsabilidad que nos corresponde desde la aceptación, abrimos las puertas a un autoconocimiento más profundo. Sanar no significa borrar el pasado e intentar convertirte en una persona completamente distinta. Significa reconocer las cosas que han dominado tu vida silenciosamente para que, la próxima vez, lo puedas hacer mejor.

Cambiar para cambiar los patrones

Muchas de nosotras nos resistimos a la tarea de asumir la responsabilidad porque hace que nos enfrentemos a muchas cosas y porque acostumbra a traer consigo una espiral de vergüenza y autocrítica. Sin embargo, desde el amor por nosotras mismas, podemos responsabilizarnos del papel que hemos desempeñado en el patrón y observarnos como si fuéramos una madre afectuosa que cría a un niño inocente.

Aunque asumir la responsabilidad sobre la mente, las emociones y la conducta puede ser doloroso en ocasiones, nos ofrece el regalo de devolvernos a la posición de autoridad que nos corresponde en nuestra vida. Si no asumimos la responsabilidad sobre nuestros patrones, es posible que sintamos un alivio temporal envuelto en una mullida cobija de ignorancia, pero eso significa que estamos destinadas a repetir el ciclo y a creer que todo cambiará si encontramos a la persona adecuada. Nada cambia si antes no cambiamos nosotras. Saber que desempeñamos una función en nuestros patrones de relación significa que podemos cambiarlos.

Este trabajo es vital para cualquiera que desee ser una pareja consciente, un amigo afectuoso y un ser humano integrado en su comunidad. No es fácil admitir que, en ocasiones, somos nosotras las que somos excesivamente críticas, duras, agresivas, desdeñosas, evitativas, controladoras, dominantes, defensivas o hirientes. Perdonarnos por hacer aceptado a personas peligrosas en nuestras vidas es igual de difícil.

Sin embargo, lo cierto es que todo el mundo tenemos la capacidad de causar dolor y pena. Todos. No nos podemos quedar en el purgatorio para siempre, tenemos que aprender la lección e intentarlo de nuevo.

Trata a tu cuerpo emocional con bondad mientras desvelas aspectos de tu personalidad que quizás hayan permanecido en la sombra hasta ahora y recuerda que asumir la responsabilidad no significa que seas mala persona. Autoconocerse es la manera de encarnar la seguridad en nosotras mismas, la madurez emocional y el liderazgo en nuestra vida y en nuestra comunidad.

Iluminar el interior

En todas nosotras hay partes que preferiríamos negar u ocultar, porque creemos que no son merecedoras de amor ni atractivas, o que suponen una amenaza para nuestra supervivencia. Nuestra programación emocional es uno de los elementos de esta represión. Recibimos del mundo exterior señales que nos indican qué es aceptable y qué no, y actuamos conforme a esos estándares, lo que nos distancia de algunos aspectos de nuestra personalidad. En consecuencia, tendemos a relegar al desván de la mente las partes de nosotras mismas con las que menos estamos en contacto.

Cuando desconectamos completamente de aquellas partes de nosotras que rechazamos, estas se manifiestan de maneras inesperadas, desencadenan el caos en nuestras relaciones y hacen que nos avergoncemos cuando aparecen inesperadamente. Quizás quedemos atrapadas en un modo reactivo y respondamos a las emociones intensas desde la inmadurez o la herida, ataquemos al otro o al mundo que nos rodea, y nos sintamos incapaces de tolerar la intensidad emocional que sentimos en nuestro interior.

El proceso de asumir la responsabilidad y desarrollar el autoconocimiento nos ayuda a ver qué hay debajo de todo ello y a anclarnos emocionalmente, lo que nos permite gestionar las situaciones de un modo más armonioso. También nos permite observar al perfeccionista interior en momentos de estrés y de agobio y ofrecerle una mirada compasiva. Paso a paso, adoptamos un estado más relajado y hacemos las paces con quienes somos.

Sanar al perfeccionista interior

Conocí a Mina hace años, en uno de mis círculos de mujeres. Era muy perfeccionista, un rasgo que le impedía asumir riesgos y expresarse, porque equivocarse le asustaba demasiado. Su *look* característico incluía unos lentes de montura cuadrada y un moño negro y pulido sobre la cabeza, en un reflejo de su necesidad de mantener las cosas bien ordenadas. Sufría ansiedad y casi nunca participaba, ni siquiera cuando se le invitaba explícitamente a ello. Como grupo, le manifestamos que deseábamos verla liberar su energía y la desafiamos a que se soltara el cabello. Aunque, como era de esperar, le resultó muy difícil, observamos cómo, poco a poco, se iba transformando, primero al soltarse el cabello y luego con una energía más relajada. Su ansiedad disminuyó y empezó a expresarse cada vez más cuando estaba en el grupo. Ahora ocupa un puesto de liderazgo y es cofacilitadora de círculos de mujeres.

Ser perfeccionista no es lo mismo que ser ambiciosa o estar «orientada al éxito». El perfeccionismo es una búsqueda exhaustiva que nunca termina, porque creemos que nada de lo que hacemos es lo suficientemente bueno y el miedo al fracaso nos abruma. El miedo nos dice que, si fracasamos, no merecemos ser amadas. Esta pauta de dejar a un lado nuestras necesidades y deseos para dar prioridad a obtener la aprobación, los elogios o la validación de los demás nos consume y es una forma de autoabandono. El perfeccionismo también se proyecta en las relaciones externas y nos lleva a ser muy críticos y a presionar excesivamente a nuestra pareja, de quien queremos que satisfaga expectativas imposibles.

Es imprescindible liberarnos del perfeccionismo si queremos vivir con alegría y creatividad, lo que nos exige asumir riesgos y abrirnos a las posibilidades de la vida. Cruzar un portal a lo desconocido es imposible si nos limitamos, y limitamos a otros, a estándares rígidos e inalcanzables.

SIGNOS DE PERFECCIONISMO

- Ser hipercrítica contigo misma y con los demás.
- Crear problemas para defenderte del amor y de la intimidad.

- Tener dificultades para celebrar tus logros o victorias, porque crees que no son los bastante buenos.
- Sentir que nunca estarás a la altura.
- Compararte y competir con los demás.
- Sentir una presión constante para estar a la altura, para hacer más, para ser mejor.
- Tener dificultades para descansar, bajar el ritmo, relajarte y entregarte.

En el fondo de cualquier «herida del perfeccionismo» acostumbra a habitar el miedo a sentir algo que estamos evitando o a descubrir que nuestros peores temores acerca de nosotras mismas se harán realidad si nos detenemos o renunciamos al control. Los perfeccionistas son muy autocríticos, pero también se defienden de la intimidad y de la conexión profunda siendo muy críticos con los demás. Se dicen: «Si siempre hay algo que criticar, no hace falta que me acerque demasiado a ti y, así, no me arriesgo a que me hagas daño». Hace falta valor para admitir que, quizás, seamos responsables de haber mantenido al amor a distancia o que es posible incluso que hayamos saboteado nuestras relaciones.

Si te reconoces en la herida del perfeccionismo, te invito a que respires hondo y a que te des permiso para ser el ser humano maravillosamente imperfecto que eres. La vida no se ha hecho para que la controlemos y la organicemos al milímetro. Tenemos que bajar el ritmo y estar dispuestas a permitir que nuestro verdadero yo dé un paso adelante, sin juicios ni estándares imposibles.

CÓMO DEJAR ATRÁS EL PERFECCIONISMO

- Intenta dejar la casa algo desordenada cuando alguien venga de visita.
- Haz algo artístico, escribe una publicación en las redes sociales o comparte una creación imperfecta.

- Baila desinhibida al ritmo de tu música preferida.
- Recuérdate que no pasa nada por equivocarte.
- Date permiso para sentir ira, rabia, odio y tristeza sin juzgarte.
- Si organizas una fiesta en tu casa, pídele a alguien que te ayude a preparar la cena en lugar de intentar hacerlo todo tú.
- Escucha a tu cuerpo y deja espacio para días de descanso y altibajos emocionales.
- Haz algo un poco distinto con tu rutina, aunque sea algo de poca importancia, como soltarte el cabello, tal como hizo Mina, o probarte una prenda de ropa nueva que te guste y sea algo atrevida para ti.

El proceso de toma de responsabilidad

Responsabilizarte de tus patrones exige que te des cuenta de cuándo juzgas, criticas o culpas a los demás, y entonces te detengas y te preguntes: «¿Qué estoy evitando al centrarme en el exterior?». Cuando sientas celos, ira o pena por ti misma, reflexiona acerca de qué miedo nuclear subyace a esa emoción. Ser consciente es aprender a tender un puente que una la mente y el corazón. Si la mente se desboca o empiezas a notar malestar o tensión corporal, detente y céntrate en la respiración para no proyectar la energía hacia fuera y, así, poder autorregularte e integrar la experiencia.

La autoaceptación debe ser el faro que nos guíe en todo momento cuando iluminemos nuestro interior, de modo que podamos integrar todas las cualidades que componen quienes somos. Sin nada que ocultar ni defender, nos ablandamos de forma natural y nos prestamos más a este baile al que llamamos vida.

Sesión de escritura en el diario: trabajo de toma de responsabilidad

Toma el diario y un bolígrafo y date un tiempo para estar con tus pensamientos, miedos y emociones. Responde a las siguientes preguntas, tratándote con amabilidad y compasión en el proceso. Debes saber que experimentar emociones intensas cuando ahondas en ti y abres heridas antiguas para que puedan cicatrizar no solo es normal, sino que es saludable. Estás a salvo.

¿Cuál es tu emoción por defecto en momentos de conflicto (por ejemplo, ira, tristeza, miedo, ansiedad)?

¿Cómo tiendes a expresarte cuando te enojas (por ejemplo, gritar, atacar, culpar, avergonzar, disculparte en exceso, encerrarte en ti misma)?

¿Qué emoción de los demás te da más miedo?

¿Qué prejuicios tienes acerca de esa emoción?

¿Te permites expresar esa emoción? Cuando lo haces, ¿qué sucede?

¿Hay alguna emoción recurrente de la infancia que reaparezca en tus relaciones adultas (por ejemplo, sentir que no se te escucha o no se te ve, impotencia, abandono)?

¿Qué rasgos o características te repelen más en otras personas (por ejemplo, avaricia, celos, ira, vanidad, arrogancia)?

¿Ves esas características en ti? (¡Lánzate a fondo! Responsabilizarte aunque sea un poquito te servirá de mucho.)

En caso afirmativo, escribe un poco acerca de cómo se expresa en ti esa característica o rasgo.

¿Qué facetas de ti muestras cuando te sientes muy cómoda con alguien o con tus amigos más íntimos (por ejemplo, graciosa, expresiva, seria)?

¿Qué te duele de las cosas que los demás asumen de ti?

¿Qué te gustaría que los demás vieran en ti?

¿Qué emoción te gustaría encarnar más en estos momentos?

¿Con qué emoción te gustaría aprender a sentirte más cómoda?

¿Qué hábito o patrón de conducta estás dispuesta a cambiar?

Nadie sana sus patrones con solo escribir en el diario. El propósito de este proceso es ayudarte a sentirte más conectada contigo misma y a entender qué sucede bajo la superficie de tus reacciones y defensas. No tienes que «hacer» nada con esta información más allá de permitir que te aporte más conciencia y te invite a sentir una compasión más profunda por ti misma.

Compartir tu proceso con los demás

Muchas de las mujeres con las que he trabajado se sienten abrumadas cuando al fin integran qué significa hacerse responsables de sus patrones. Con mucha frecuencia se quieren poner en contacto con algún ex o con alguien de su pasado para compartir con esas personas lo que han aprendido. Aunque puede ser muy tentador compartir tus revelaciones con una expareja, no acostumbra a ser muy recomendable, sobre todo si la relación fue tumultuosa o si sufriste algún tipo de maltrato. Tu trabajo de toma de responsabilidad es vulnerable y sagrado, y no tienes por qué compartir nada con nadie que te haya hecho daño para poder asumir la responsabilidad que te corresponde y seguir adelante. Si tienes pareja ahora, quizás sí conviene que le expliques lo que hayas descubierto, pero asegúrate de hacerlo siempre en contexto y prepárate para cualquier cosa.

Como norma general, te sugiero que no compartas ningún proceso íntimo de tu trabajo interior hasta que lo hayas integrado de verdad o hasta que lo puedas compartir sin necesitar que el otro valide tu experiencia. Tus seres queridos te pueden recompensar o no por compartir tu vulnerabilidad con ellos y es posible que, en algún caso, obtengas una respuesta que no te guste en absoluto. Por eso, te sugiero que mantengas tu proceso como algo muy íntimo y lo compartas solo con personas en las que puedas confiar y que tengan cierta experiencia con este tipo de trabajo, como un terapeuta, un *coach*, un guía espiritual, un amigo o tu pareja, siempre que te hayan demostrado que pueden contener tu vulnerabilidad con afecto y siempre que estés dispuesta a asumir la responsabilidad por lo que surja en ti si no obtienes la respuesta que querías.

Autocompasión momento a momento

Adoptar una actitud más compasiva cuando pasamos por un mal momento o cuando retomamos un mecanismo de afrontamiento antiguo puede marcar la diferencia entre una toma de conciencia sostenible o no sostenible. Cuando reacciones de algún modo que te haga sentir vergüenza o culpa, recuerda que el objetivo que persigues no es la perfección. Háblate con el afecto con el que le hablarías a un niño inocente y querido.

Ejercicio para poner en práctica la autocompasión
Coloca una mano sobre el corazón y la otra sobre el abdomen, y haz un par o tres de respiraciones largas, lentas y profundas. Prueba la respiración cuadrada: inspira durante cuatro segundos, contén la respiración cuatro segundos y exhala durante cuatro segundos. Ahora, ¿cómo te podrías hablar con más dulzura? ¿Qué palabras de apoyo, amables y afectuosas necesitas oír en este momento? También puedes intentar completar las frases siguientes en tu diario:

> Sigo siendo una buena persona aunque haya reaccionado así: _________.
>
> Aunque ahora (me) siento _________, merezco ser amada.
>
> Aunque ahora (me) siento _________, puedo acceder a las emociones subyacentes, como _________ y _________.
>
> Estoy orgullosa de mí misma por _________.

COSAS QUE RECORDAR

- Es más fácil quedar atrapadas en nuestros patrones cuando nos juzgamos y nos dejamos embargar por la vergüenza. La clave para avanzar es tomar conciencia con autocompasión.
- Para sobrevivir, conseguir el amor u obtener la aprobación de los demás, ocultamos muchas de las partes de nosotras que rechazamos. Si llevamos compasión y aceptación a esas partes de nosotras mismas, cambiamos cómo nos relacionamos con nuestros patrones y reclamamos nuestra identidad como personas completas.
- Hacerte responsable significa desempeñar un papel activo en tu propia vida y en tus relaciones, en lugar de limitarte a ser un mero espectador.
- El propósito de la toma de responsabilidad no es que te sientas culpable, sino que puedas estar presente de un modo más consciente.
- El proceso de toma de responsabilidad puede ser liberador porque, en el fondo, el propósito final es la autoaceptación.
- La toma de conciencia allana el camino a una transformación más profunda.
- Nadie es perfecto. Está bien cometer errores.

Tu cuerpo es sagrado.
Tu energía es sagrada.
Elige a tus amantes
y a tus amigos con criterio.
La vida es demasiado valiosa
como para desperdiciarla
con quienes quieren
que sigas siendo pequeña.

CAPÍTULO 11

Bandera roja, bandera verde

Ojalá la vida fuera tan fácil como clasificar las conductas en listas sencillas y concisas. En una cita, bastaría con sacar una lista, comprobar los ítems y, ¡tachán! ¡Se acabaron las relaciones disfuncionales! Sin embargo, no podemos descomponer la vida en listas ordenadas, y reconocer las señales de alerta exige más matices que ir marcando las casillas de una lista. En este capítulo hablaremos en detalle de las banderas rojas, amarillas y verdes. Sin embargo, no dedicaremos la mayoría del tiempo a las señales de alerta, las banderas rojas, sino que nos centraremos en cómo son las señales de seguridad, las banderas verdes.

Piénsalo: si siempre estamos al acecho de las señales de peligro, ¿qué atraemos? Exacto, más peligro. ¿Es ese el tipo de energía que quieres llevar contigo cada vez que conoces a alguien o tienes una cita? Es mucho más potente sentar las bases de cómo es una relación sana y feliz y qué sensaciones produce, porque así podrás normalizar las banderas verdes y no esperarás otra cosa de las personas con las que te relaciones. También hablaré de cómo diferenciar entre una verdadera bandera roja y una falsa alarma. En otras palabras, ¿es miedo o es intuición?

Hay señales de alerta que son prácticamente universales, como el maltrato y la violencia. Por el contrario, es posible que creas que algunas de las cosas que yo ubico en la lista amarilla, como la mentira o la infidelidad, corresponden a la lista roja. Habrá cosas que seguirán siendo subjetivas para ti, en función de tus valores fundamentales y de tus circunstancias.

Hace tan solo un siglo, el divorcio era tabú. La mayoría de las parejas se casaban después de un noviazgo muy breve y permanecían juntas incluso si no eran felices. Ahora hemos pasado al otro extremo, de modo que dejamos las relaciones con rapidez y es mucho menos probable que perseveremos cuando las cosas se complican. Sin embargo, no existe la persona perfecta que pueda satisfacer todas tus necesidades todo el tiempo. Cuando mantenemos una relación, todos hacemos daño y a todos nos hacen daño, por lo que es importante saber cuándo es el momento de marcharse y cuándo es el momento de arremangarse y ponerse a trabajar. Nadie puede decirte qué es lo que te conviene a ti y a tu relación, eso depende solo de ti. Por lo general, si estás en una relación y hay amor, respeto y atracción por ambas partes, además de la voluntad de hacer las cosas juntos, se puede avanzar. Si uno de los dos, o ninguno, quiere reparar el daño o no ve que sus acciones lo produzcan, estarán dentro de una rueda de hámster que no va a ninguna parte.

No me gusta poner etiquetas definitivas a todas las crisis y desdichas que pueden acaecer en una relación, porque todos cometemos errores y, a veces, de esos momentos nacen oportunidades de sanación y de comprensión entre dos personas. En otras ocasiones, son oportunidades para que conectes con tu fuego interior, pongas un límite firme y dejes la relación. Hay violaciones de límites tan graves o tan dolorosas que no permiten segundas oportunidades. Si el cuerpo te dice que no, escúchalo. Nunca permanezcas en una situación que te parece insegura «para trabajarte». A veces, trabajarse significa marcharse.

¿QUÉ SON LAS BANDERAS ROJAS, AMARILLAS Y VERDES?

Aunque en realidad es una simplificación excesiva, hablar del semáforo o de banderas rojas, amarillas y verdes nos ayuda a clasificar las conductas en categorías. Las rojas son inaceptables y posiblemente incluso peligrosas. Las amarillas nos indican que debemos prestar atención porque quizás haya que reajustar algo. Y las verdes son las que encontramos en las relaciones saludables y conectadas.

Aunque, a veces, categorizarlo y etiquetarlo todo puede resultar dogmático o limitante, las categorías también nos ayudan en momentos en que no estamos seguras de si algo está bien o no. He hecho todo lo posible para explicar el concepto de bandera roja, amarilla y verde y ayudarte a tener las cosas claras de aquí en adelante, pero si en algún momento no estás segura, siempre es útil pedir ayuda a un profesional de confianza, ya se trate de un psicoterapeuta, consejero espiritual, *coach* o guía.

BANDERAS ROJAS

Las banderas rojas suelen ser motivo suficiente para poner fin a la relación o, directamente, no comenzarla. Son características o conductas que exigen mucha reparación, atención o resolución antes de que pueda existir una relación saludable. Muchas de nosotras hemos normalizado conductas rojas porque en edades tempranas sufrimos maltrato, desatención o disfunciones de relación. Si nos identificamos en la lista de las conductas rojas, nos corresponde a nosotras pasar a la acción para reparar el daño que hayamos podido causar y hacer el trabajo que sea necesario para modificar nuestra conducta.

INDICIOS DE BANDERA ROJA

- Ataca verbalmente a su ex o a sus familiares cuando habla de ellos.

- Cuando habla de sus relaciones pasadas, parece que todas sus exparejas están locas.
- Muestra ira o agresividad ante desconocidos, empleados del sector servicios o conductores.
- Adicción activa a sustancias o conductas arriesgadas reiteradas.
- Conducta controladora; intentos de alejarte de tus seres queridos.
- Te sientes insegura a la hora de expresarte o de manifestar tu desacuerdo por miedo a las consecuencias.
- Pone a prueba tus límites o no te hace caso cuando dices «no» y le parece divertido.
- Demuestra celos y desconfianza y viola tu intimidad personal (por ejemplo, revisa tu celular o tu diario).
- El clima de la relación suele ser tenso y confuso. Es como una montaña rusa y nunca sabes qué va a pasar a continuación ni cuál es tu posición.
- Conducta sexual irrespetuosa o insensible, comentarios hirientes acerca de tu cuerpo.
- La relación es «secreta» y no has conocido a ninguno de sus amigos o familiares.
- Los conflictos son explosivos y nunca se disculpa. Nunca.
- Evita cualquier intento de hablar de la relación, te critica o te dice que eres demasiado complicada o exigente.
- Literalmente, tu pareja no le cae bien a ninguno de tus familiares ni amigos. A ninguno.
- Hace comentarios sexuales acerca de tus amigas íntimas o flirtea con otras personas delante de ti.
- Se transforma en otra persona cuando bebe y te hace sentir en peligro, pero no le parece un problema.
- Es una persona completamente distinta después de la fase de luna de miel.
- Tiene una enfermedad mental que afecta a todo el mundo, pero se niega a pedir ayuda.

- La relación está llena de banderas rojas, pero tu pareja se niega a reconocer los problemas y no tiene el menor interés en hacer el trabajo.
- No lo puedes explicar, pero hay algo que no va bien y te sientes incómoda o en peligro en su presencia.

BANDERAS AMARILLAS

Una bandera amarilla es una señal de advertencia que nos insta a prestar atención y a formular preguntas. Suele indicar que sería prudente avanzar con cautela. En la vida real, prácticamente todas las relaciones tienen alguna que otra bandera amarilla. Es muy poco probable que ni tú ni tu pareja en potencia lo tengan todo resuelto cuando sus caminos se crucen. Una bandera amarilla es una oportunidad para mantener conversaciones claras y directas y descubrir qué están dispuestos a trabajar cada uno y si hay resistencia al crecimiento. Una bandera amarilla se puede tornar roja si las conversaciones se topan con negación o resistencia, pero también puede pasar a verde si llevan a más honestidad y a un nuevo compromiso para transformar lo que no esté alineado en la relación.

INDICIOS DE BANDERA AMARILLA

- Una de las dos partes, o ambas partes, guarda secretos o miente.
- Le cae muy mal a tus familiares y amigos. Te dicen que están preocupados por ti.
- No puedes hablar de tus emociones ni mantener conversaciones vulnerables.
- Acumula muchas deudas y no te ofrece una explicación que lo justifique.
- No le gusta responder a preguntas y dice cosas como «el pasado, pasado está».
- No hay manera de que encuentre trabajo, pierde un empleo tras otro o te pide dinero con frecuencia.

- Anula las citas contigo en el último momento.
- No tiene aficiones, pasiones o intereses propios.
- Tiene una historia de infidelidad.
- No sube ni comparte nada acerca de la relación contigo en las redes sociales (si es una persona activa en las redes sociales).
- Se frustra rápidamente durante un conflicto o tiene dificultades para comunicar lo que siente.
- Se sigue comunicando con sus ex. Esta es complicada, porque hay casos en los que puede ser una bandera verde. Que alguien sea capaz de mantener la amistad con un ex puede ser positivo y una demostración de habilidades de relación. Se convierte en una bandera amarilla o roja cuando lo mantiene en secreto, te excluye, nunca has conocido a la otra persona y no se te ofrece hacerlo, o si el ex cruza límites y no respeta tu relación.

BANDERAS VERDES

¡La bandera verde significa «adelante»! En el contexto de una relación, una bandera verde indica que ambos miembros de la pareja operan desde el respeto mutuo, la autenticidad, la confianza y la valoración. Cuando estamos en una relación con bandera verde, nos sentimos a salvo y seguras. Sabemos que podemos ser nosotras mismas y expresar nuestros pensamientos, opiniones y deseos.

INDICIOS DE BANDERA VERDE

- Te sientes segura cuando te expresas abiertamente.
- Los desacuerdos no son una amenaza para la relación.
- Se promueve el contacto con los amigos y los familiares más allá de la relación.
- Se respetan los límites respecto al contacto físico, la sexualidad, la comunicación y los objetos personales.

- Cada uno es responsable de su energía/emociones y conducta.
- En un conflicto, cada uno es responsable de cómo se presenta, en lugar de que sea el otro quien «siempre» o «nunca» tiene la razón.
- La relación te inspira a ser tu mejor tú y a transmitir amor al resto del mundo.
- Cuando las cosas se complican o hay situaciones de estrés, ambos están dispuestos a esforzarse y a darse espacio en lugar de retirar el afecto o de castigarse mutuamente.
- El clima de la relación es equilibrado, no caótico.
- Se elogian delante de los demás y no hay desprecio ni desdén.
- Se pueden mostrar vulnerables el uno con el otro sin preocuparse de que se pueda usar en su contra más adelante.
- Los conflictos son espacios donde se puede crecer, no donde se inflige daño verbal o físico.
- Pueden reparar la relación después del conflicto.
- Ambos pueden sentarse a hablar del desacuerdo más adelante y esforzaros para estar presentes de un modo más positivo para el otro.
- Ambos tienen una vida fuera de la relación.
- La relación los inspira a ambos.

¿Y si no me siento segura aunque sea maravilloso?

Aunque se pueden hacer varias cosas para facilitar que la otra persona se sienta segura en la relación, la sensación de seguridad se compone de dos partes: un entorno externo saludable y un entorno interno igual de saludable.

Muchas de las personas con las que trabajo manifiestan el enorme desconcierto y desilusión que sienten cuando conocen a «alguien maravilloso» que cumple con todos los requisitos y es afectuoso y amable, y está presente y, sin embargo, no consiguen sentirse seguras. Su mente sigue encontrando multitud de motivos por los que esa persona no es la pareja adecuada o espera, ansiosa, a que algo se tuerza.

«Hacerte sentir segura» no es algo que solo le corresponda a tu pareja, sino que también requiere un trabajo interior por tu parte. Por eso, entender el papel que desempeña el sistema nervioso en los patrones de relación es un elemento vital a la hora de forjar una relación nueva con las señales que te envía el cuerpo. Te ayudará a entender cómo detectas y respondes ante las banderas rojas, amarillas y verdes; cómo expresas el miedo y la preocupación, y si te puedes relajar cuando entras en una relación segura, de confianza y sana.

Además del trabajo interior y de las herramientas somáticas que encontrarás en el libro, los ejercicios que te ayuden a conectar con el cuerpo serán los más efectivos a la hora de reprogramar tu sistema nervioso. Si tienes dificultades para sentirte a salvo, estás siempre cansada o tienes recuerdos traumáticos sin resolver, quizás te iría bien ampliar tu kit de herramientas trabajando con un terapeuta especializado en experiencia somática. Actuar sobre el sistema nervioso es un trabajo muy sutil, pero puede dar lugar a transformaciones muy significativas. Si sumas la sanación del sistema nervioso al trabajo interior que ya estás haciendo, ayudarás al cuerpo a ponerse al nivel de toda la reprogramación mental que estás llevando a cabo. Eso te dará la fuerza para sanar.

¿Y si solo he tenido relaciones de bandera roja?

Algunas de nosotras solo hemos tenido relaciones de bandera roja y es posible que no nos veamos en una relación de bandera verde hasta que construyamos la base necesaria para experimentar algo distinto. Entiendo a las mujeres preocupadas por si están demasiado rotas para mantener una relación sana, porque a mí también me ha pasado. Debes saber que, con compromiso, es absolutamente posible salir de esos patrones enquistados y crear una relación consciente. Más que eso, es posible experimentar una metamorfosis completa, desde cómo te relacionas con el mundo en general a cómo te presentas en el trabajo o cómo conectas con tu familia, con tus amistades, con tu comunidad y mucho más.

El trabajo interior ofrece muchísimos beneficios y he visto crecer a miles de personas que cargaban con un pasado dolorosísimo y traumático. Muchas veces no han crecido a pesar de su pasado, sino gracias a él. A veces, nuestra historia nos abre la puerta a conocernos con tanta profundidad que, al final, lo que queda es un pozo lleno de sabiduría, amor y compasión. No quiero en absoluto invalidar la realidad de lo durísimo que es sufrir experiencias traumáticas, pero lo que has superado te ha dado el don de ser más empática y comprensiva.

¿Puede una relación de bandera roja transformarse en una relación consciente?

Todo el que ha vivido relaciones de bandera roja sabe lo desconcertantes que pueden llegar a ser y, cuando estamos en una, es posible que incluso nos cueste ver lo dañino que es el patrón. Con frecuencia, no nos damos cuenta de verdad hasta que nos hemos alejado de la relación y nos preguntamos cómo y por qué nos quedamos durante tanto tiempo o por qué permitimos que la conducta continuara.

Una de las preguntas que me hacen con más frecuencia cuando trabajo con grupos y abordamos el tema de las banderas rojas es: «¿Puede una relación de bandera roja transformarse en una relación consciente?». Responder a esta pregunta no es nada fácil.

Por un lado, si hay amor mutuo y voluntad compartida, se puede cambiar casi cualquier patrón de relación. Por el otro, cuando dos personas quieren transformar una relación de bandera roja en algo seguro y sereno, es necesario que la relación en su forma actual muera por completo. En otras palabras, cambiar la relación es posible, pero solo si ambos están preparados y dispuestos a reconstruirla desde cero. Lo que sucede es que, muchas veces, en las relaciones de bandera roja no existe esa voluntad. Normalmente, uno de los miembros de la pareja quiere y el otro no y, en ese caso, la única manera de transformar el patrón es salir de la dinámica y hacer el trabajo en solitario.

¿Puede una relación de bandera roja ser un alma gemela o llama gemela?

Sí, puede ser que la persona con quien mantienes una relación turbulenta sea tu alma gemela o llama gemela. Sin embargo, aunque fuera así, no sería motivo suficiente para permanecer en una relación de bandera roja y tampoco significaría necesariamente que estén destinados a estar juntos.

Personalmente, creo que en esta vida tenemos muchas almas gemelas. No una, ni dos, sino más de cien personas con las que viajan nuestras almas. Algunas de nuestras almas gemelas serán amigos íntimos, familiares, amantes e incluso mascotas, pero otras pueden no estar en absoluto en nuestro ámbito más próximo. Esa persona a la que ves con frecuencia en el supermercado o que te trae el correo desde hace quince años también puede estar en tu grupo de almas gemelas. La idea de que solo tenemos un alma gemela, esa idea mítica, puede dar lugar a una mentalidad de escasez y hacer que nos aferremos a algo que no nos conviene en absoluto. La conexión espiritual no justifica nunca el autoabandono. Así que, aunque es posible que tengas, o no, una relación con tu alma gemela, confía en que, si es necesario, lo mejor es dejarla ir.

CÓMO SABER SI ES MIEDO O INTUICIÓN

Las historias que nos contamos pueden confundir a nuestra intuición. Si arrastramos relaciones insanas o factores detonantes del pasado, es posible que a la mente se le dé muy bien encontrar pruebas que confirmen nuestros peores temores en una relación: que no nos hagan caso, que nos controlen, que nos hagan sentir insignificantes, que nos hagan daño, etc. Una de las cosas más potentes que puedes hacer para educar a tu intuición es aprender cómo funciona la mente y cómo se manifiestan las heridas y los miedos. Con claridad y responsabilidad personal, podrás confiar en tu cuerpo cuando te hable.

El miedo acostumbra a aparecer acompañado de un diálogo interno incesante, de cuentos que te cuentas a ti misma, o de predicciones de catástrofes. La intuición es un sentido «instintivo», una «sabiduría interior». Es más un suspiro sutil que una exigencia desesperada. Cuando nos dejamos llevar por el miedo, acostumbramos a reactivar la fantasía del ego (como recordarás, la mía era huir y vivir sola en el bosque). Cuando nos regimos por nuestra intuición, es posible que nos sintamos impelidas a pasar a la acción, pero hacia algo que sirva a nuestro bien superior. El miedo y las proyecciones pueden impedir que establezcamos esta conexión auténtica y llevar a la mente a confeccionar una lista con los peores desenlaces posibles o con un aluvión de juicios. La única manera de establecer una conexión saludable con nuestra voz interior es ver el mundo a través de una lente limpia. Aprender a confiar en nuestra intuición significa cuestionar los mensajes que nos envían la mente y el cuerpo, para así estar seguras de que decidimos desde la verdad y no desde el condicionamiento del pasado.

De cabeza y sin flotador

Tal y como suele suceder en la fase de lucha de poder, todos mis miedos afloraron en todo su esplendor en cuanto Ben y yo nos comprometimos con la relación y nos casamos. Me pasé la mayor parte de nuestro compromiso, que duró más de un año, ahogándome en el drama de mi propio ego.

Si echo la vista atrás, siento muchísima compasión por esa niña interior aterrada por si la traicionaban, le faltaban al respeto o se aprovechaban de ella. Esto no solo era la historia de mi infancia, sino que también lo había experimentado durante mi divorcio. ¡Y ahora estaba a punto de aventurarme a un segundo matrimonio! Tenía la sensación de estar asumiendo un riesgo enorme y lo cierto es que hubo varios momentos en que estuve a punto de echarme atrás. Me avergonzaba que ese fuera mi segundo matrimonio y me atormentaba constantemente la posibilidad de que este tampoco funcionara. Durante ese periodo, alejé a Ben de mí con tanta fuerza como pude. Discutimos y nos peleamos más que nunca e incluso intenté cancelar la boda. Por suerte, tanto Ben como yo teníamos las herramientas necesarias y unos cimientos juntos lo bastante sólidos como para capear el temporal. Eso sí, fue muy difícil.

Un día, Ben y yo estábamos empaquetando todas las cosas para la mudanza y me dijo algo con un tono que me pareció despectivo. En lugar de respirar hondo y tomar conciencia de que los dos estábamos muy estresados, entré en bucle al instante. Me fui a la recámara y me encerré en el vestidor. Sabía que necesitaba ayuda, así que llamé a mi querido amigo y *coach* en relaciones Jordan Fray, que me dio espacio para desahogar mi frustración y mis temores.

—Me preocupa que Ben me quiera controlar, que no me respete, que ni siquiera me vea… me pasará por encima como una aplanadora y despareceré —le dije mientras las lágrimas me caían a raudales por las mejillas.

Me escuchó con suma atención y me respondió con afecto:

—Bueno, a mí me parece que, desde que estás con Ben, estás cada vez más empoderada y eres más visible, ¿qué crees tú?

Mi estado cambió al instante. Fue como si me hubiera despertado de un sueño.

—Sí, es cierto. Me había ofuscado de verdad —le dije.

Jordan pudo ver en qué situación estaba yo y, sin juzgarme ni cuestionar mis temores, me ayudó a conectar con la realidad y con mi relación en el presente. Ese es el poder de la amistad con personas que también están comprometidas con el trabajo interior.

Elige a tus amigos con sabiduría

Es vital contar con amigos o con personas de confianza que estén dispuestos a cuestionarnos cuando sea necesario. En las dinámicas de amistad convencionales, lo más habitual es darse la razón mutuamente y hablar mal de las respectivas exparejas y tomar partido cuando un amigo discute con su pareja. Todos necesitamos sentirnos apoyados y, a veces, lo que más necesitamos es sentirnos validados en nuestra experiencia. Sin embargo, hay ocasiones en las que esto puede ser destructivo.

En una amistad consciente, la función del amigo es escuchar, mostrar curiosidad y, potencialmente, reflejar aspectos que promuevan la introspección y la sanación. De la misma manera que Jordan me despertó con suavidad cuando estaba en plena proyección sobre Ben, todos necesitamos al menos un amigo, terapeuta de confianza, *coach* o guía en cuya ayuda podamos confiar cuando estamos confundidos.

Pasar a la acción o silenciar el miedo

Independientemente de que sea el miedo o la intuición lo que te hable, si algo te da mala espina, nunca lo pases por alto. Conectar con tus miedos significa reconocerlos, no descartarlos sin más. A veces hay una razón válida que explica ese miedo y, otras, el miedo no es más que una respuesta natural ante el cambio que se avecina. Al fin y al cabo, somos seres de costumbres, por lo que es lógico que sintamos cierto malestar cuando hacemos cambios significativos en nuestras vidas. Esto se aplica también a algunos de los cambios más positivos: comenzar una relación, comprometerse, casarse, comprar una casa, tener hijos, conseguir el ascenso que siempre habías querido o lograr uno de tus objetivos más importantes pueden hacer que afloren miedos inesperados, pero eso no significa que haya ningún problema.

El miedo es sagrado, y validarlo es un proceso vulnerable que merece nuestra conciencia afectuosa. Lo que debemos evitar es reaccionar ante el miedo como si fuera la verdad absoluta y, en lugar de eso, adoptar una postura de introspección, paciencia y curiosidad ante el mismo.

Acercarnos al miedo de forma consciente nos da la oportunidad de cerrar cualquiera que sea la herida que se haya abierto. Cuando decidimos compartir nuestro mundo interior con las personas importantes para nosotros, les damos la oportunidad de sanar con nosotros. Por el contrario, si el miedo apunta a la realidad de que esa persona o relación no te conviene, puedes practicar y formular las preguntas clarificadoras que sean necesarias.

Cuando el miedo haga su aparición, sigue este proceso

Valida el miedo.
Pregúntate de dónde viene este miedo. ¿Tiene origen en una relación pasada? ¿Tiene una base sólida, se ancla en la realidad de esta relación o viene de atrás?

Localiza el miedo.
¿En qué parte del cuerpo sientes ese miedo? ¿Tiene tu cuerpo algo que decirte? Recuerda que es posible que el miedo esté condicionado para responder de maneras determinadas, así que cuestiónalo con suavidad. Pregúntale: «¿Esto surge de la claridad o del condicionamiento?».

Pon el miedo a prueba.
Pregúntale al miedo: «¿Qué es lo peor que podría pasar? Y entonces, ¿qué?». Sigue hasta que llegues a la verdadera raíz del miedo.

Revela tu miedo.
Si te parece adecuado, puedes invitar a la persona asociada a tu miedo a que te contenga y compartir con él o ella lo que te sucede.

También puedes trabajar con el espejo y revelarte el miedo a ti misma frente a un espejo y hablar desde el corazón.

Libera el miedo.
Puedes poner en tu altar un objeto que simbolice ese miedo y la lección que te trae en este momento, o escribirle una carta y quemarla en el próximo ciclo lunar. Cuando estés preparada, puedes llevar a cabo algún ritual que simbolice el proceso de liberación de ese miedo, como un baño floral, un ritual de fuego o devolver el objeto a la naturaleza (usa exclusivamente objetos naturales y de origen responsable, como hojas, piñas, piedras, flores o tierra).

Identificar las falsas alarmas

Cuando estamos condicionados para esperar lo peor, es posible que salgamos corriendo o hagamos suposiciones o lleguemos a conclusiones catastróficas cuando aún no contamos con suficiente información.

Sí, es cierto que hay banderas rojas evidentes que justifican que demos media vuelta y nos vayamos inmediatamente. En las situaciones de maltrato, no es en absoluto necesario que esclarezcas la intención del otro. Yo me refiero a algo distinto. Me refiero a cuando proyectamos nuestros miedos en una relación que tiene los altibajos normales y a cuando transformamos situaciones menores en catástrofes. Me refiero a creer que nuestra pareja nos está siendo infiel porque lo hemos visto en una aplicación de citas cuando justo hemos empezado a salir, o afirmar que no está disponible emocionalmente o que evita el compromiso porque no ha sentido un flechazo instantáneo por tu gato.

Cuando nuestras relaciones pasadas han sido causa de mucho dolor y trauma, es muy lógico que actuemos con precaución; de hecho, es incluso sensato. Sin embargo, también tenemos que estar dispuestas a ser directas y a comunicarnos con claridad, de modo que la otra parte tenga la oportunidad de compartir su realidad con nosotras. Alguien con una herida de abandono puede perder el control rápidamente por un malentendido menor y convertirlo en algo muy negativo. Cuando la herida de abandono se activa, la mente idea toda suerte de posibles historias y ninguna de ellas será buena.

En esos momentos, es posible que estés respondiendo a una falsa alarma en lugar de a una auténtica bandera roja. Es posible que estés cediendo a temores conocidos que no tienen base en tu realidad actual: «No le importo, no le gusto, es una mala persona, me abandonará, huye del compromiso, no es de fiar», etc. Este tipo de momentos son una oportunidad para «poner a prueba» la relación o posible relación si te comportas como una adulta madura, formulas preguntas para aclarar la situación y manifiestas tus deseos. Cómo responda la otra persona en esos momentos te aportará muchísima más claridad que la que tu mente te puede proporcionar por sí sola.

Conectar con la realidad: cómo pedir claridad

Si alguna vez has visto una comedia romántica, sabrás que una de las principales maneras en que los guionistas crean tensión es hacer que dos personas que tienen buenas intenciones se malinterpreten y luego se nieguen a comunicarse directamente, lo que da lugar a caos, frustración y jueguecitos. La comunicación directa y dar al otro la oportunidad de estar a la altura te puede ahorrar muchísimas acrobacias mentales.

Aprender a comunicar directamente, a demostrar curiosidad y a relacionarte con los demás de otra manera te empoderará. Esto significa que, en lugar de hacer suposiciones y de saltar a conclusiones, necesitas dar un paso atrás y respirar hondo. Cuando te hayas centrado, acércate a la persona en cuestión y habla con ella. «Conectar con la realidad» significa darte cuenta de cuándo tu ego o tu mente están creando una historia y pararte a verificar si la historia es cierta o no.

Si estás en una primera cita y la otra persona te da mala espina, no es necesario que se lo digas. No hace falta conectar con la realidad del otro si no quieres dar una oportunidad a la relación. Sin embargo, en mi caso, que estaba a punto de casarme con alguien y mi mente estaba desatando el caos en mi interior, conectar con la realidad era justo lo que necesitaba para despertar del estupor en que me hallaba y volver a centrarme.

Conectar con la realidad te ayuda a distinguir entre el miedo y la intuición. Exige ser valiente y estar dispuesta a comunicar. Es posible que no siempre obtengas la respuesta que quieres, pero lo que sí obtendrás es claridad y eso es lo más importante. A veces no preguntamos porque, en el fondo, no queremos saber la respuesta. Tenemos miedo a dejar la relación, así que ignoramos las banderas rojas y no las cuestionamos hasta que todo se derrumba o salta por los aires.

La comunicación abre otra posible realidad: una mayor intimidad y una mayor comprensión en la relación. La mente teje historias y construye significados sin cesar, pero no siempre son los correctos. A veces, lo que sucede es que estamos en una de esas comedias románticas, en las que ambas personas tienen buenas intenciones, pero no son directas.

Decidir cuándo compartir nuestros miedos

Compartir nuestros miedos nos hace increíblemente vulnerables y, aunque el trabajo interior exige que demos un salto de fe, también creo firmemente que es normal que seamos cuidadosas a la hora de decidir con quién compartimos nuestro corazón, sobre todo cuando estamos en un momento sensible. Sentirnos despreciadas o rechazadas justo cuando empezamos a practicar la vulnerabilidad no es ideal. Ten en cuenta que, a veces, no podrás plantear tus miedos directamente a la persona con la que guardan relación. Quizás sean tus padres, una persona con la que tuviste una cita o incluso tu pareja actual. Lleva tu miedo a alguien que lo pueda contener por ti. Si no estás segura, siempre es mejor pedir permiso antes de compartir. Cada persona tiene sus límites. A veces también podemos procesar el miedo a solas, escribiendo en el diario o paseando por el bosque.

Pedir claridad podría sonar así

«Estoy procesando algo complicado y querría saber si podrías escucharme y contenerme emocionalmente.»

«Me han surgido ciertos temores respecto a la relación y me gustaría saber si estás dispuesto a escucharme sin juzgarme.»

«Me da miedo acercarme demasiado y que me rompas el corazón. Noto que empiezo a tener ganas de salir corriendo. Lo quería decir en voz alta, para que el miedo no se haga más fuerte.»

«El otro día dijiste una cosa que me inquietó y necesito que lo aclaremos. ¿Estás dispuesto a ello?»

«El otro día dijiste una cosa que me provocó emociones intensas y me gustaría hablarlo contigo, si estás dispuesto.»

«El otro día, cuando dijiste ___, me conectó con ___, porque en el pasado he tenido experiencias___. ¿Qué querías decir exactamente con eso?»

«Para mí, ___ es muy importante en las relaciones y me gustaría saber si estás dispuesto a ello.»

COSAS QUE RECORDAR

- Las banderas rojas, amarillas y verdes tienen matices. No debemos simplificar demasiado esta cuestión.
- Las banderas rojas no son negociables y sí motivo suficiente para poner fin a la relación, pero pueden ser ligeramente distintas para cada persona.
- Algunas banderas rojas, como el maltrato, son intolerables en todos los casos, mientras que otras, como la infidelidad, se pueden trabajar si la pareja lo desea. Respétate en este proceso.
- Todos nos equivocamos y nos desequilibramos en algún momento. Lo más importante es que asumas la responsabilidad de tu conducta y te comprometas con el proceso de sanación.
- Cuando nos han traicionado o nos han hecho daño en el pasado, es posible que detectemos «falsas alarmas» y dejemos la relación o nos angustiemos. A veces necesitamos el apoyo de un terapeuta o de un guía de confianza para que nos ayude a sortear estas situaciones.
- Es importante que te centres en buscar banderas verdes y que inviertas la energía en cultivar relaciones saludables y seguras.
- Cuanto más te respetes a ti misma y más te comprometas con el autoconocimiento, más aprenderás a confiar en tu instinto.

CUARTA PARTE

ALINÉATE CON TU VERDAD

Encontraremos una enseñanza oculta en todo si decidimos abrirnos a ella. Cuando alguien cruza nuestros límites, nos invita a usar la voz. Cuando alguien evita la intimidad, nos invita a reclamar lo que queremos en la relación. A veces, lo que parece un rechazo es una llamada a usar nuestro poder.

CAPÍTULO 12

Confía en tu cuerpo, pon límites

Los límites que instauramos son una extensión de nuestra energía y de nuestra integridad. Cuando alguien siente la necesidad imperiosa de complacer a los demás, hace más de lo que puede y tiene dificultades para decir que no, aprendemos a no confiar en él o ella plenamente. Aunque es muy posible que la ausencia de límites tenga su origen en el deseo de conservar el amor, normalmente nos acaba repeliendo y nos impide forjar una relación profunda. En el fondo, los límites reflejan nuestra apertura a la vida, la relación que mantenemos con nosotras mismas y nuestro compromiso con la honestidad.

Los límites son vitales para la conexión, porque refuerzan las relaciones y crean la seguridad que surge de saber que se puede confiar en las palabras del otro y que respetará sus propias necesidades.

La raíz de la mayoría de los problemas con los límites acostumbra a ser la falta de confianza en nosotras mismas y en nuestro cuerpo. Desarrollar límites saludables consiste en aprender a expresarnos de forma clara y directa, pero también tiene mucho que ver con confiar en que sabemos lo que es mejor para nuestro bienestar emocional, espiritual y físico.

Instaurar límites con seguridad significa estar dispuestas a decir que no, a dejar a la otra persona o a actuar en consecuencia cuando alguien se salta algún límite de forma reiterada. También significa que debemos tener claras nuestras intenciones: ¿Instauramos límites para invitar a alguien a que se acerque más o para protegernos de conductas perjudiciales? ¿Instauramos límites desde el miedo o desde el amor?

Si nuestra forma de instaurar límites no nos lleva a donde queremos estar, tenemos la opción de asumir la responsabilidad que nos corresponde y aprender a comunicarnos de otra manera. Cuando nos expresamos con seguridad y confianza en nosotras mismas, podemos ser amables y firmes, directas y cuidadosas. Con estos cimientos, nos convertimos en la autoridad sobre nuestras vidas y ya no necesitamos defender nuestras decisiones. Nos relajamos en la verdad de quienes somos e instauramos una conexión más profunda con las personas más importantes para nosotras.

Mira en tu interior y, durante unos instantes, imagina cómo sería la versión más radiante y potente de ti misma. ¿Cómo te sentirías al saber todo lo que vales, al confiar en tus síes y en tus noes, al reconocer lo que necesitas e instaurar y respetar los límites que estableces? Este capítulo, como toda la cuarta parte del libro, se centra en ayudarte a ver con total claridad cuáles son tus límites, qué es lo que más valoras, cómo quieres que te quieran y qué te gustaría dar y recibir en una relación. También exploraremos tu espacio de crecimiento, o el área donde puedes desarrollar más seguridad a la hora de comunicar con exactitud qué necesitas.

¿Qué son los límites?

Los límites son líneas imaginarias que separan nuestro espacio físico, nuestras emociones, nuestras necesidades y nuestras responsabilidades de las de los demás. En su forma más elevada, nos permiten crear relaciones más sanas, en las que nos sentimos vistas y respetadas tal como somos de verdad, y hacen saber a los demás qué aceptaremos y qué no en términos de conducta y de comunicación.

Los límites son como un baile. Si los instauramos con rigidez y como una forma de protección, se pueden transformar en muros que nos separan de esa misma conexión que tanto anhelamos. Si no instauramos ninguno, es posible que pronto nos ahoguemos en el resentimiento acumulado por no haber dado prioridad a nuestras necesidades.

El baile consiste en aprender a establecer y respetar los límites de maneras que nos acerquen a lo que queremos en lugar de usarlos como una herramienta defensiva. Comunicar nuestras necesidades ayuda a los demás a querernos mejor. Los límites nos ayudan a permanecer conectados con los demás, al tiempo que mantenemos nuestra soberanía como individuos. También hay momentos en los que necesitamos instaurar límites muy firmes con las personas que nos consumen y que cruzan los límites una y otra vez. Estos límites serán distintos, porque su propósito es crear una distancia saludable.

Los límites y la autoestima

Los límites están relacionados con la autoestima. Es posible que el mero hecho de pensar en instaurar un límite nos aterre, porque creemos (erróneamente) que si definimos nuestros límites, todo el mundo se irá y nos quedaremos solas. Si no estamos acostumbradas a poner límites, es posible que no sepamos qué es razonable pedir (lo abordaremos en el capítulo siguiente, que trata de las expectativas), dónde poner la línea entre nosotras y la otra persona, y cómo poner límites sin alejar al amor. Si somos muy sensibles y empáticas, también es posible que creamos que es nuestra responsabilidad proteger las emociones ajenas. Tal vez no pongamos límites porque tememos la reacción del otro. Incluso es posible que nos pongamos a la defensiva o saltemos cuando alguien nos pone un límite, porque lo interpretamos como un rechazo.

Sanar estos patrones es un proceso gradual que sucede a medida que nuestra autoestima se refuerza y empezamos a confiar en que, una vez que hayamos definido nuestros límites, solo las personas adecuadas permanecerán en nuestras vidas.

Es posible que tengas la norma de no ir a cenar en las primeras citas. Quizás solo quieras estar con un determinado amigo o familiar si se compromete a no beber alcohol. O quizás tengas que decirle que no a un amigo que te pide ayuda porque estás ocupada con un proyecto o, sencillamente, porque necesitas descansar. Confía en que está bien decir que no. Es posible que alguna persona desaparezca si la dinámica de la relación dependía de que tú no atendieras a tus necesidades, pero, por lo general, la mayoría de las personas no solo respetarán tus límites, sino que agradecerán que los tengas. En algunos casos, es posible que incluso se sientan inspiradas y aprendan a definir los suyos. Haz lo posible para aceptar lo que sea que tenga que suceder. Las personas adecuadas se quedarán contigo hasta el final.

Los cinco tipos de límites

FÍSICOS

Los límites físicos tienen que ver con nuestro espacio personal y con nuestro cuerpo físico. Cuando estos límites son sólidos, somos conscientes de nuestros límites, preferencias y deseos físicos. Respetamos los límites físicos de los demás cuando les pedimos permiso antes de tocarlos. Muchas de nosotras sufrimos la pérdida de nuestros límites físicos durante la infancia, cuando nos obligaban a abrazar a personas que no conocíamos. Ahora, el consentimiento se valora mucho más. Recuperar los límites físicos supone saber que tenemos el control absoluto sobre nuestro cuerpo.

MATERIALES

Los límites materiales tienen que ver con las posesiones personales. Cuando los límites materiales son firmes, respetas tanto tus posesiones como las de los demás. Esto puede significar devolverle a un amigo el objeto que te prestó exactamente cuando dijiste que se lo devolverías. O que si alguien te pide algo prestado y no se lo quieres prestar por el motivo que sea, te niegues a hacerlo. Mi biblioteca personal sufrió muchas bajas hasta que al fin cambié mis límites acerca del préstamo de libros. Los límites materiales pueden tener mucho más peso para las personas que otorgan valor sentimental a los objetos, por lo que en esos casos hay que tener especial cuidado.

EMOCIONALES

Los límites emocionales nos permiten separar nuestras emociones de las de los demás. Nos permiten crear un espacio energético entre nosotras y la otra persona. Los límites emocionales saludables evitan que nos demos en exceso, que carguemos con culpas que no son nuestras, que tendamos a rescatar a los demás y que nos sintamos responsables por la experiencia de los demás. Cuando contamos con límites emocionales sólidos, permanecemos en nuestro cuerpo y en nuestra experiencia al tiempo que somos capaces de observar y estar presentes en la experiencia de otro (sin tomárnosla como algo personal). Cuando carecemos de límites emocionales sólidos, podemos tender a la codependencia y al enredo, en el que nos dejamos absorber por la otra persona y sufrimos el impacto de todas las emociones que siente.

MENTALES

Los límites mentales consisten en mantener nuestra identidad y nuestros pensamientos, valores y opiniones al tiempo que respetamos a quienes son distintos a nosotras. Cuando los límites mentales no son sólidos, podemos saltar cuando alguien comparte opiniones distintas a las nuestras; ponernos a la defensiva cuando recibimos críticas o adoptar las opiniones de los demás como si fueran propias. Cuando nuestros límites mentales son débiles, la diferencia nos amenaza. Proyectamos y suponemos en lugar de adoptar una mente abierta. Los límites mentales firmes nos permiten escuchar y recibir comentarios, escuchar las opiniones ajenas sin adoptarlas inmediatamente como una verdad propia y responder con curiosidad en lugar de reaccionar cuando alguien experimenta el mundo de un modo distinto al nuestro. También somos capaces de crear un filtro y de discernir qué resuena en nuestro interior y qué no al tiempo que mantenemos la flexibilidad necesaria para cambiar de opinión de vez en cuando.

ESPIRITUALES

Contar con unos límites espirituales sólidos significa que respetamos el camino de los demás, que no interferimos en él y que no ofrecemos consejos espirituales a no ser que nos los pidan, además de que respetamos las burbujas energéticas de los demás. Todos tenemos nuestra propia burbuja energética, o campo de energía invisible; hay quien lo llama «aura». Cuando aprendemos a respetar los límites espirituales de los demás, recuperamos nuestra sensibilidad y bajamos el ritmo para poder percibir y conectar de verdad con la energía. Practicar esta habilidad nos hace ser más compasivas, ser mejores oyentes y ser amigas, parejas e integrantes de la comunidad más equilibradas. Los límites espirituales sanos nos permiten entender que no nos corresponde a nosotras salvar, arreglar o iluminar a los demás.

Los límites espirituales son muy importantes para quienes estamos en el camino de sanación. Es muy probable que todas hayamos conocido a alguien que nos dice cómo deberíamos vivir, crecer o abordar nuestra sanación, y puede ser muy intrusivo. Sabemos lo mal que nos sienta cuando alguien nos juzga sin más o asume que sabe cómo nos sentimos o qué creemos en lugar de preguntárnoslo. Cuando, sin que nadie nos lo haya pedido, proyectamos nuestras creencias o ideas acerca de cómo creemos que otros deberían responder a la vida, estamos en cierto sentido interfiriendo en su destino. Todos y cada uno de nosotros estamos aquí para aprender nuestras propias lecciones y no nos corresponde a nosotras interrumpir el proceso de aprendizaje de nadie. Los límites espirituales saludables nos ayudan a quienes somos orientadores, *coaches* o terapeutas profesionales a guiar a otros, al tiempo que dejamos espacio para su propia realidad y la validamos.

Firmas de límites

Cada área de nuestras vidas (trabajo, amistades, familia, relaciones románticas, etc.) tiene una «firma de límites» única, ya sea saludable, o excesivamente rígida o flexible. A la mayoría de las personas les cuesta poner límites en algunas áreas, pero los gestionan a la perfección en otras. Es posible que tengamos límites saludables en las relaciones de trabajo, pero que se vuelvan porosos cuando se trata de la familia o la pareja. Quizás mantenemos límites saludables con la mayoría de nuestros amigos, pero tenemos dificultades cuando interactuamos con alguien que nos recuerda a un progenitor o cuidador del pasado.

Lee las siguientes descripciones y determina con qué firma de límites te identificas más. Cada tipo de límite viene acompañado de un ejercicio que te ayudará a recuperar el equilibrio. Fíjate en las sensaciones corporales que aparezcan durante el ejercicio. Cuando el ego percibe que sobreviene un crecimiento, responde rechazándolo o resistiéndose para protegerse. Si notas resistencia, podría ser una señal de que perseverar en el ejercicio será transformador para ti.

FIRMA DE LÍMITES POROSA

- Se deja influenciar fácilmente por los demás.
- Puede sentir amargura, resentimiento y la sensación de estar quemado.

- Asume los problemas de los demás.
- Tiene dificultades para decir que no.
- Siente que su voz no importa.
- Con frecuencia tiene dificultades con una herida de abandono.
- Tiene energía de rescatador o de cuidador.
- Siente miedo al rechazo o al abandono.
- Entiende los límites como algo propio de una mala persona.

Tu ejercicio: te podría ser útil encarnar el elemento fuego, que hemos explorado en el capítulo tres, practicando el mostrarte directa y segura de ti misma y manifestando tu opinión aunque te resulte difícil. Tu espacio de crecimiento es sentirte cómoda dándote prioridad y diciendo que no. Es posible que, al principio, te sientas egoísta. Si es así, acéptalo. Con el tiempo encontrarás el equilibrio entre dar y conservar tu energía.

FIRMA DE LÍMITES RÍGIDA

- Es necio y se cierra a dejarse influir.
- Tiende a ponerse a la defensiva más que a mostrar curiosidad.
- Usa los límites para tapar o proteger el corazón.
- Usa el orgullo para ocultar la vulnerabilidad emocional.
- No está dispuesto a colaborar.
- Es más egocéntrico que relacional.

Tu ejercicio: te podría ser útil encarnar más el elemento agua bajando poco a poco tus muros, conectando con tu sensibilidad y dándote permiso para recibir ayuda y amor. Tu espacio de crecimiento es sentirte cómoda mostrándote vulnerable y aprender a dejar que los demás se acerquen a ti, además de dejar espacio a las necesidades y los deseos ajenos. Debajo del dolor y de la desconfianza hay una ternura que te pide que la atiendas.

FIRMA DE LÍMITES SALUDABLE

- Puede ser firme o flexible, según sea necesario.
- Puede escuchar opiniones o comentarios de los demás y decidir cómo responder.
- Confía en el cuerpo y en la voz interior.
- Puede contener el dolor o las emociones de los demás sin sentir la necesidad de rescatarlos o cuidarlos.
- Puede decir que no, incluso si le genera cierta culpabilidad.
- Respeta los límites de los demás.
- Comparte información personal de un modo adecuado (ni mucho ni demasiado poco).
- Comunica los límites de manera clara y directa.
- Entiende los límites como una manera de crear relaciones más saludables.
- Se conoce lo bastante bien como para comunicar sus necesidades de espacio y tiempo personal, etc.

Tu ejercicio: siempre hay áreas en las que ponemos a prueba nuestros límites. Tu espacio de crecimiento es seguir siendo consciente de cuándo un área necesita de tu atención y confiar en que seguirás comunicando de un modo que demuestre respeto por ti misma.

CONFIAR EN TU CUERPO Y EN TU MENSAJERO INTERIOR

Tu cuerpo y tu mensajero interior (o intuición) son la brújula que te ayuda a definir límites conscientes y saludables. Tu mensajero interior no se deja llevar por el miedo y no te cuenta historias, sino que te habla mediante una serie de sensaciones, vibraciones o sonidos que te ayudan a identificar tu verdad. El mensajero interior nos habla de un modo distinto a cada uno, por lo que es importante que practiques la conexión con tu cuerpo y descubras cómo se manifiesta ese mensajero en tu vida. Estar en sintonía con tu cuerpo es la puerta de acceso a tu poder. Tu cuerpo contiene todas las medicinas y toda la magia que necesitas para sanar, encontrar la paz y crear la vida que quieres.

Cómo se podría manifestar tu mensajero interior

Sensaciones físicas

Con frecuencia, las sensaciones son mensajes que nos indican cuándo decir sí y cuándo decir no. Las punzadas, las contracciones, la sensación de opresión en el estómago o un dolor de cabeza instantáneo pueden ser señales de que el cuerpo está diciendo «no». Los cosquilleos, la expansión, la ligereza o una sensación de «calidez» pueden ser señales de que el cuerpo está diciendo «sí».

Los sonidos que emites

Muchas veces, los sonidos pueden ser indicadores de un sí o un no interior. Si acostumbras a balbucear cuando intentas tomar una decisión, fíjate en el tono y la vibración del sonido que emites. ¿Tiene una carga positiva o negativa? Este ejercicio de sintonía te puede ayudar a conectar con lo que el cuerpo te quiere comunicar acerca de lo que te parece bien o no. Esto es aplicable incluso a las preguntas más sencillas que se responden con un «sí» o un «no».

Un destello de inspiración

Algunos de nosotros recibimos una confirmación «instantánea». Puede notarse en el pecho, en el corazón o en la zona del bazo o los riñones. Si eres una de esas personas que recibe «destellos» de inspiración en los que dices instantáneamente que no, es posible que te califiquen de impulsiva o que no confíes en ese conocimiento instantáneo y apeles a la razón para darte motivos para echarte atrás en tu decisión. Tu trabajo es aceptar y confiar en la intuición.

Procesamiento emocional

Si eres de las personas que necesitan tiempo para tomar una decisión, es posible que te sientas presionada por los demás para tomar una decisión al instante. Tu trabajo es respetar tu necesidad de tomar decisiones y de darte tiempo para conectar hasta el final con tus emociones.

Descargas

Algunas de nosotras podemos experimentar la sensación de que el chacra corona (en la parte superior del cráneo) se abre y deja entrar información. Cuando recibo una descarga, es como si un tubo de luz se me introdujera por la parte superior del cráneo y me transmitiera un mensaje, aunque otros lo pueden experimentar como algo que cae y aterriza en el cuerpo. Tu trabajo es invertir tiempo en cuidar de la relación con el Espíritu sea cual sea el modo en que resuene en ti, de modo que estés abierta a recibir orientación divina.

COMUNICAR NUESTROS LÍMITES

Durante gran parte de nuestra vida, nos enseñan que debemos comunicar con amabilidad. Sin embargo, con frecuencia, esto lleva a que comuniquemos de forma indirecta o a que evitemos conectar con lo que sentimos en realidad. Se puede ser directa sin ser cruel, y tampoco hay necesidad de dar rodeos ni de edulcorar las palabras.

La parte más importante de comunicar un límite es que tengamos claro por qué lo hemos establecido y qué queremos conseguir comunicándolo. La energía es importante, por lo que estar tranquila y centrada en tu intención transmite esa energía a tu interlocutor.

Si tienes miedo o estás nerviosa o enojada, lo transmitirás también. Es posible que cuando aprendemos a poner límites saludables, al principio vayamos de un extremo a otro. Si nos aterra usar la voz, quizás nos envalentonemos hasta que estallamos o pasemos de no tener límites a levantar muros, por lo que parecemos agresivas o duras en lugar de reflexivas. Poner límites puede ser angustiante, sobre todo si se han violado antes. Sé amable contigo misma si no expresas las cosas como quieres. Si te sucede, puedes decir: «Lo siento, no me expresé bien. Permíteme que lo vuelva a intentar».

Antes de poner un límite, respira y conecta con el cuerpo. Piensa en cómo quieres que vaya la conversación y conecta con el valor que subyace al límite. Tardarás algo de tiempo en sentirte cómoda con ellos y algunos te resultarán más fáciles que otros.

Obsérvate con ternura mientras practicas. No siempre te saldrá «perfecto», pero lo importante es que recuerdes que lo estás haciendo lo mejor posible y que estás aprendiendo una habilidad nueva.

Ritual para conectar con el cuerpo

Usa este ritual antes de comunicar un límite o siempre que notes que sales de tu cuerpo. Esto acostumbra a suceder después de que se haya cruzado un límite o en situaciones que nos causan ansiedad o nos abruman.

1. Respira profundamente tres veces.
2. Fíjate en la respiración. ¿Es superficial o está relajada?
3. Conecta con la superficie sobre la que te encuentres: nota los pies sobre el suelo, las nalgas sobre el asiento o la espalda sobre el suelo o contra el respaldo de la silla.
4. Da un repaso visual a la habitación, fíjate en dónde estás y siente la sensación de presencia que te aporta.
5. Haz un escáner corporal e identifica las distintas sensaciones corporales.
6. Vuelve a respirar profundamente tres veces.
7. Di: «Estoy presente, estoy centrada, estoy a salvo».

Mantén la conversación sobre los límites cara a cara

Los *millennials* y los miembros de la generación Z hablan menos y se envían más mensajes de texto, lo que es propio de esta época, pero también un camino a la desconexión generalizada y a una oleada cada vez más extendida de ansiedad.

Los mensajes de texto no nos transmiten el tono de voz y tampoco nos permiten percibir ni la energía de la persona ni los matices de significado. Por eso, merece la pena instaurar límites en lo que se refiere a la comunicación por mensajes de texto. No comunicarnos de forma directa o malinterpretar los mensajes de texto da lugar a muchas rupturas de comunicación.

Un buen límite que instaurar es comunicar todo lo que sea importante, como un conflicto interno o algún miedo que se haya activado, en persona o por teléfono, si es que no puede ser en persona. Si hay sentimientos heridos o algo que te resulte frustrante, es mucho mejor esperar y pedir una conversación que enviar un mensaje larguísimo. Otra manera de comunicarse es por carta, sobre todo si aún estás trabajando con tendencias somáticas como quedarte bloqueada o encerrarte en ti misma cuando intentas sentar un límite o si no es seguro hacerlo con la persona en cuestión y no quieres volver a verla.

En el pasado, le escribía cartas a Ben porque me ayudaban a sacarlo todo, pero siempre le preguntaba antes si le parecía bien recibir el mensaje de esa manera y la carta siempre venía seguida de una conversación cara a cara. Si pones el límite con la intención de reforzar la relación, reúne todo tu valor y ten la conversación en persona.

Aportar claridad a las relaciones

Cuando exploramos el trabajo con los límites, es posible que convenga reflexionar también acerca de cómo los comunicamos.

¿Damos vueltas y vueltas y evitamos ir al grano? ¿Nos expresamos de forma clara y directa? ¿Damos cosas por sentado y esperamos que el otro adivine qué necesitamos y cuáles son nuestros límites? ¿Creemos que cualquier persona con dos dedos de frente tendría que conocer nuestros límites y, por lo tanto, nos enojamos cuando no los respetan?

Es importante ser conscientes de cómo estamos presentes en nuestras relaciones y asumir la responsabilidad que nos corresponde si no ayudamos al otro a que nos quiera como queremos que lo haga. Si alguien cruza un límite que no le hemos comunicado jamás, no es justo castigarlo o enojarnos con él o ella. Es una oportunidad para hacerle saber de qué otra manera podría estar presente en la relación. Por supuesto, hay conductas evidentes, como el maltrato, los insultos u otras conductas extremas, que no hace falta explicitar para esperar que el otro nos trate con respeto. Sin embargo, en la mayoría de los casos tendremos que ser muy claras con lo que queremos y necesitamos si nos queremos sentir a salvo y comprendidas. Aunque es posible que nuestra niña interior quiera que la cuiden sin necesidad de hacer nada, si queremos encarnar nuestro yo adulto y maduro, tenemos que asumir la responsabilidad que nos corresponde y comunicar nuestras necesidades y deseos.

Superar la culpa

A veces, poner límites nos exige superar cierta sensación de culpa. Muchas de nosotras no ponemos límites para evitar sentirnos culpables, pero, al final, cuanto más esperemos, más difícil nos será. Quizás evitamos conversaciones complicadas porque no queremos enfrentarnos a la reacción emocional del otro o para evitar nuestras propias emociones complicadas. Quizás neguemos nuestra verdad o hagamos todo lo posible para ignorar que hay algo que no está alineado. Sin embargo, esta estrategia tiene fecha de caducidad, porque no está anclada en la verdad. Cuando algo nos mantiene despiertas por la noche o nos reconcome durante todo el día, es señal de que hay que hacer algo.

Es normal sentir emociones encontradas cuando aún no se tiene la costumbre de poner límites. Es posible que sientas el impulso de echarte atrás o de correr a hacer que el otro se sienta mejor en cuanto le has dicho que no. No tienes que salvarlo. Céntrate en respirar hondo y verás que cada vez te resulta más fácil.

Cuando se ha cruzado un límite

Si alguien cruza un límite, tenemos que comunicárselo y manifestar explícitamente cómo queremos que se comporte en el futuro. Si se trata de una conducta grave, es posible que necesitemos ayuda externa o profesional. A veces, no podemos hacerlo todo en solitario, porque no es seguro.

Habrá ocasiones en que, por mucho que queramos a alguien, la opción más elevada es eliminar su energía de nuestra vida por el bien de nuestro corazón. En una relación, el mero hecho de decir o escuchar las palabras «te quiero» no sustituye a la necesidad de respeto, de honestidad, de autenticidad y de libertad de expresión. Nos podemos dar prioridad sin dejar de querer al otro. Nadie lo hará por nosotras. Nos corresponde a nosotras garantizar que queremos y somos queridas hasta nuestro máximo potencial. Podemos amar a alguien y entender el «porqué» de lo que hace y, aun así, no permitir que nos siga haciendo daño.

Entender el origen del dolor del otro significa que podemos ver que opera desde una herida y que repite su propio trauma. No es necesario demonizar a esa persona, ni debemos permitir que su conducta defina nuestra valía. También tenemos que recordar que no nos corresponde a nosotras rescatar a nadie de su dolor. No somos responsables de sanar sus heridas ni de arreglar sus problemas, y no somos un pozo sin fondo donde los demás pueden verter sus traumas. Debemos proteger nuestra energía y respetarnos.

Límites sexuales
El impacto que el trauma sexual puede ejercer en nuestra capacidad para instaurar límites y decir que no en el futuro es algo de lo que no se suele hablar.

Cuando alguien viola nuestros límites físicos, suele haber un considerable proceso de sanación para recuperar la voz y la soberanía sobre nuestro cuerpo. No te avergüences nunca por los posibles momentos de tu historia en los que crees que «deberías» haber dicho que no pero no lo hiciste o no pudiste hacerlo. Cuando sentimos amenazada nuestra supervivencia, el sistema nervioso responde o bien congelándonos o bien motivando conductas de adulación como formas de autoprotección. Esto se puede manifestar en forma de anestesia emocional, bloqueo o intentos de aplacar al otro aunque se esté aprovechando de nosotras o no sea una persona segura. Recuperarse de esto exige amabilidad y comprensión. Si tienes que sanar alguna parte de tu sexualidad, quizás debas hacer algunos ajustes, ir poco a poco o mantener conversaciones vulnerables acerca de lo que necesitas para sentirte segura a medida que sanas.

Cuando se trata de sexualidad y de cómo te expresas, no hay maneras correctas ni incorrectas de hacerlo, pero sí que hay cosas que cabe tener en cuenta cuando se empieza a conocer a alguien con la intención de forjar una relación. El sexo es vinculante, por lo que, con frecuencia, conviene esperar a tener claro que queremos seguir adelante con la relación. Sin embargo, a veces ponemos un límite en relación con el sexo o con la intimidad física con una persona y, luego, nos dejamos llevar por el momento. ¿Qué puedes hacer si te ves en esa situación y cruzas tu propio límite?

Es tu cuerpo, así que puedes cambiar de opinión. Puedes mantener relaciones una vez y decidir que no quieres volver a tenerlas durante un tiempo… o nunca más. También eres libre de mantener relaciones esporádicas con quienquiera que desees, porque tienes derecho a experimentar placer. Cuando se trata de los límites sexuales, la clave reside en escuchar al cuerpo y en confiar en las sensaciones. Los límites sexuales que se consideran sanos son distintos para cada una de nosotras, porque dependen de nuestra filosofía, nuestra personalidad y nuestras preferencias individuales, pero cuidar de ti y comunicar tus necesidades es crucial a la hora de sanar la relación que mantienes con tu cuerpo. Lo más importante de todo es que tenemos que ser radicalmente sinceras con nosotras mismas y estar dispuestas a hacer ajustes si cambiamos de opinión más adelante.

ASPECTOS QUE CONSIDERAR ANTES DE ESTABLECER UN VÍNCULO FÍSICO

- ¿Te sientes segura en tu cuerpo cuando estás con esa persona?
- ¿Te sientes respetada y escuchada por esa persona?
- ¿Mantienes relaciones para recibir amor o porque realmente deseas mantener relaciones sexuales con esa persona?
- ¿Te sientes lo suficientemente segura para poder pedir lo que necesitas durante las relaciones o después?
- ¿Quieres volver a mantener relaciones sexuales con esa persona?
- ¿Eres sensible energéticamente? ¿Cómo te afectará esta interacción mañana o dentro de una semana?

¿Es un muro o un límite?

Los muros salvaguardan nuestro corazón e impiden que los demás nos vean plenamente. Los límites nos protegen y mantienen a los demás a una distancia saludable. Sin embargo, los límites seguros también nos conectan con los demás y los invitan a nuestras vidas de un modo que nos hace sentir seguras y a gusto.

La única persona que puede saber si levantas muros o defines límites eres tú, por lo que tu trabajo es conectar con tu cuerpo siempre que no estés segura para comprobarlo. ¿Estás asustada? ¿Te estás retrayendo? ¿Necesitas algo antes de poder sentirte segura en la relación de nuevo? ¿Necesitas tiempo o espacio para tener las cosas más claras? Empieza por conocerte a ti misma. No pasa nada si hay veces en que levantas muros; sé curiosa en lugar de autocrítica. Así podrás valorar si necesitas cambiar algo o si se ha activado algún miedo y tu niña interior necesita que la atiendas.

¿CÓMO SON LOS MUROS?

- Amenazas vacías o ultimátums.
- Algo que nos impide mantener relaciones íntimas.
- Palabras o acciones duras o agresivas.
- Falta de flexibilidad y negativa a colaborar.
- Mentalidad de «o conmigo o contra mí».

¿CÓMO SON LOS LÍMITES?

- Una invitación para que alguien nos quiera mejor.
- Una línea que deja fuera las conductas que no estamos dispuestas a aceptar.
- Algo que necesitamos para sentirnos seguras en una relación.
- Una manera de estar, de relacionarse o de comunicar que refuerza la relación.
- Espacio para la colaboración y para la curiosidad.

Descubre tus auténticos límites

Los límites son personales y pueden cambiar con el tiempo. Lee los siguientes ejemplos y fíjate en cuáles te llaman más la atención. Es posible que notes que algunos resuenan en tu interior y te dan sensación de espacio. Otros quizás no te produzcan efecto alguno y aun otros te pueden crispar. Lo que sientas te puede dar pistas acerca de algunos de tus límites.

LÍMITES ESPIRITUALES

- Estoy abierta a la retroalimentación o a enseñanzas espirituales, pero soy yo quien decide qué encaja conmigo.
- No impongo mis creencias espirituales a los demás.
- Confío en que cada uno es capaz de encontrar su propio camino. No me corresponde a mí salvar o arreglar a nadie.

LÍMITES EMOCIONALES

- No estoy disponible para contener indefinidamente a los demás.
- Respeto los límites emocionales de los demás y les pido permiso antes de compartir mis experiencias con ellos.
- Comunico cuándo puedo estar ahí para los demás y cuándo no.
- No estoy disponible para ejercer de mediadora entre los miembros de mi familia.
- No soy responsable de las emociones de los demás.
- Pido ayuda cuando es necesario.

LÍMITES DE RELACIÓN

- Nos hablamos con respeto.
- No nos gritamos.
- Nos comprometemos a hablar de lo que sucede en un marco de cuarenta y ocho horas después del conflicto.
- Somos abiertos y honestos el uno con el otro.

LÍMITES DE AUTOCUIDADOS

- Entre semana, vuelvo a casa antes de la medianoche.
- No bebo alcohol la noche previa a una reunión importante.

- Reservo al menos una noche a la semana para escribir en el diario y para cuidar de mí misma.
- Reservo al menos una vez a la semana para estar con mis amistades ajenas a la relación de pareja.
- Reservo tiempo para relajarme a diario.

LÍMITES ROMÁNTICOS

- Siempre tengo la primera cita en lugares de los que es fácil salir si la situación no me parece segura o alineada.
- Siempre tengo la primera cita en lugares públicos.
- Nunca bebo alcohol en las primeras citas.
- No me acuesto con nadie hasta que los dos decidimos que queremos explorar la posibilidad de una relación estable.
- Dejo claro de antemano que solo me interesa salir con gente que busca de verdad una relación estable.
- Si solo quiero una relación esporádica, lo comunico. Pido lo mismo a las personas con las que salgo.
- No salgo con personas con una adicción activa.

Sesión de escritura en el diario: explora tus creencias acerca de los límites

A algunas de nosotras nos enseñaron que debíamos ser abnegadas, por lo que crecimos creyendo que poner límites equivalía a ser egoísta o incluso mala persona. Para sentirnos empoderadas para expresar nuestras necesidades, antes tenemos que entender nuestras creencias acerca de lo que representan los límites. El propósito de las siguientes preguntas es ayudarte a descubrir cuál es tu visión única acerca de los límites, de modo que puedas confiar en ti misma y sentirte segura expresando lo que necesitas.

¿Para qué crees que sirven los límites?

¿Alguna vez has confundido límites con muros en tu propia vida?

¿Puedes recordar momentos de tu pasado en los que te hayas sentido culpable por poner límites?

¿Crees que los límites te hacen poderosa? De ser así, ¿te sientes segura en tu poder?

¿Hay alguna parte de ti que crea que si eres poderosa, harás daño a los demás?

Aunque tuvieras todos los guiones del mundo sobre cómo poner límites, si operas desde la creencia subyacente de que los límites son egoístas o de mala persona, lo más probable es que no los defiendas nunca. A veces no ponemos límites porque tenemos miedo a nuestro propio poder o a nuestra ira. O quizás impongamos límites muy rígidos porque nos aterra que se aprovechen de nosotras o porque trabajamos desde patrones de control aún por desentrañar. Recuerda que puedes ir poco a poco y avanzar pasito a pasito.

Una de las mejores maneras de practicar es que te impongas pequeños límites a ti misma y los respetes. ¿Y si eliges un cambio pequeño que te gustaría llevar a cabo en tu propia vida? Cosas como limitar la ingesta de alcohol, ahorrar un poco de dinero cada mes para emergencias, poner límites a tu jefe o hacer estiramientos a diario pueden parecer cambios minúsculos en comparación con todo el resto de cosas por hacer, pero si quieres encarnar el tipo de persona con la que quieres salir, ese es el lugar por el que empezar. Mantén y respeta los límites que te impongas a ti misma y te convertirás en el tipo de persona que quieres ser.

COSAS QUE RECORDAR

- Los límites pueden reforzar las relaciones.
- Poner límites nuevos en relaciones con una larga trayectoria exige paciencia. Habrá veces en que la relación se adaptará y otras en las que terminará.
- Tienes permiso para definir, respetar y comunicar tus límites.
- Tus límites cambiarán y se transformarán a medida que crezcas.
- Es posible que se te dé muy bien poner límites en algunas relaciones y no en otras. Esto podría indicar un área que necesita tu atención.
- Cuando comiences a poner límites, es posible que al principio parezcan agresivos. Persevera y practica sostener tu poder del modo que te resulte auténtico.
- Nadie es perfecto. No acertarás el cien por ciento de las veces. Nadie lo hace.
- Nadie te puede leer la mente. Te corresponde a ti comunicar tus límites de forma clara y directa.

No quiero una luna de miel eterna.
Quiero la profundidad que solo puede surgir
de haber escalado montañas altas y de haber caminado
por los valles bajos juntos.
No quiero las mariposas de la excitación y el deseo;
quiero la paz de sanar y de dejar espacio a un futuro
mejor. Un futuro influido por lo que le inspiramos
al otro ser.
Quiero un amor sereno, dedicado y lúdico.
Un amor que no consuma la energía entre nosotros
como un vacío, sino un amor potenciador
que redistribuya nuestros dones a nuestra comunidad
y al mundo.
Un amor que nos dé la energía para servir
a un propósito superior.

CAPÍTULO 13

Define tus expectativas

Vivimos en la era de las opciones; cada día aparecen decenas de aplicaciones de citas nuevas y se desalienta activamente la idea de forjar relaciones estables. Sin embargo, la otra cara de la moneda de una generación de personas decididas a «seguir buscando siempre» es que nunca tienen bastante. En nuestra búsqueda incesante de la relación perfecta, perdemos de vista la realidad de que no hay nadie en todo el planeta que pueda satisfacer todas y cada una de nuestras necesidades y proporcionarnos una corriente constante de felicidad.

En las relaciones hay de todo. Hay días buenos y días malos. Si iniciamos una relación con una idea clara de quiénes somos y con expectativas realistas acerca de qué es una relación consciente, contaremos con la fortaleza emocional y con el valor necesarios para afrontar las dificultades de un modo intencional. Permitiremos que las lecciones que nos enseñe la relación se conviertan en nuestras maestras espirituales.

Sin embargo, ¿qué sucede si no sabes si tus expectativas son razonables? ¿De verdad pides demasiado o acaso te estás conformando con demasiado poco? ¿Cómo puedes saber si has puesto el listón demasiado alto, demasiado bajo o en el punto justo? Eres única y lo que necesitas para sentirte nutrida en una relación puede ser muy distinto a lo que necesite una persona con una perspectiva distinta. Por eso, la cuestión no es tanto encontrar listas concretas sobre qué se puede esperar y qué no, sino adoptar un abordaje más filosófico que nos permita llevar sabiduría y conciencia a las relaciones.

La mayoría de los obstáculos a los que nos enfrentamos en cuestiones de amor tienen que ver con el miedo: miedo al abandono, a perder el amor, a no ser suficiente o a ser demasiado. Estos temores se manifiestan de varias maneras, aunque, por lo general, se presentan o bien cuando toleramos que nos traten mal o cuando tenemos expectativas tan rígidas que es imposible que nadie las satisfaga. El propósito de este capítulo es ayudarte a esclarecer cuándo te respetas a ti misma estableciendo expectativas saludables y cuándo te proteges en exceso con expectativas rígidas o no realistas.

La búsqueda de la perfección

Si esperamos que nuestra pareja sea nuestro todo, satisfaga hasta la última de nuestras necesidades, nos entienda siempre y nunca se muestre insensible, nos pasaremos la vida buscando el amor. Nunca encontraremos a nadie que cumpla todos esos requisitos, y eso no tiene nada que ver ni con lo que merecemos o dejamos de merecer, ni con lo mucho que nos hayamos trabajado. En pocas palabras, ¡esa persona no existe!

No existe la pareja perfecta. No existe ese ser iluminado y plenamente consciente todo el tiempo, que nunca nos hará daño sin querer y que siempre nos dará todo lo que queramos en todos los momentos del día. El crecimiento surge cuando aceptamos esta realidad, cuando aceptamos que nuestra pareja es un ser humano y lo amamos en todas sus formas.

La magia sucede cuando avanzamos hacia la conciencia de la mano de otro. La encontramos en los baches del camino, cuando tropezamos con la maleta del otro mientras deshacemos el equipaje, y lo aceptamos y bailamos con ello en lugar de rechazarlo. Hay infinitas maneras de salvaguardar el corazón, de criticarnos mutuamente, de decir que el otro no es suficiente o que es demasiado esto o demasiado lo otro. Sin embargo, debajo de todo eso, mora nuestro miedo interior: «¿Es seguro amar tanto? ¿Es seguro mostrar todo mi ser?».

La búsqueda de la perfección es una estrategia de autoprotección, una manera insidiosa de mantener lejos al amor, de afirmar una historia antigua y de evitar exponer nuestras heridas. Cuando contamos con una idea realista e integrada de cómo es una relación sana y estamos cómodas con la versión más empoderada de nosotras mismas, podemos fijar límites y respetar nuestras necesidades emocionales al tiempo que toleramos la imperfección en nuestras parejas. Aceptar que el amor es imperfecto no significa abandonar ni nuestras expectativas ni la visión del amor que queremos. Se nos permite querer lo que queramos de una relación.

Todos necesitamos una pareja que esté disponible emocionalmente, que se comprometa, que sea honesta y que esté dispuesta a perseverar cuando las cosas se pongan difíciles. No es excesivo querer una pareja interesada en hacer el trabajo junto a ti o alguien que esté alineado contigo espiritualmente. Sin embargo, incluso en las relaciones más alineadas, habrá diferencias o cualidades que tensarán la relación. Tenemos que dejar espacio a esas diferencias y aprender a apreciar lo que nos aportan los demás precisamente porque son distintos a nosotros. Es curioso, pero, muchas veces, lo que más nos atrae de nuestras parejas al principio es precisamente lo que más nos molesta más adelante.

Una vez, en una sesión grupal, trabajé con una mujer que se llamaba Nadia. Era convincente, se expresaba con claridad y tenía muy claro lo que buscaba en una pareja. Vi rápidamente que Nadia se sentía muy cómoda con su fuego: el liderazgo, la comunicación directa y la seguridad en sí misma manaban de ella de forma natural. Sin embargo, también se quejaba de que cuando salía con posibles parejas, ninguno de los «pretendientes» le hacía muchas preguntas ni la cortejaba como ella quería. Era ella quien les hacía las preguntas y quien explicaba espontáneamente cosas acerca de sí misma, pero ellos no tomaban la iniciativa, a pesar de que disfrutaban en su compañía y, con frecuencia, le hacían muchos cumplidos.

Cuando estamos en una relación, tendemos a preferir y a encarnar un elemento (tierra, aire, fuego o agua) por encima del resto. Como suele pasar, Nadia atraía a tipos emocionales con el agua como elemento predominante y con menos elemento fuego, por lo que aportaban una energía distinta a la de ella. Le sugerí que diera un paso atrás y que les dejara espacio para dar un paso adelante y conectar con la energía que ella acaparaba. Le propuse que hiciera menos preguntas y que dejara que las conversaciones cesaran si ellos no tomaban la iniciativa.

Mientras Nadia y yo seguíamos explorando sus relaciones, manifestó su admiración por mi relación con Ben y expresó lo mucho que quería una relación como la nuestra. Eso me inspiró a dejarla entrar un poco en mi mundo y a mostrarle que mi relación tampoco estaba exenta de dificultades. «Lo que probablemente no sepas es que lo que más me atrae de mi pareja, su fuego y su liderazgo, es también lo que más me irrita», le dije.

Siempre había querido una pareja que planificara las aventuras, tomara las riendas y contribuyera como yo a la relación. Y Ben hace todo eso y más. Estoy muy cómoda con mi fuego y tengo una tendencia muy marcada hacia la independencia, pero también soy muy sensible y anhelo agua y suavidad en mi vida. Y el elemento con el que él tiene más dificultades es el agua. Entonces, nuestro trabajo como pareja consiste en aprender a navegar juntos los terrenos emocionales: él necesita ablandarse y dejarme entrar, y yo debo ser paciente y amable cuando no me ofrece el equilibrio perfecto de ambos elementos. Cuanto más nos relajamos hacia la aceptación, más rápido parecen mejorar las cosas. Nadia me escuchaba con atención mientras le hablaba y vi que su postura corporal se relajaba significativamente. «Me siento totalmente vista y comprendida —me dijo—. Por fin lo entiendo.» Le sugerí que trabajara con el altar de los elementos (capítulo tres) y celebrara su fuego al tiempo que abría una puerta a su faceta más acuosa y sensible.

Siempre tendremos que trabajar en la relación, elijamos a quien elijamos, por lo que la pregunta que debemos hacernos no es «¿es esta persona todo lo que quiero?», sino: «¿tengo ganas de crecer y de aprender junto a esta persona?».

EXPECTATIVAS NO REALISTAS

- Nunca habrá conflictos.
- Tu pareja satisfará todas tus necesidades.
- Tu pareja siempre te hará sentir bien.
- Nunca se hieren los sentimientos mutuamente.
- Tu pareja estará disponible siempre que quieras.
- Tu pareja siempre podrá contener tu ira cuando te enojes.
- Tu pareja siempre querrá lo mismo que tú.
- Tu pareja pensará, actuará y será como tú.
- Tu pareja eliminará tu dolor y tu sufrimiento interior.

EXPECTATIVAS REALISTAS

- Te sentirás segura y respetada con tu pareja.
- Tu relación será afectuosa, honesta y comprometida.
- Puedes experimentar risas, juegos, placer y confianza en la relación.
- Tu pareja estará dispuesta a aprender cómo superar juntos los conflictos de una manera sana.
- La relación está anclada en la voluntad mutua de crecer juntos.
- Tu pareja te permite sentirte segura, vista y respetada en momentos de conflicto.

- Tu pareja y tú tienen intereses compartidos y comunes.
- Tu pareja antepondrá la relación, pero también dará prioridad a su familia y a sus amigos.
- Tu relación siempre exigirá el esfuerzo de ambos.

Incluso las relaciones sanas entran en conflicto

He perdido la cuenta de las personas que me han venido a ver, frustradas porque sus parejas les han dicho que el conflicto no tiene cabida en las relaciones sanas. ¡Antes yo creía lo mismo! Sin embargo, *te puedo garantizar que en todas las relaciones hay conflictos.* Si fantaseamos con relaciones sin conflictos es porque no sabemos cómo gestionarlos. Nos asustan, los evitamos por completo o no sabemos cómo permanecer conectadas y sin perder nuestro centro cuando discutimos.

Aprender a gestionar los desacuerdos de una manera saludable nos ofrece una oportunidad única de explorar nuestra mente y de mostrarnos más vulnerables ante nuestra pareja. Cuando entendemos el conflicto como una ventana a nuestra propia mente, abrimos la puerta a la sanación. Con la práctica, podemos deponer las armas y, en lugar de pelearnos para determinar quién tiene razón o de arrojarnos proyecciones, podemos dejar que nuestra pareja entre en nuestra realidad emocional e incluso enseñarle algo de nuestra historia que nos ayude a querernos aún más el uno al otro.

Las relaciones sanas son cíclicas. Al igual que las estaciones, habrá periodos en que todo sea ligero y divertido (verano) y otros en que las cosas se volverán más complicadas (invierno). A medida que ahondemos en la relación, el objetivo será aprender a recibir con los brazos abiertos cada estación y la sanación que trae consigo.

Dar voz a nuestros deseos

Del mismo modo que no podemos esperar que los demás nos lean la mente y adivinen cuáles son nuestros límites, también debemos practicar dar voz a nuestras expectativas. Tanto si se trata de una primera o segunda cita como si se trata de una relación estable, habrá momentos en que estaremos muy conectados y en sintonía con el otro y momentos en que malinterpretaremos las señales. Las relaciones son un baile entre pedir lo que queremos y necesitamos, por un lado, y saber cuándo relajarnos y ser más flexibles, por el otro. Es un arte que requiere mucha paciencia y una pizca de sentido del humor, y exige que nos demos cuenta de cuándo presionamos demasiado o esperamos que las cosas sean siempre de una manera determinada y, como resultado, nos dejamos invadir por el resentimiento o nos perdemos la oportunidad de disfrutar de la relación tal y como es.

Si detectas que tu relación te produce resentimiento, es muy probable que se trate de un problema de expectativas sin explicitar. El resentimiento nos recuerda que debemos ser sinceras con lo que deseamos, reconocer qué creemos que no está siendo satisfecho y dar voz a lo que anhelamos.

Una amiga me explicó que tendía a hacerse películas. Nos montamos películas cuando creamos una relación mental con alguien sin mantener conversaciones directas, por lo que dejamos mucho margen para los malentendidos y la fantasía. A veces se convencía de que tenía una relación con alguien y luego descubría que el otro no tenía ni idea. Este es el tipo de cosas que suceden cuando interiorizamos demasiado y no expresamos lo que queremos de verdad. Lo mejor que puedes hacer para romper este patrón es plantear tu verdad tan pronto como sea posible.

Poner la vista en el horizonte

La verdadera relación consciente comienza una vez hemos sanado las heridas y dejado atrás la lucha de poder y el dramatismo del ego, cuando la intensidad del trabajo de sanación remite y empezamos a encarnar un propósito espiritual más profundo para la relación. El trabajo de sanación es un proceso absolutamente necesario, pero no es el destino.

La relación consciente es el lugar al que llegamos cuando asumimos la responsabilidad que nos corresponde respecto a las maneras en que el ego intenta mantenernos a salvo. No es que las luchas de poder hayan desaparecido para siempre o que ambos miembros de la pareja hayan alcanzado un nivel de iluminación elevado y no tengan ni un mal día, sino que, cuando aparecen, lo hacen de un modo muy distinto si la pareja (o cada uno por separado) ha madurado y evolucionado. Los pequeños roces muy pocas veces se convierten en conflictos importantes o prolongados, porque la pareja usa la energía de un modo más consciente.

Gran parte de nuestra cultura está impregnada de la falsa narrativa de que el «amor verdadero» nos debe arrastrar como un tsunami eterno. Con frecuencia, interpretamos la transición normal del enamoramiento reciente al amor maduro como una señal de que la relación se acaba. En muchos aspectos, la fase de luna de miel puede ser como una burbuja. Sacamos tiempo de donde no lo hay para la nueva persona que ha entrado en nuestra vida y nos centramos en la exploración y en el descubrimiento. ¡Todo es nuevo y emocionante!

El amor maduro no significa que ya no nos sintamos atraídas por nuestra pareja o que no haya momentos de alta intensidad o de pasión profunda. Significa que cuando tenemos esas experiencias, están más consolidadas. El amor maduro es terapéutico: ha habido tiempo de producirse una alquimia con los ingredientes únicos que cada miembro de la pareja ha aportado a la relación.

Las relaciones pueden ser sensual, emocional y espiritualmente energizantes a largo plazo. En una relación consciente, es posible que los dos egos choquen, que la pareja discuta o que tenga un momento de desconexión, pero que decida dejarlo pasar en lugar de centrarse en la negatividad. Pon la vista en el horizonte y en lo maravillosa que puede ser la relación. El trabajo de sanación no tiene por qué ser difícil para siempre.

Sesión de escritura en el diario: explora tus expectativas

Es importante explorar las expectativas que tienes respecto a las relaciones, porque te ayudará a entender los patrones recurrentes que representas en tu vida. Cuando determines cuáles de tus expectativas son realistas y cuáles no, sentarás las bases de una relación consciente. Ve a buscar el bolígrafo y el diario y responde a las siguientes preguntas. Sé sincera contigo misma y relee el capítulo diez siempre que necesites repasar los rituales de autocompasión.

¿Qué caracteriza a tu relación en los momentos de conflicto?

¿Cómo crees que debería ser la relación?

¿Cuáles son algunas de las mayores decepciones que has experimentado en las relaciones?

Si conectas con ellas durante un instante, ¿las decepciones fueron más intensas porque creías que las cosas tenían que ser de una manera concreta pero acabaron siendo de una manera que no esperabas?

¿Cómo aprendiste que las cosas han de ser de una manera concreta (por ejemplo, viste muchas comedias románticas, creciste con películas de Disney, etc.)?

De las expectativas a los valores fundamentales

El origen de «expectativa» es *expectationem*, que significa «esperar» en latín. Las expectativas se definen como la convicción de que algo sucederá o será de cierta manera en el futuro. Sin embargo, las relaciones no funcionan así: no se pueden calcular, predecir ni encasillar.

Cuanto menos nos aferremos a expectativas rígidas, más felices seremos. Si siempre esperamos que nuestra pareja haga algo, es casi seguro que acabaremos sumidas en la decepción. Ideamos situaciones imaginarias y, cuando la realidad nos presenta algo distinto, nos desilusionamos.

Cuando abordamos una situación, dinámica o relación sin el peso de expectativas concretas, hallamos la paz. Las personas no siempre hacen las cosas cuando queremos: decir que nos quieren, darnos las gracias, agradecer que lavemos los platos, fijarse en que hemos barrido o cualquier otra cosa. Siempre hay momentos en los que podemos decidir dejarlo pasar y encontrar la paz.

Convertirte en un ser más completo y consciente significa abandonar la idea de forzar o imponer tus expectativas y, en su lugar, llevar contigo los valores fundamentales que te inspiran a ahondar en la relación. «Valor» procede del latín *valere*, que significa «ser fuerte». Siempre que operes desde tus valores fundamentales, podrás prosperar en todas las facetas de tu vida: en casa, en el trabajo y en tus relaciones más íntimas. En el capítulo siguiente exploraremos cuáles son tus valores y qué guía tus decisiones en esta fase concreta de tu vida.

COSAS QUE RECORDAR

- A veces, las expectativas rígidas o poco realistas son una manera de autoprotegernos.
- Cuanto más segura y empoderada estés, más fácil te será equilibrar tus expectativas de una manera saludable.
- Incluso en las relaciones sanas hay momentos de sincronía y de asincronía. Demostrar aceptación en esos momentos exige madurez.
- Se te permite querer lo que quieras. No es descabellado esperar amor, seguridad, confianza, respeto y compromiso de tu pareja.
- Cuando sanes y madures, es muy posible que tus expectativas cambien o se flexibilicen. Quizás te sea más fácil dejarlo pasar cuando las cosas no salgan exactamente como querías.
- Nadie podrá satisfacer todas tus necesidades y expectativas. No es lo mismo una persona comprometida y humana (que no siempre estará en sintonía contigo) que una persona que, evidentemente, no tiene el menor interés en comprometerse contigo.

Nuestra herida nos dice que no somos suficiente.
Nuestra valía nos recuerda que siempre
hemos sido un ser completo.
Nuestra herida nos dice que el rechazo
significa que estamos rotas.
Nuestra valía nos demuestra que el rechazo
es redirección.
Nuestra herida nos dice que nos tenemos
que esforzar para que nos quieran.
Nuestra valía sabe que merecemos que nos quieran
tal como somos.

CAPÍTULO 14

Define tus valores fundamentales

Nuestros valores fundamentales son las creencias y los principios guía por los que regimos nuestras vidas. Son las cualidades que más nos importan, como el respeto, la integridad, la honestidad, la lealtad y la generosidad. Los valores fundamentales son como un mapa de carreteras y nos llevan a nuestra expresión más elevada y a cómo queremos que nos traten en nuestras relaciones.

Si sabes qué valoras y te mantienes firme en ello, tus límites se hacen evidentes de forma natural para todos los que te rodean, porque conocer tu verdad hace que comunicarla sea mucho más fácil. Si sabes qué valoras, sabes qué necesitas para sentirte alineada y no adoptas sin darte cuenta los valores de quienes te rodean ni recurres a otros para que te digan quién eres y en qué deberías creer.

Muchas veces quedamos atrapadas en patrones repetitivos porque hemos desconectado de nuestros valores fundamentales. Nos centramos demasiado en los demás, buscamos su aprobación o nos abandonamos del todo. Y, de este modo, nuestra capacidad para atraer las relaciones que anhelamos salta por los aires. Aunque mantenernos fieles a nuestros valores puede parecer arriesgado, lo cierto es que, cuando lo hacemos, atraemos y cultivamos el tipo de entorno, de personas y de situaciones congruentes con nuestra energía.

Dejar espacio a las personas adecuadas

Después de mi divorcio, me prometí que no me volvería a abandonar, porque ya hacía demasiado tiempo que me conformaba con relaciones que no estaban alineadas con mis valores. Me negué a desviarme de lo que deseaba y eso me dio sensación de poder en las relaciones. No poder sobre la relación, sino poder en la relación. Sentía que podía ser completamente fiel a mí misma y conectar con mi valor sin miedo al rechazo. Estaba dispuesta a pasar noches sola y a seguir soltera durante muchos, muchos años si hacía falta.

Una noche, decidí poner por escrito cómo sería una relación que encajara con mis valores. Visualicé lo que quería sentir con mi pareja, qué cualidades tendría, cómo pasaríamos el tiempo juntos y cómo sería nuestro futuro. Describí incluso cómo nos pelearíamos (aunque he de confesar que esto no ha ido exactamente como había previsto). Lo escribí todo en un papel y lo guardé, doblado, en mi diario.

Una de las cosas más específicas que escribí es que mi pareja no bebería alcohol. El alcohol tenía mucho peso para mí, porque, de niña, había visto cómo había afectado a mi madre y a otras personas a las que quería. La salud física, emocional y espiritual es uno de mis valores fundamentales y quería una pareja que compartiera ese valor. Cuando se lo dije a una amiga, respondió:

—¿No te parece poco razonable? Pedir una pareja que no beba te complicará mucho encontrar a alguien. ¿Y si solo quiere salir y tomarse unas copas con sus amigos cuando está de vacaciones?

—Entonces no es para mí —le dije—. Lo tengo muy claro: no es para mí. Quiero estar con alguien que no beba.

Guardé la lista, pero me centré tanto en mi propio viaje de sanación que no salí con nadie durante un tiempo. Me invitaban, pero percibía rápidamente que no estaban alineados conmigo. Entonces conocí a Ben y algo en mi interior dijo «sí» al instante. Salimos unas cuantas veces y, un día, Ben me explicó que a los quince años había estado en un centro de desintoxicación y que ahora ya no bebía alcohol. Cuando nos conocimos, y en los años que siguieron, me di cuenta de lo potente que había sido mantenerme fiel a mi deseo. Incluso cuando la gente me decía que no era razonable o que me sería muy difícil encontrar a nadie, mi compromiso inquebrantable conmigo misma acabó creando el espacio necesario para que Ben entrara en mi vida.

No pedía que nadie cambiara por mí. Solo pedía que llegara alguien que ya estuviera alineado con mi filosofía de vida. Así es como deberíamos abordar las relaciones de pareja y las relaciones en general. Muchas veces, cuando alguna de las participantes en mi curso dice que eso limita drásticamente sus opciones, respondo: «¡Genial! ¡Solo necesitas una persona!».

Palos en las ruedas

El ser humano es una criatura complicada. Encontramos toda suerte de maneras insidiosas de ponernos palos en las ruedas cuando se trata de encontrar el amor. En mi caso, y aunque había dicho que quería una pareja que no bebiera, hubiera podido usar el pasado de Ben en su contra. Hubiera podido decir: «Bueno, es que tampoco quiero a alguien que haya tenido que desintoxicarse». A veces, somos inflexibles en nuestro deseo de estar con alguien que comparta nuestros valores y hacemos imposible que nadie cumpla con nuestros requisitos.

Con esto no quiero decir, por ejemplo, que tengas que salir con alguien que se esté enfrentando a una adicción activa, porque si ahora da prioridad a su adicción, carecerá de la capacidad para estar en una relación honesta y vulnerable (por mucho que quiera). Por el contrario, y en mi experiencia, salir o casarse con alguien que ha completado los Doce Pasos y está totalmente recuperado puede ser increíblemente enriquecedor, porque ha hecho algo muy difícil y ha decidido sanarse. Y lo mismo opino de salir con divorciados.

Hay personas que quedan amargadas tras el divorcio. Deciden no aprender del final de su relación y vuelven a cometer los mismos errores del pasado. Identificar a estas personas suele ser fácil, porque tienen mucho que decir acerca de sus ex y muy poco que explicar respecto a su responsabilidad personal o sobre lo que han aprendido de la ruptura de su matrimonio. Sin embargo, cuando conocí a Ben, me dijo que sabía que se casaría con una mujer divorciada. Entendía que alguien que ya hubiera pasado por un divorcio sería una pareja fantástica, porque ya habría experimentado el dolor y la pérdida, y sabría el valor que tienen el compromiso y el esfuerzo.

Aunque está bien dejar claro lo que quieres, conviene dejar cierto espacio de maniobra para que te puedan sorprender. Cuando dejamos que nuestros valores sean nuestra brújula, es mucho más fácil confiar en nuestras decisiones en lugar de escudriñar los detalles o los errores que el otro haya podido cometer en el pasado. Por ejemplo, es posible que alguien fuera infiel y que su matrimonio acabara en divorcio, pero que luego hiciera terapia, descubriera sus heridas de la infancia y aprendiera mucho acerca de las motivaciones inconscientes que lo llevaron a actuar así. La clave reside en valorar la mentalidad de crecimiento, el autoconocimiento y la toma de responsabilidad.

A veces, las personas que cargan con más equipaje se convierten en las parejas más atentas y dedicadas, porque conocen su propia oscuridad, han superado crisis y el dolor que comportan, y han soportado la pérdida. Y, a pesar de ello, eligen sanarse y crecer. Entienden que las relaciones exigen paciencia. No juzgues a nadie por su pasado. Fíjate en si ha tenido el valor y la voluntad de crecer, de ser honesto, de estar presente y de volver a intentarlo.

La legendaria carta de amor

Cuando sabemos cuáles son nuestros valores, las relaciones ya no giran en torno a que la otra parte nos elija. Elegimos nosotras. Pasamos de preguntarnos «¿le gusto o le parezco bien?» a plantearnos: «¿Es la relación adecuada para mí?». Confiamos en que lo que queremos es válido. En lugar de dirigir nuestra energía hacia el exterior, dejamos que nuestro mensajero interior despeje el camino.

Cuando Ben y yo empezamos a salir, hacía casi un año que yo estaba inmersa en las profundidades de mi propio trabajo de sanación interior. Cuando hacía aproximadamente un mes que salíamos, empecé a sentir que necesitaba más claridad acerca de hacia dónde iba la relación, así que le pregunté si le podía escribir una carta en la que expresaría todo lo que sentía para que luego pudiéramos salir y hablar de ello en persona. En esta fase de mi proceso, tenía claro que no quería reprimir nada. Quería expresarme en mi totalidad desde el principio. En cierto modo, aquello era una prueba para ver hasta dónde estaba dispuesto a profundizar conmigo. Y él también me estaba poniendo a prueba a su manera. Esto era algo saludable (siempre que se haga de forma consciente, porque si es inconsciente, podemos provocar peleas o hacer que el otro tenga que adivinar qué sentimos).

Así que le escribí una carta donde le explicaba cómo estaba siendo mi experiencia hasta ese momento y qué sentía por él.

Le expliqué todo en lo que estaba trabajando. Le revelé una situación que me había angustiado. Reconocí que la responsabilidad de curar la herida de abandono era solo mía y que no esperaba que él hiciera ese trabajo por mí.

A continuación, le expliqué cómo me podía apoyar y ayudarme a sentirme segura mientras seguía con ese trabajo.

Le expliqué lo que anhelaba en una relación, qué quería que creásemos juntos, qué estaba dispuesta a ofrecer y cómo estaba dispuesta a estar presente en la relación.

Y le envié la carta.

Aunque me sentí muy cómoda durante todo el proceso, cuando se lo expliqué a mis amigas de entonces, me dijeron: «¿Lo dices en serio? ¡Si solo hace un mes que se conocen! ¡Me parece increíble que hayas hecho eso!». Sin embargo, confiaba en mí misma y había conectado con la energía que había entre los dos, por lo que sabía que la puerta estaba abierta para hacer un movimiento así. Luego, cuando empecé a facilitar grupos para mujeres y Ben y yo nos casamos, la carta se volvió legendaria en nuestra comunidad, porque todo el mundo pensaba que había sido muy valiente. Y, en cierto modo, lo fui. Asumí un riesgo real al mostrarme tan vulnerable y pedir lo que quería tan al principio de la relación. No le dejaba otra opción que decir «sí» o «no». Y él hubiera podido decir que no.

Recibió la carta y me invitó a su casa para hablar de ella. Había respondido por escrito a todas y cada una de las cosas que yo le había explicado. Nos acostamos en la cama, juntos, a la luz de las velas, mientras leía sus respuestas en voz alta y se detenía de vez en cuando para mirarme a los ojos. Recuerdo pensar: «Este hombre me encanta». Me dijo qué quería aportar él a la relación y todas las experiencias que quería que tuviéramos juntos. Fue un momento maravilloso, porque vi que la relación estaba alineada con mis valores de comunicación sincera, honestidad y respeto. Lo miré a los ojos y le dije: «Como sabes, me han hecho mucho daño. He pasado por un divorcio. No tengo tiempo que perder y también respeto completamente el punto en el que estás tú. Así que si no quieres construir una relación consciente conmigo, estoy preparada para que me digas que no».

En nuestro caso, la respuesta fue que sí. Pero la clave está en que estuve dispuesta a permanecer en mi poder y a concederle el espacio y la libertad necesarios para decir que no y amarlo desde ahí. Funcionó porque estábamos alineados. Habrá veces en que no funcione, pero la única manera de despejar el camino hacia lo que es bueno para ti es ser meticulosa con tus intenciones. Escuchar un «no» también te puede propulsar hacia la vida que quieres, aunque en ese momento no te lo parezca.

Reclamar tus valores fundamentales

Reclamar tus valores fundamentales consiste en evaluar las creencias o conductas que has adoptado a partir de la programación y el aprendizaje en tu familia y en aprender a dejar a un lado lo que no te pertenece para reclamar lo que es verdaderamente tuyo.

Algunos de los valores que heredamos de nuestros padres y de nuestra cultura son valiosísimos y nos proporcionan un enriquecedor sentido de identidad y de pertenencia. Sin embargo, muchas de nosotras funcionamos con piloto automático y, sin ser conscientes de ello, vivimos en función de valores que hemos heredado y nunca nos paramos a pensar en si las decisiones que tomamos reflejan quiénes somos en realidad. Si nos separamos de nuestros padres y nos convertimos en personas independientes, podemos conectar con nuestra plenitud y dar prioridad a los valores que nos ayudan a sentirnos vivas, fieles a nosotras mismas y conectadas con la vida que queremos vivir.

A medida que aumenta el nivel de conciencia, valores como la supervivencia, la obediencia, el control, la dureza y el estatus, que han sido prioritarios para las generaciones anteriores a la nuestra, empiezan a salir de las sombras para que los podamos examinar. Muchos de nuestros antepasados heredaron los valores del colonialismo, que da prioridad al individualismo, a la jerarquía y al capitalismo en lugar de a la comunidad, a la transparencia y a la igualdad. Reclamar nuestros valores fundamentales equivale a reclamar también nuestra humanidad. Consiste en saber que todos somos seres humanos valiosos, no por lo que hacemos, sino por quiénes somos.

Pasar revista al pasado

Al echar la vista atrás, vi que los valores fundamentales que me habían llevado a permanecer en una relación de maltrato cuando tenía diecinueve años fueron la expresión sexual y el juego. Él era muy divertido y teníamos una química sexual muy potente, pero no éramos auténticos y en la relación no había ni honestidad, ni responsabilidad, ni respeto. Tampoco había empatía, intimidad emocional o un compromiso profundo con nosotros mismos o con nuestro crecimiento interior, que es precisamente todo lo que valoro ahora en mi vida. Me di cuenta de que elegir a mi pareja basándome en la diversión y el sexo fantástico en ausencia del resto de valores no bastaba para construir una relación satisfactoria.

Es posible que los valores fundamentales cambien y evolucionen a medida que nosotras cambiamos y evolucionamos. Y puede ser que también tengamos que determinar si alguno de nuestros valores ha dejado de estar alineado con nuestra versión más empoderada y ha pasado a alinearse con la versión más desequilibrada. Por ejemplo, en su versión desequilibrada, la generosidad nos puede llevar a darnos en exceso y a adoptar el rol de cuidadoras. La lealtad es una cualidad maravillosa, pero en su cara opuesta puede ser corrosiva y llevarnos al martirio y a soportar conductas inaceptables durante demasiado tiempo. Explorar nuestras experiencias pasadas nos puede ayudar a entender qué nos ha impulsado o atraído en nuestras relaciones pasadas. También puede revelar la necesidad de reevaluar algunas de las creencias que adoptamos de nuestras familias o cuidadores. La mayoría de las personas nunca se paran a pensar en sus valores antes de iniciar una relación, por lo que llevarás ventaja incluso si esta es tu primera vez. Echar la vista atrás y reflexionar sobre tus valores es una manera de explorar el pasado desde la compasión para que puedas avanzar y reclamar lo que es cierto para ti ahora.

Sesión de escritura en el diario: define tus valores fundamentales

Algunos de los valores que he heredado de mis padres y que siguen siendo válidos para mí son ____________.

Algunos de los valores que he adoptado por lealtad al condicionamiento familiar y que ya no son válidos para mí son __________.

Algunos de los valores que no he respetado por lealtad al condicionamiento familiar son __________.

¿A qué valores fundamentales tiendo a dar prioridad en las relaciones?

¿Qué valores fundamentales tiendo a pasar por alto?

Según las parejas que he tenido, mis decisiones a la hora de elegir indican que yo valoraba __________.

¿Qué efecto han tenido esas decisiones en mis relaciones y en mí?

¿Qué valores fundamentales siguen siendo importantes para mí?

¿A qué valores fundamentales no estoy dispuesta a renunciar?

Qué me importa ahora

Como son muchas las influencias externas que pueden modelar nuestros valores, es importante que los revises con regularidad y que conectes contigo misma y con lo que te importa en distintos momentos de tu vida. En el capítulo dieciséis te ayudaré a crear tu «mapa del amor», que se parece a un tablero de visión y que refleja cómo te quieres mostrar en la vida y qué te gustaría crear en tus relaciones futuras. Saber a qué valores fundamentales quieres dar prioridad forma parte de este proceso.

Hay muchos valores fundamentales que no aparecen en la lista que encontrarás a continuación, pero si buscas *online*, encontrarás multitud de versiones muy completas. Con esta lista pretendo activar en tu interior algo que te impulse a seguir descubriéndote. ¿Qué resuena en ti? Subraya o anota en un papel las palabras que te llamen más la atención. Esta lista no es más que un punto de partida. A medida que avances en el camino que traza *Tu alma gemela eres tú*, descubrirás más valores fundamentales y cualidades que quieres encarnar.

- Abundancia
- Aceptación
- Afecto
- Amistad
- Aprecio
- Armonía
- Asunción de riesgos
- Autenticidad
- Autoaceptación
- Autoconocimiento
- Autoestima
- Autoexpresión
- Autonomía
- Aventura
- Belleza
- Cambio
- Colaboración
- Compañerismo
- Compromiso
- Comunidad
- Conciencia
- Confianza
- Contribución
- Creatividad
- Crecimiento
- Diversión
- Dones
- Equilibrio
- Esperanza
- Espiritualidad
- Familia
- Fiabilidad
- Franqueza
- Generosidad
- Gratitud
- Honestidad
- Humildad
- Humor
- Inclusión
- Independencia
- Innovación
- Inspiración
- Integridad
- Intimidad
- Libertad
- Limpieza
- Optimismo
- Pertenencia
- Presencia
- Propósito
- Puntualidad
- Reconocimiento
- Religión y fe
- Respeto
- Responsabilidad
- Retos
- Salud
- Seguridad
- Sensibilidad
- Sensualidad
- Tiempo de calidad
- Validación
- Voz

Encarna tus valores personales

Vivir alineada con tus valores significa encarnar las cualidades que más te importan. Mirar hacia fuera y exigir a los demás resulta muy fácil, pero este trabajo te exige que mires hacia dentro y evalúes en qué aspectos te podrías estar desviando de tu verdad.

Una de las maneras más habituales en que se manifiesta este alejamiento es el grado de compromiso con la relación. Si deseamos profundamente que los demás se comprometan con nosotras, antes tenemos que examinar con honestidad la relación que nosotras mantenemos con el compromiso. Es posible que las cualidades que anhelamos en los demás aún esperen a despertar en nosotras. Encarnar nuestros valores significa llegar a un punto en el que ya no decimos «deseo estas cualidades», sino «soy estas cualidades».

Cuando lo practicamos, nos volvemos magnéticas. Atraemos a personas que nos complementan y que comparten valores similares. Además, podemos experimentar en nuestro interior la libertad y la satisfacción verdaderas, porque el mundo que hemos creado para nosotras refleja quiénes somos en nuestro interior.

Encarnar nuestros valores es un ejercicio diario. Si valoras la comunicación compasiva, ¿cómo puedes practicar encarnarla con los demás? Si valoras el compromiso, ¿cómo puedes respetar más los compromisos en tu vida? Si valoras el juego y la aventura, ¿cómo puedes incluir más de eso en tu vida? Convertirte en tu alma gemela no consiste en hacerlo todo sola. Consiste en aprender a tratar la relación que mantienes contigo misma como un camino de magia, de verdad y de devoción en constante evolución.

COSAS QUE RECORDAR

- Los valores fundamentales son un mapa de carreteras que te lleva a tu *máxima expresión*, a la parte de tu ser más auténtica y respetuosa contigo misma.
- Los valores fundamentales te pueden acercar a lo que deseas y te ayudan a descartar las situaciones, las personas y los entornos que no quieres en tu vida.
- Reclamar tus valores fundamentales exige valentía. Hay personas que no podrán acompañarte en ese camino. No pasa nada.
- Detrás del miedo a reclamar tus valores fundamentales está el miedo a no valer lo suficiente o a no ser bastante. Lleva afecto y amor a tu miedo y recuerda que mereces y eres capaz de crear el tipo de relación que tu corazón anhela.
- Tu cuerpo te puede guiar hacia lo que te conviene y alejarte de lo que no.

QUINTA PARTE

CONSIGUE LA RELACIÓN QUE DESEAS

Madurar en una relación significa reconocer
que siempre habrá algo en lo que trabajar.
Significa aprender a gestionar los altibajos que
acompañan a las relaciones, sin esperar la perfección
ni de nuestra pareja ni de nosotras mismas.

CAPÍTULO 15

Crea una relación consciente

Las relaciones son un nido de evolución espiritual diseñado por el cosmos y siempre aprendemos algo de ellas, independientemente de la dirección en que nos lleven. Sacan a la luz nuestros patrones y, a veces, despiertan, de un modo no demasiado suave, partes de nosotras antaño dormidas. Cuando las iniciamos con intención y voluntad, las relaciones pueden propiciar una sanación muy potente para todas las personas con el valor necesario para permanecer en el fuego de la transformación.

La sanación es más que un trabajo interior: también es un proceso de cocreación que nos exige bailar conectadas y jugar con el corazón plenamente abierto. No esperes a tenerlo todo claro antes de abrirte al amor. Ese día no llegará nunca. No esperes hasta que estés segura de haber llegado. Es posible que mueras y renazcas mil veces en esta vida. La sanación es un proceso continuado y la vida sucede ahora. La intención que impulsa el trabajo de ahondar en la relación contigo misma, de ser tu propia alma gemela, no es erradicar la necesidad de conexión ni el deseo de encontrar pareja, sino que encuentres el lugar de reposo que te corresponde y que te sientas como en casa en tu cuerpo, en tu corazón y en tu alma.

La transformación verdadera sucede cuando el cuerpo se siente lo suficientemente seguro para soltar por fin los recuerdos emocionales reprimidos. Sin embargo, para que se de este cambio, necesitamos la presencia amable de otras personas con un sistema nervioso equilibrado y con un apego seguro. El trabajo de sanación y las enseñanzas espirituales individuales dan en el clavo cuando dicen que debemos empezar por sanarnos a nosotras mismas si queremos sanar el mundo, pero no podemos hacerlo sin el poder sanador de las relaciones: de los amigos, de la comunidad y de las relaciones de pareja. Las relaciones importan.

Desbloquear los patrones que nos retienen exige que atendamos a la herida que prefiere sufrir el dolor conocido a arriesgarse a emprender el camino hacia la felicidad y la dicha desconocidas. Hasta aquí hemos hablado de qué dicta nuestros patrones y crea dolor en nuestra vida, pero ahora es el momento de abrir los brazos a la belleza que pueden traer las relaciones y sentar un precedente nuevo para relacionarnos con los demás de ahora en adelante. Este capítulo trata de cómo crear un prisma nuevo desde el que ver las relaciones y el propósito de estas en nuestra vida.

¿Estoy preparada para tener una relación?

En cierto sentido, cuando iniciamos una relación con otra persona también nos hacemos cargo de su trabajo espiritual. Por eso, hay momentos en los que lo más sensato es emprender el viaje de sanación en solitario y dedicarnos tiempo a nosotras mismas antes de empezar una relación. Cuando sentimos desprecio por nosotras mismas o estamos desesperadas por conectar con alguien, es mucho más probable que nos conformemos con casi nada o que, como me gusta decir, «busquemos entre las sobras del amor». Queremos elegir las relaciones desde un espacio de claridad y de equilibrio, pero nuestros patrones no desaparecen, solo cambian de forma y, con frecuencia, el trabajo interior adquiere un cariz muy distinto precisamente cuando conocemos a alguien con quien podemos llegar hasta el final del camino.

Con frecuencia, las personas con las que trabajo en mis programas se preocupan por si no han hecho el trabajo interior suficiente para estar preparadas para una relación o por si tienen que haberlo terminado del todo antes de conocer a alguien. Te diré algo: *nadie termina nunca este trabajo.*

Es posible que creamos que por fin hemos curado nuestras heridas y que lo tenemos todo claro y que, de repente, todo se reactive en cuanto comenzamos una relación nueva. No podemos hacer todo el trabajo solas y siempre habrá más que explorar cuando nos emparejemos. Si no estás segura de estar preparada, en lugar de intentar evaluar lo «curada» que estás (¡es una trampa!), pregúntate: «¿Me siento con la fuerza suficiente para decir que no a lo que no se alinee conmigo?» y «¿puedo ser feliz sola o intento llenar un vacío?». Si respondes que sí a la primera pregunta y que puedes estar sola a la segunda, estás preparada. En caso contrario, quizás valdría la pena que invirtieras un poco más de tiempo en conductas de autocuidado que te den la seguridad necesaria para pedir lo que quieres.

Dos tipos de relaciones: aspiradoras y potenciadoras

Muchas de nosotras hemos crecido acostumbradas a caer en las relaciones por casualidad en lugar de entrar en ellas de manera intencional y con la voluntad de aprender más acerca de nosotras mismas. Redefinir qué significa para ti la palabra «relación» te permitirá sentar las bases de tu mapa del amor, que es el siguiente (y también el último) ritual del libro. Para desaprender el modelo de relación antiguo y encarnar una versión más empoderada, tenemos que saber la diferencia entre una relación aspiradora (convencional y no orientada al crecimiento) y una relación potenciadora (consciente y orientada al crecimiento).

¿Qué hace que una relación sea «consciente»? En primer lugar, cada uno de los miembros debe tener una relación limpia consigo mismo. Esto comienza por aprender a observar la mente y convertirnos en observadores de los pensamientos en lugar de reaccionar a todo lo que se nos pasa por la cabeza. Nadie es consciente el cien por ciento del tiempo en sus relaciones, pero las personas más relajadas y felices también son las que han desarrollado un mayor nivel de responsabilidad personal sobre sus emociones y conductas. Confían en sí mismas lo suficiente para saber que, a veces, se equivocan, proyectan o, sencillamente, tienen un mal día. También debemos tender un puente entre la cabeza y el corazón, de modo que podamos cuestionar la mente, aprender a parar y confiar en la sabiduría del cuerpo.

En muchos aspectos, las *relaciones aspiradora* son un modo de resolver emociones como la soledad o el malestar, y de satisfacer el ansia por algo que nos falta. Las *relaciones potenciadoras*, o conscientes, son una entidad propia: nutren el alma a un nivel que las relaciones convencionales no pueden igualar jamás.

Cuando hablamos de cuidar y de contribuir a la energía de las relaciones, debemos estar ancladas en la reciprocidad.

Las relaciones aspiradora dirigen toda nuestra energía a buscar de forma incesante cómo satisfacer la necesidad de validación y de amor. Aunque esta dinámica hace que nos sintamos bien en ese momento, cuando no dura, culpamos a nuestra pareja, nos vemos inmersas en otra lucha de poder o nos preguntamos qué ha ido mal. Cuando una o ambas personas están centradas constantemente en absorber energía, al final no queda nada que dar, pasamos de una pareja a la siguiente y reanudamos la eterna búsqueda de esa «alma gemela» que resuelva todos nuestros problemas y elimine el dolor.

En una relación potenciadora, la pareja se convierte en una fuente de energía recíproca que alimenta nuestro propósito y nos capacita para ponernos al servicio del mundo y de nuestra comunidad. Las relaciones potenciadoras nos ayudan a crecer emocional y espiritualmente, lo que no siempre es fácil. Nos exigen cruzar el abismo de nuestra propia conciencia y soltar las ideas antiguas acerca de cómo «deben» ser las relaciones.

MENTALIDAD DE LA RELACIÓN ASPIRADORA

Mi pareja es la solución a todos mis problemas. Puede hacer que el dolor desaparezca.

Cuando encuentre a mi «alma gemela», los patrones de relación del pasado desaparecerán por sí solos.

No estoy completa si no tengo pareja.

Mi pareja debe satisfacer todas mis necesidades.

En caso de conflicto, uno tiene la razón y el otro se equivoca.

Que la relación no funcione no es mi responsabilidad.

Mi pareja debería saber qué quiero y qué necesito sin necesidad de decírselo.

Cuando mi pareja me malinterpreta, significa que no le importo o que no merezco que me quieran.

Guardar secretos no es mentir. Es solo no decirlo todo.

Ir a terapia significa que hay algo que no va bien en nosotros.

Escucho para responder.

MENTALIDAD DE LA RELACIÓN POTENCIADORA

Abordo mis problemas desde la toma de conciencia y trabajo en ellos sin necesidad de que mi pareja los solucione por mí.

Cuando encuentre a mi «alma gemela», tendré que seguir trabajando en mis patrones de relación.

Estoy completa tal y como soy.

No es realista esperar que mi pareja satisfaga todas mis necesidades.

El conflicto es una oportunidad para aprender acerca de mí misma y de mi pareja.

Soy responsable de mi propia felicidad.

Tengo la responsabilidad de decirle a mi pareja qué necesito y de pedir lo que quiero.

Las palabras y la conducta de mi pareja no definen mi valía.

La transparencia es fundamental. Dejo entrar a mi pareja en mi mundo.

Está bien pedir ayuda y apoyo.

Escucho para comprender.

Las fases de una relación

Todas las relaciones pasan por distintas fases, que suelen ser más intensas en las relaciones románticas, donde hay mucho más en juego.

A continuación te presentaré las distintas fases de una en una, y es posible que reconozcas tus relaciones pasadas o presentes en muchas o en todas ellas. En concreto, la lucha de poder es el lugar donde se acomodan la mayoría de nuestras relaciones hasta que nos golpeamos con el mismo muro demasiadas veces y, entonces, nos rendimos y reanudamos la búsqueda de nuestra «alma gemela». Eso si es que no nos hartamos de repetir nuestros patrones y decidimos arremangarnos y ponernos a trabajar para romper el ciclo, convertirnos en nuestra propia fuente de energía y adoptar una manera completamente nueva de estar en las relaciones.

Todas las parejas pasan varias veces por casi todas estas fases a lo largo de su ciclo de relación y todas las personas estamos programadas para querer la fase de luna de miel (primavera) de una relación. Disfrutamos de la novedad y rezumamos energía, pasión y misterio. Sin embargo, no nos enseñan que las relaciones estables y duraderas pasan por fases y ciclos, como cualquier otro ser vivo del planeta. Por lo tanto, cuando llega el otoño y luego el invierno, muchas veces nos sentimos derrotadas, perdidas y confundidas. ¿Adónde ha ido a parar el amor? ¿Por qué ha desaparecido la pasión? Y llegamos a la conclusión de que el amor ha desaparecido. Sin embargo, uno de los errores fundamentales que cometemos es asumir que la relación ha terminado cuando llega la nueva estación en lugar de aceptar el cambio y soltar lo que ha de morir para dejar espacio a la energía nueva que ha de nacer en la relación.

Las relaciones cambian, mutan, se desprenden de lo que no necesitan y se renuevan. Tenemos que aceptar que la llegada del otoño y del invierno es inevitable y que, por lo tanto, debemos reunir los recursos y las herramientas de comunicación necesarios para superar estas estaciones cuando lleguen. Si contamos con la mentalidad adecuada, recorrer los ciclos de relación puede ser incluso más satisfactorio que los subidones iniciales que experimentamos al principio. A continuación encontrarás las fases por las que pasan prácticamente todos los seres humanos cuando inician una relación, excepto en el caso de la «zona de no relación», que es más un patrón que una etapa de relación fija.

La fase de luna de miel, la lucha de poder, la zona desconocida y la relación consciente no son etapas lineales ni fijas. Es posible que en una relación experimentemos solo una fase o todas ellas, o que entremos o salgamos de distintas fases a medida que crecemos y encontramos retos nuevos con una pareja. Al final, lo que queremos es llegar al territorio de la relación consciente, que es para lo que te ha preparado este libro.

La zona de no relación

Aunque la zona de no relación forma parte de un patrón de relación habitual, se diferencia del resto de las etapas en que no todas las personas la experimentan. Las mujeres con las que he trabajado y que dicen estar en esta etapa afirman que nunca llegan al punto de iniciar una relación. Esto puede adoptar distintas formas, como estar eternamente en la «zona de amistad», tener citas pero nunca encontrar a nadie que les guste de verdad ni prenda la chispa de la conexión íntima, conocer a personas que parecen encajar pero que pronto revelan una incongruencia fundamental, o descubrir múltiples banderas rojas. También puede suceder que resulte difícil sentir nada cuando se sale con alguien. Tener poco o ningún interés por los demás y encontrar siempre algo «mal» en el otro son experiencias habituales entre las personas que quedan atrapadas en la zona de no relación. A menudo, para poner fin a este ciclo hay que renovar la voluntad de regresar al cuerpo y volver a poner el foco en sentirte segura, de modo que el corazón se pueda ablandar y abrirse de verdad.

La fase de luna de miel

La fase de luna de miel puede ser un periodo maravilloso y estimulante. Conocemos a alguien nuevo y, con frecuencia, damos y recibimos más energía, atención y halagos al tiempo que la oxitocina fluye a raudales. Sin embargo, y aunque no cabe duda de que la fase de luna de miel es muy divertida, también hay que tener cuidado con ella.

Cuando estamos de luna de miel, acostumbramos a idealizar a nuestra pareja, que al parecer no dice ni hace nada que nos moleste. Estamos tan cautivadas por la emoción de conocer a esta persona nueva que hacemos caso omiso de las señales de alarma, no vemos pequeñas (o no tan pequeñas) incongruencias y desoímos las señales de nuestro guía interior en favor de la química que sentimos. Sin embargo, llega un momento, cuando nos empezamos a acercar al otro, en que el ego reacciona ante las heridas con las que cargamos y empezamos a ver todos los fallos de nuestra pareja, nos enojamos y retomamos los mecanismos de afrontamiento de siempre, como perseguir ansiosamente, evitar el compromiso o provocar conflictos.

La fase de luna de miel es la más apasionada y «romántica», aunque con frecuencia es también una experiencia en la que se está un poco en las nubes, durante la que proyectamos nuestras fantasías y la imaginación se sienta al volante. A lo largo del libro has aprendido distintas herramientas y ejercicios para permanecer conectada con el cuerpo, observar la mente y mantener la claridad incluso cuando la energía es intensa. No es que no puedas disfrutar de esta fase, sino que debes hacerlo sin dejar de cuidar de ti misma y manteniéndote fiel a tus valores.

Lucha de poder

En esta fase empezamos a profundizar en la relación con la otra persona. Es cuando los neurotransmisores de la felicidad empiezan a remitir y la realidad cotidiana se hace evidente. Ahora que los impulsos hormonales o físicos no son tan intensos, quizás empecemos a ver al otro de un modo ligeramente distinto a cómo lo veíamos hasta ahora. Es posible que el ego se despierte y, con frecuencia, el miedo a la intimidad reactiva nuestras heridas más profundas.

Casi todas las personas tenemos algún que otro trabajo pendiente con la autoestima y, con frecuencia, aquellas que cargan con traumas infantiles profundos, con la pérdida de un progenitor o con heridas de abandono creen que están rotas en cierta medida o que no merecen recibir amor. Ante estos temores, la reacción del ego puede ser rechazar el amor inconscientemente. En la fase de la lucha de poder, la pareja puede estar reaccionando desde sus respectivos temores y heridas en lugar de estar con el otro desde el corazón. Para salir de esta fase, ambos miembros de la pareja se deben comprometer con el trabajo interior y hacerse cada uno responsable de su sanación.

La zona gris

En la zona gris, la relación se empieza a estancar. Sucede cuando la pareja permanece junta, pero deja de esforzarse. En esta etapa es posible que nos aburramos, seamos complacientes o nos embargue el resentimiento. La pareja o bien rompe o bien se conforma con la mediocridad hasta que sucede algo que la sacude, como una infidelidad, un despertar espiritual, una crisis o el hartazgo de uno de los dos. Harville Hendrix y Helen LaKelly Hunt llaman «paralelo» a esta etapa y mi antiguo maestro P. T. Mistlberger la llamaba «la zona muerta».

Aunque es habitual que las relaciones largas tengan momentos de desconexión, no es imperativo que todas las parejas pasen por esta etapa si practican el mostrarse abiertos el uno con el otro y atienden el vínculo. Para los que están aquí, salir y cambiar de fase exige que ambas partes quieran cambiar la energía y evolucionar. La mayoría de las parejas en esta etapa deben dar prioridad al juego y a la diversión para volver a infundir vida en su relación.

También deben dejar atrás el resentimiento del pasado y comprometerse con la honestidad radical para que la energía pueda volver a fluir libremente entre ambos miembros de la pareja. Cuando la pareja lo consigue, trasciende la zona gris y crea una relación consciente.

Relación consciente: una relación potenciadora
Cuando entramos en una relación consciente, se alcanza también una amistad recíproca entre dos personas que generan su propia energía y que comparten un compromiso con la verdad y con la evolución espiritual. Entrar en esta fase indica la presencia de madurez entre la pareja. La relación ya no es una fuente de validación o de aprobación, sino el complemento de un ser humano funcional, entero y con criterio. En una relación consciente, la pareja no es una muleta ni un lugar en el que esconderse. Es iluminadora y expansiva, un lugar en el que crecer y prosperar.

Sesión de escritura en el diario: mirar atrás

Repasa los ejercicios del capítulo nueve, «Transforma tus patrones de relación», y asocia tus conclusiones a las distintas fases de una relación. ¿Qué fases reconoces más en tus relaciones pasadas? ¿Has experimentado una relación consciente alguna vez? De ser así, ¿qué hicieron de otra manera tanto tú como tu pareja?

SÉ EL TIPO DE PERSONA CON LA QUE TE GUSTARÍA SALIR

Antes trabajaba con un mentor que tenía la siguiente pregunta escrita en un pizarrón gigantesco delante de la clase: «¿Saldrías contigo?». Aunque la reacción más habitual era un gesto de sorpresa acompañado de risitas, aquello nos hacía removernos inquietos sobre los asientos, pensando en si realmente querríamos salir con nosotros mismos o no. Ahí es donde hacen su aparición la autoconciencia compasiva y la responsabilidad personal.

Cuando somos radicalmente honestas con nosotras mismas, es posible que veamos que algunas de las maneras en que nos mostramos en la relación no están al servicio de nuestro bien supremo. El origen en latín de la palabra «radical» es «raíz». Esto nos recuerda que la honestidad verdadera ha de ir más allá de la culpa a lo externo y llegar hasta lo más profundo de nuestra experiencia personal. Para ser radicalmente honestos debemos ser radicalmente responsables. Ser conscientes del saboteador interior que entorpece nuestro trabajo exige valor y madurez y nos da la claridad que necesitamos para ser una versión más segura de nosotras mismas.

Por supuesto, no querrías salir con alguien exactamente igual que tú. Sería aburrido y, además, apenas habría margen para el aprendizaje para ninguno de los dos. Por eso atraemos a parejas y a amigos que encarnan las cualidades que nos complementan o que son las opuestas a nosotras. Nos invitan a experimentar una manera de estar en el mundo que es ligera o completamente distinta a cómo haríamos las cosas por nosotras mismas. ¡Y eso es bueno! Nos da espacio para expandirnos, aprender y crecer.

Sin embargo, cuando hablo de ser el tipo de persona con la que te gustaría salir, no hablo de forma literal. Hablo de energía y de personificación.

Todos sabemos lo que es estar junto a alguien que siempre está amargado, cerrado a la vida y negativo, o que siempre está dispuesto a juzgar patrones y hábitos. Algunas personas hemos crecido con familiares que se fueron haciendo daño poco a poco al tomar malas decisiones en su estilo de vida o al desatenderse, y sufrimos las consecuencias. También sabemos lo que es estar con alguien comprometido con estar despierto y al servicio del mundo, alguien que se preocupa de verdad por los demás y que es consciente de lo que vale. Conocemos la diferencia entre un corazón cerrado y un corazón abierto y tierno. Sé el tipo de persona con la que te gustaría salir encarnando las cualidades que buscas en los demás.

Cómo tener citas conscientes

Las citas conscientes consisten en estar presente y aportar honestidad y una mente abierta a todas las interacciones nuevas que tengas. Es una manera de bajar la velocidad durante el tiempo suficiente para que ambas personas se puedan conocer en profundidad y «calificarse» mutuamente antes de lanzarse a una relación. Esto puede ser complicado para las personas tipo océano, que en ocasiones se identifican como personas ansiosas. Corremos a iniciar relaciones para asegurarnos el compromiso que necesitamos para librarnos de la ansiedad. Una persona tipo viento o con tendencias evitativas tendrá dificultades de otro tipo, porque tendrá que recurrir a la conexión en lugar de buscar el consuelo en la distancia. Es posible que descubras que, a medida que integras alguna de estas prácticas, te empieces a presentar de forma natural como un tipo elemental distinto y debas aprender una lección completamente nueva. Si te sucede, celébralo.

TENER CITAS CONSCIENTES CONSISTE EN...

- Ser auténtica.
- Escuchar al cuerpo.
- Aceptar que ser fiel a ti misma implica que, probablemente, te dirán que no con más frecuencia.
- Invertir tiempo en conocer al otro en profundidad.
- Formular preguntas importantes y demostrar curiosidad por la otra persona.
- Ir a citas que reflejan tu personalidad y quién eres.
- Ver qué sientes al limitarte a «estar» con la otra persona: salir a pasear, tomar un café o mantener una conversación.
- Poner límites.

CALIFICAR LA RELACIÓN: PREGUNTAS QUE TE DEBES HACER

- ¿Me gusta cómo esta persona nos habla a mí y a los demás?
- ¿Sé quién es esta persona, cuál es su pasado y cuáles son sus valores fundamentales respecto al amor y la intimidad?
- ¿Podría ser amiga de esta persona o solo hay atracción sexual?
- ¿Es posible que algo de lo que quiero de esta persona pueda venir de un espacio inconsciente?
- ¿Siento que quiero que me diga que soy lo bastante buena, que confirme que merezco la pena o que me valide de alguna otra manera?
- ¿Me siento relajada, en mi cuerpo y con la seguridad suficiente para expresarme tal y como soy ante esta persona?
- ¿Me puedo divertir, reír y jugar con esta persona? ¿La conexión me da sensación de espacio?

Enamorarse

Nos conocemos por primera vez.

Nuestras miradas se encuentran, los corazones se aceleran
y las endorfinas fluyen.

Desde la distancia, eres todo lo que siempre he querido
y nunca pude encontrar.

¿Podrías ser mi alma gemela?

Quizás seas la persona con la que desaparezcan todos
mi patrones y mis muros.

Quizás seas el amor ausente de mi madre y la presencia
devocional de mi padre.

A mis ojos, eres Dios.

Veo la perfección. Veo lo que quiero ver.

Pero espera, cuando te acercas... hay más.

¿Qué siento ahora? ¿Son los temores antiguos
y los patrones de siempre?

¿Quién es?

El «yo detrás de la máscara» que creía que había desaparecido
cuando puse mi mejor cara y ambos nos calentábamos al
abrigo del nuevo amor.

¿Quién eres tú, si no eres la persona que esperaba que fueras?

Vayamos a donde vayamos, nuestros patrones vendrán con nosotros.

Conozcamos a quien conozcamos, no nos podemos saltar
nuestro trabajo de sanación.

No tengas prisa. El amor maduro necesita tiempo.

La herida busca seguridad y encuentra falsa confianza
avanzando con rapidez. Pero el amor consciente
exige paciencia.

No te muevas solo con la mente o el corazón.
Muévete con ambos al unísono.

Da desde el amor hacia ti misma y siempre guárdate
un poco para ti.

Si dar te produce resentimiento o una carencia, quédatelo.

Da únicamente lo que tengas en abundancia.

El amor maduro no exige interpretaciones.

Deja que el amor nuevo sea un baile de exploración,
de descubrimiento y de posibilidades.

También has de estar dispuesta a liberarlo, porque a veces eso
es lo mejor y nadie debe sentirse mal por ello.

Estás entera y completa por ti misma.

Quiérete primero a ti.

El amor te rodea.

Cuidar de tus relaciones

Cuando plantamos una semilla, la tenemos que regar a diario. Al principio, necesitará más atención y cuidados para poder germinar y, si no se los prestas, es muy posible que no llegue a germinar nunca. Cuando la planta empiece crecer y adquiera fuerza, podrás regarlo un poco menos, pero aún tendrás que arrancar las malas hierbas a su alrededor y regarlo. Entonces, al final, dará fruto. La nutrición es directamente proporcional a la cantidad de energía que inviertes en garantizar que la planta pueda crecer sana, vital y con abundancia de nutrientes; además, intervienen factores ambientales como la luz del sol, la calidad del suelo y los patrones meteorológicos. Si desatiendes la planta durante demasiado tiempo o si la has plantado en un entorno inadecuado, morirá y dejará de dar fruto. Así es como funcionan la mayoría de las cosas que crecen, entre ellas las relaciones.

Tenemos que cuidar de las relaciones si queremos que nos sigan alimentando. Recuerda que cuando cultivas un huerto, habrá semillas que no germinen nunca. La vida es así. No todas las relaciones que comiences están destinadas a llegar hasta el final. Algunas acabarán antes de empezar y otras terminarán prematuramente; es algo que hay que aceptar y para lo que hay que prepararse. Cada una de las personas que lleguen a tu vida tiene algo que enseñarte, independientemente de lo larga que sea la relación. Esa es la práctica de la relación consciente.

En nuestra cultura se nos cuenta que las relaciones son algo que salimos por ahí y encontramos, y que nuestra pareja está ahí para hacer que nos sintamos bien, para completarnos. Sin embargo, casi nunca vemos las relaciones tal como son en realidad: algo sagrado que tiene una energía y una frecuencia propias. Cuidar de las relaciones es muy fácil al principio, pero cuando nos acomodamos, a veces se nos olvida que tenemos que seguir invirtiendo energía. Y es entonces cuando la relación se estanca, perdemos la química, la lucha de poder permea toda la relación o nos empezamos a preguntar adónde habrá ido a parar el amor. *Lo cierto es que si quieres que la relación te aporte energía continuamente, tendrás que aportarle energía continuamente también.*

UNA RELACIÓN CONSCIENTE ES...

- El compromiso renovado a diario de estar presentes y con el corazón abierto.
- El compromiso con la conciencia y la responsabilidad personal.
- El compromiso con sanar las heridas del pasado.
- Cometer errores y decir algo equivocado de vez en cuando.
- Reaccionar desde una herida antigua y practicar la compasión.
- Ser conscientes de cuándo proyectamos nuestros temores y juicios.
- Estar dispuestas a disculparnos.
- Aprender a ser más conscientes de nosotras mismas en momentos de conflicto.
- Practicar la aceptación y el perdón.

COSAS QUE RECORDAR

- Una relación aspiradora lo absorbe todo y no da nada, porque vemos al otro como una fuente de energía y de validación.
- Una relación potenciadora se asienta en la reciprocidad y nos ancla en el propósito, el servicio y el amor.
- Las amistades y los vínculos con la comunidad también nos permiten practicar las relaciones conscientes, que van más allá del contexto romántico.
- Una relación consciente exige un compromiso constante con la honestidad, la responsabilidad personal y la conciencia interior.
- Todas las relaciones son cíclicas y pasan por distintas estaciones. Podemos aprender mucho de los momentos de oscuridad y salir reforzadas de ellos.
- *Tu alma gemela eres tú* consiste en asumir tu poder, encarnar el resplandor y respetar tu verdad.

Atrévete a…
Marcharte cuando sea el momento.
Decir lo siento.
Decir te quiero.
Dejar ir al otro.
Volver a amar.

Atrévete a…
Estar sola.
Confiar en ti misma.
Escuchar a esa vocecita,
ya sabes a qué me refiero.
No se irá a ningún lugar.

Atrévete a…
Vivir tu vida.
Reclamar tu poder.
Y aceptar tu miedo.

No esperes a que el polvo se asiente
ni te resignes a eso de «la vida es así».
Si quieres más…
¡Despierta y ve por ello!
Espíritu libre, encuentra tus alas.

Por los tuyos y por las personas que realmente no pueden.
Por tu vida.
Por tu fuego y por todo lo que puedes ser.
Atrévete a…
Ascender.

CAPÍTULO 16

Tu camino hacia el amor auténtico

Si tu sueño es vivir en plena naturaleza en una casa humilde, cultivar tu propia comida, tener una familia y vivir una vida tranquila, eres suficiente. Si tu sueño es viajar y vivir una vida poco convencional, eres suficiente. Si eres una buscadora espiritual y deseas estudiar y sumergirte en las profundidades de lo que los planos intermedios tienen que ofrecer, eres suficiente.

Cuando decidimos vivir alineadas con nuestros sueños y nuestros valores, llegamos a entender lo que valemos en lo más profundo del alma. Las personas que reclaman su voz son imparables e inspiradoras, porque lo más habitual en nuestra sociedad es esconder los deseos, reprimirnos y conformarnos con lo que se nos da. Tú no eres una de esas personas.

Al contrario de lo que vemos en los medios de comunicación, confiar en nosotras mismas y en nuestros sueños no tiene por qué ser altisonante ni provocador. También hay una confianza serena, un saber interior que te dice que mereces tener la vida que quieres, un saber tan profundo y conectado con el Espíritu que no necesitas la aprobación ni el permiso de nadie.

Lo mejor de todo es que lograr esta relación tan potente con nosotras mismas inspira a otras personas a hacer lo mismo. Como ya no vivimos según los juicios y las expectativas de los demás, allanamos el camino a otros en nuestra vida cotidiana y las relaciones se convierten en un reflejo de nuestro yo auténtico, en lugar de en una manifestación de nuestras heridas. Nuestras vidas se convierten en el reflejo de nuestro trabajo interior.

Crea tu mapa de amor consciente

Rose era una psicoterapeuta de sesenta y siete años que participó en mi programa. Después de casi veinte años divorciada, había conocido a un hombre que la inundaba de regalos, lo planeaba todo y hacía que se sintiera cuidada.

Cinco meses después, se esfumó sin más y la dejó destrozada. Recogió los pedacitos de su corazón roto y los volvió a pegar mientras completaba el programa. «Ya había hecho trabajo interior antes, pero nunca había dialogado así con mi niña interior. Me quedé muy sorprendida cuando vi que lo que más anhelaba esa niña era un padre», dijo. Los diálogos interiores ayudaron a Rose a darse cuenta de que esa relación de cinco meses había sido tan emocionante porque se había sentido cuidada, como la habría cuidado un padre.

«Empecé a organizar citas para mí y para mi niña interior y la escuché con atención —explicó Rose—. Una vez, la llevé de compras y dejé que escogiera "nuestras" sandalias nuevas. Por supuesto, escogió unas con brillitos.» Sonrió y se colocó un largo mechón de cabello detrás de la oreja mientras compartía su vivencia con el grupo. «Por fin me di cuenta de que esa parte herida necesita que sea yo, y no un hombre, quien la vea y la cuide.» Rose también dibujó con lápices de colores a su niña interior, así como su mapa de amor consciente: una mapa ilustrado de sus expectativas, valores fundamentales y deseos para sus relaciones futuras. Se convirtieron en recordatorios visuales de que debía ser amable y afectuosa consigo misma y ser fiel a sus deseos.

Poco después de terminar su mapa de amor consciente, conoció a un hombre maravilloso llamado Stan. «Hablamos de la necesidad de sentirnos seguros y de hablar con nuestros respectivos niños interiores», contó. Hablaron durante horas a un nivel muy íntimo y, en su segunda cita, Stan le dijo que estaba un poco asustado, porque empezaba a sentir algo por ella. Rose respondió que ella también tenía miedo, pero que él le gustaba mucho. «Más adelante esa misma noche, le expliqué que mi última pareja se esfumó sin más y le pedí que si de verdad no estaba preparado para una relación, me lo dijera directamente.» Dos días después, Stan la llamó y le dijo que no quería seguir saliendo, porque no estaba preparado. Después de treinta años de matrimonio, solo llevaba dos soltero y necesitaba más tiempo.

«Cumplía con muchas de las cualidades de mi mapa del amor —dijo Rose—. Es honesto y valora el crecimiento personal y la seguridad. Mantuvo su palabra y yo fui lo bastante fuerte para decirle lo que quería y lo que necesitaba. Al final de la llamada de despedida, le agradecí todo lo que me había permitido aprender. Stan me dio la oportunidad de practicar una forma sana de relacionarme. Aunque fue breve, experimenté mi primera relación consciente (románticamente hablando) en mis sesenta y siete años de vida y ahora sé que estoy preparada para lo que quiero de verdad», dijo mientras los ojos verdes se le inundaban de lágrimas.

«Uso mi mapa de amor consciente como guía en las decisiones que tomo minuto a minuto durante las citas y entre una y otra cita. Lo uso para no perder nunca de vista lo que quiero y necesito en mis relaciones de pareja. Como sucede con cualquier carretera desconocida, contar con un mapa que seguir facilita muchísimo el viaje.»

La historia de Rose es una magnífica ilustración de lo que sucede cuando nos comprometemos de verdad con la relación que mantenemos con nosotras mismas. Nos demuestra que nunca es demasiado tarde para abrir el corazón y que, incluso si una relación no dura para siempre, podemos aprender algo y seguir abiertas para el futuro.

Una de las cosas que escucho con más frecuencia de boca de las personas con las que trabajo es que el proceso de elaborar el mapa del amor las ha ayudado a afirmar sus límites y a poner fin al ciclo de conformismo en sus relaciones. Les ha servido de brújula y las ha guiado a elegir el amor desde su valía, no desde su herida.

Ahora ha llegado el momento de que confecciones tu propio mapa de amor consciente. Se trata de un proceso creativo cuyo propósito es que conectes con tu corazón, con tu esencia y con lo que quieres de verdad. Haz que refleje el camino que has recorrido a lo largo del libro. Un mapa del amor ha de ser un recordatorio físico de las intenciones que has adoptado para tu vida y para tus relaciones futuras.

PASO 1: VISUALIZA EL AMOR QUE QUIERES

Elige un momento en el que estés tranquila y serena para responder en tu diario a las siguientes preguntas. Enciende una vela, prepárate un té, pon música y déjate fluir. Si no tienes claro cómo responder a alguna de las preguntas, date tiempo y reflexiona sobre los valores fundamentales que has descubierto en el capítulo catorce.

- ¿Cuál es tu visión de una relación que te llene? ¿Qué te haría sentir satisfacción, serenidad, conexión e intimidad?
- Si no te asustara pedir de verdad lo que deseas en el amor, ¿qué pedirías? (No te reprimas. Imagina que pudieras tener exactamente lo que deseas.)
- ¿A qué tipo de persona quieres atraer como pareja? (Incluye todas las características que te vengan a la mente, sin límites.)
- ¿Cómo te quieres mostrar en la relación? ¿Cómo te quieres sentir, cómo quieres actuar, cómo te experimenta tu pareja?
- ¿Qué estás dispuesta a hacer para cocrear una relación sana y satisfactoria? ¿Cómo contribuirás a una relación consciente?
- ¿Qué grado de compromiso tienes a la hora de estar presente cuando las cosas se compliquen, cuando surjan conflictos

o cuando se abran antiguas heridas? (Reflexiona detenidamente sobre cómo gestionarás el conflicto, qué acciones emprenderás y cómo te apoyarás a ti misma y a tu relación ante los retos que te plantee la vida.)

- ¿Cómo quieres amar? ¿Qué significa amar a alguien y qué sensaciones evoca en ti?
- ¿Cómo quieres definir tus límites? (Describe detalladamente cómo y cuándo comunicarás tus límites.)
- ¿Te dejarás guiar por el amor o por el miedo? ¿Cómo sería dejarte llevar por el amor y cómo sería dejarte llevar por el miedo?
- Si la pareja de tus sueños estuviera junto a ti, ¿cómo lo sabrías? (Intenta cerrar los ojos e imaginarlo. ¿Qué sensaciones tienes en el cuerpo?)

Cuando acabes de escribir, vuelve a leer las respuestas. Siéntete cómoda e integra que sabes quién eres y qué quieres.

PASO 2: DESCRIBE TU DÍA IDEAL

Este paso consiste en describir cómo serían tu relación y tu vida ideales. El paso 1 te ha preparado para esto. Escribe en presente, como si ya lo estuvieras viviendo y tuvieras todo lo que quieres. Usa la imaginación e incluye tantos detalles como puedas. Describe tu futuro como si fuera una historia. ¿Cómo sería un día en esa vida futura? ¿Cómo te sentirías? ¿Qué harías? Guarda la carta en un lugar seguro y al que solo tú puedas acceder. También la puedes depositar en tu altar.

PASO 3: CREA TU MAPA DEL AMOR VISUAL

Todo lo que has descubierto durante este proceso te ha preparado para crear una imagen visual de lo que tu corazón anhela de verdad. En este último paso incluye un ritual, algo en lo que pueda participar todo tu cuerpo, no solo la mente. He visto muchísimos mapas de amor consciente muy creativos y confeccionados por personas de todo el mundo. Si quieres ver una galería de mapas de amor consciente terminados, visita SheleanaAiyana.com.

Tu mapa del amor va más allá de la relación con la que sueñas. También representa la relación que mantienes contigo misma y con el mundo que te rodea. Algunas personas optan por hacer un mapa centrado fundamentalmente en las relaciones románticas, y está bien. Sin embargo, también puedes decidir ir por otros derroteros. El proceso te sacará del cerebro lógico y activará tu faceta emocional e imaginativa. Puedes enmarcar tu mapa del amor, como han hecho muchas de las participantes en mis programas, y colgarlo en tu habitación o en la puerta del refrigerador, o colocarlo en tu altar.

El mapa del amor es un ejercicio que diseñé hace muchísimos años, cuando me esforzaba en superar mi divorcio. Usé justo este proceso para prepararme para la relación que tengo ahora con Ben. Tu mapa del amor está ahí para inspirarte y para animarte a desarrollar una manera nueva de estar en el mundo.

Durante el proceso de elaboración del mapa de amor consciente, vuelve a los pasos 1 y 2 y reflexiona sobre todo lo que has aprendido hasta ahora. Reflexiona acerca de lo siguiente:

- Cómo quieres estar presente.
- Cómo quieres que esté presente tu pareja.
- Qué valores fundamentales has descubierto.
- Qué es lo que más deseas en la relación.
- Qué energía quieres dar y recibir.
- El objetivo general que quieres que se haga realidad.

Ejemplos de mapas de amor consciente

El mapa de amor consciente de Stephanie

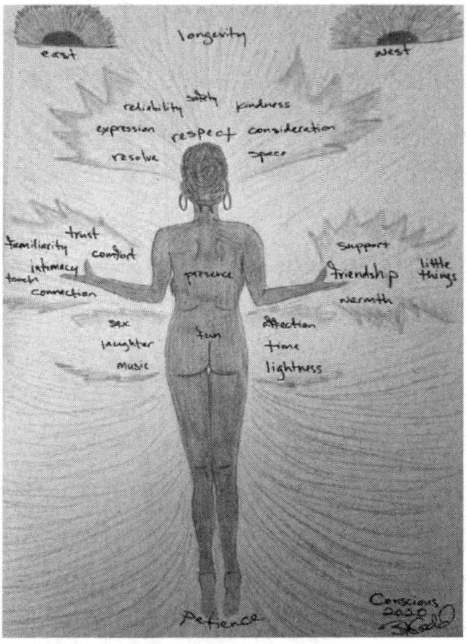

El mapa de amor consciente de Bronwen

TÚ ERES TU ALMA GEMELA

Es un gran honor para mí que hayas hecho este viaje para convertirte en tu alma gemela. Espero que te elogies por la devoción que has puesto en tu trabajo interior y por todo lo que has descubierto, sanado y transformado por el camino. Todas y cada una de las personas que se comprometen a romper patrones dolorosos y a vivir desde el corazón son una eterna fuente de inspiración para mí.

El trabajo que haces para sanar tu corazón afecta a todo y a toda la gente que te rodea. Ahora más que nunca, ha llegado el momento de que todos conectemos con lo que importa de verdad de modo que podamos crear un mundo más seguro, más compasivo y más afectuoso para las generaciones futuras.

Ahora ya sabes que es posible que, de vez en cuando, aún atraigas a personas que no están alineadas contigo espiritual o emocionalmente, o de cualquier otro modo, pero a lo largo del libro has adquirido herramientas que te permitirán trazar una línea y elegirte a ti en esos momentos.

Verás que, a medida que practiques los ejercicios somáticos y las visualizaciones del libro, te irás sintiendo cada vez más cómoda en tu piel. Nunca sabemos lo que nos depara la vida, pero hay algo que sí es seguro: la vida no sucede en la sala de espera. Sucede ahora mismo, en este preciso momento.

Celebra tu viaje

La vida es una cocreación entre el Espíritu y tú. No decides completamente sola tu trayectoria vital. En la sociedad occidental y en muchos lugares del mundo, se valora un tipo de relación sobre todas las demás: el matrimonio monógamo y comprometido que dura para siempre. Sin embargo, esta es solo una de las maneras que existen de experimentar las relaciones románticas y no todo el mundo está destinado a recorrer el mismo camino.

Hay muchísimas maneras de expresar la energía. Sigue avanzando en el mundo, dejando espacio al misterio. El destino de tu viaje no tiene por qué ser el matrimonio y la familia para que sea un camino espiritual válido. No todo el mundo está en esta vida para experimentar el modelo tradicional de relación. Algunos hemos venido a aprender a través del matrimonio; otros crecemos cuando nos convertimos en padres; otros practicaremos el tantra o permaneceremos solteros y practicaremos las relaciones conscientes mediante la amistad. Algunos decidiremos adoptar todos estos caminos únicos en distintos momentos de nuestra vida. Si ves que la relación romántica que deseas no aparece en tu vida, no caigas en la tentación de pensar que has hecho algo mal o que te tienes que esforzar más. No te impongas límites, todas las trayectorias vitales son válidas.

Lo único que podemos hacer es conectar con el amor en todas sus formas: a través de la naturaleza, de la amistad y de la conexión con la comunidad. Y si encuentras una pareja, deja que te guíe la conciencia de que tú eres tu alma gemela.

AGRADECIMIENTOS

Quiero manifestar mi inmensa gratitud y amor a mi marido, Benjamin, por su aliento y su apoyo infinitos. Me siento completamente apoyada por ti y sé que no podría haber hecho esto sin tu ayuda. Gracias por celebrarme con tanta devoción y por haber asumido todas las tareas cotidianas adicionales durante el proceso de escritura. Nuestra relación me ha enseñado muchísimo acerca del amor.

A Eva, mi editora, a quien le debo todo un mundo de agradecimiento. Lo que me has dado también está entretejido en las páginas del libro. Te agradezco enormemente tu apoyo emocional y el montón de energía, estructura y atención que has depositado en este proyecto junto a mí. Ha sido una iniciación muy potente para las dos. Gracias al equipo de Chronicle, Cecilia Santini, Tera Killip, Beth Weber, Pamela Geismar y Michelle Triant, y a mi agente, Johanna, de Writers House, por todo el esfuerzo entre bambalinas que ha hecho realidad este libro.

A Andy, por traer energía solar a Rising Woman y por apoyarnos a todas. A Andrea, mi buena amiga y directora ejecutiva de Rising Woman, y al resto de mi fiel equipo, Alissa, Tatiana, Georgianna y Juno. Han mantenido la empresa a flote y han hecho posible este libro. Chel, tu amor por los detalles me ha salvado la vida y trabajar contigo durante el proceso ha sido divertidísimo. Gracias por todas las madrugadas y por quedarte hasta tarde por la noche para que este proyecto saliera a flote. A todas mis lectoras y lectores y miembros de Becoming the One («Tu alma gemela eres tú») que han tenido la amabilidad de compartir sus historias para el libro y que tan valientemente encarnan estas enseñanzas en sus propias vidas. Tienen todo mi respeto. Un recuerdo para las trabajadoras sociales y para mis padres de acogida, en especial a Janine, Lisa y Alayne. Ustedes me sostuvieron durante esos tiempos oscuros y siempre les estaré agradecida por su amor y por su dedicación para mantenerme a salvo.

A mi madre, que apoyó este libro: gracias por haberme dado esta vida. Nuestro viaje juntas me ha impulsado a hacer el trabajo más enriquecedor posible para el alma y no cambiaría ni una coma.

Mi más profundo respeto a mis maestros, mentores y guías pasados y presentes: P. T. Mistlberger, Nikiah Seeds, Mark Wolynn, Harville Hendrix, Helen LaKelly Hunt y Diane Poole Heller. Todo mi agradecimiento por el trabajo que hacen en este mundo y por toda la sabiduría que comparten. Una mención especial para Nessi Gomes y Danit: su música ha sido mi banda sonora durante la escritura del libro. Gracias por ayudarme a comulgar con el Espíritu con sus cantos y por conectarme con la Fuente a su arte. A todos mis amigos y familiares que mantienen el contacto conmigo con regularidad para ver cómo estoy y que me enviaron palabras de apoyo cuando desaparecí durante un año, sepan que recibí su amor. A mis antepasados y mis guías, a los que admiro con devoción: gracias por acompañarme y susurrarme sus enseñanzas al oído.

BIBLIOGRAFÍA RECOMENDADA

Hijos adultos de padres emocionalmente inmaduros, de Lindsay C. Gibson

El cuerpo lleva la cuenta, de Bessel Van Der Kolk

Una trenza de hierba sagrada, de Robin Wall Kimmerer

La danza de la ira, de Harriet Lerner

Conseguir el amor de su vida. Una guía práctica para parejas, de Harville Hendrix y Helen LaKelly Hunt

Regreso al vínculo familiar, de Gabor Maté y Gordon Neufeld

Ese dolor no es mío, de Mark Wolynn

Del abandono a la sanación, de Susan Anderson

El poder del apego, de Diane Poole Heller

El viaje para sanar la sexualidad, de Wendy Maltz

Mujeres que corren con los lobos, de Clarissa Pinkola Estés

De este libro me quedo con...